中国社会科学院学部委员专题文集

ZHONGGUOSHEHUIKEXUEYUAN XUEBUWEIYUAN ZHUANTI WENJI

耄耋存稿

张泽咸 ◎ 著

中国社会科学出版社

图书在版编目（CIP）数据

耄耋存稿/张泽咸著 . —北京：中国社会科学出版社，2015.12
（中国社会科学院学部委员专题文集）
ISBN 978 - 7 - 5161 - 5516 - 5

Ⅰ.①耄…　Ⅱ.①张…　Ⅲ.①中国历史—古代史—文集
Ⅳ.①K220.7 - 53

中国版本图书馆 CIP 数据核字（2015）第 026882 号

出 版 人	赵剑英
责任编辑	郭沂纹
特约编辑	丁玉灵
责任校对	林福国
责任印制	李寡寡

出　　版	中国社会科学出版社
社　　址	北京鼓楼西大街甲 158 号
邮　　编	100720
网　　址	http://www.csspw.cn
发 行 部	010 - 84083685
门 市 部	010 - 84029450
经　　销	新华书店及其他书店

印刷装订	北京七彩京通数码快印有限公司
版　　次	2015 年 12 月第 1 版
印　　次	2015 年 12 月第 1 次印刷

开　　本	710×1000　1/16
印　　张	19
插　　页	2
字　　数	321 千字
定　　价	66.00 元

凡购买中国社会科学出版社图书,如有质量问题请与本社营销中心联系调换
电话:010 - 84083683
版权所有　侵权必究

前　　言

　　哲学社会科学是人们认识世界、改造世界的重要工具，是推动历史发展和社会进步的重要力量。哲学社会科学的研究能力和成果是综合国力的重要组成部分。在全面建设小康社会、开创中国特色社会主义事业新局面、实现中华民族伟大复兴的历史进程中，哲学社会科学具有不可替代的作用。繁荣发展哲学社会科学事关党和国家事业发展的全局，对建设和形成有中国特色、中国风格、中国气派的哲学社会科学事业，具有重大的现实意义和深远的历史意义。

　　中国社会科学院在贯彻落实党中央《关于进一步繁荣发展哲学社会科学的意见》的进程中，根据党中央关于把中国社会科学院建设成为马克思主义的坚强阵地、中国哲学社会科学最高殿堂、党中央和国务院重要的思想库和智囊团的职能定位，努力推进学术研究制度、科研管理体制的改革和创新，2006 年建立的中国社会科学院学部即是践行"三个定位"、改革创新的产物。

　　中国社会科学院学部是一项学术制度，是在中国社会科学院党组领导下依据《中国社会科学院学部章程》运行的高端学术组织，常设领导机构为学部主席团，设立文哲、历史、经济、国际研究、社会政法、马克思主义研究学部。学部委员是中国社会科学院的最高学术称号，为终生荣誉。2010 年中国社会科学院学部主席团主持进行了学部委员增选、荣誉学部委员增补，现有学部委员 57 名（含已故）、荣誉学部委员 133 名（含已故），均为中国社会科学院学养深厚、贡献突出、成就卓著的学者。编辑出版《中国社会科学院学部委员专题文集》，即是从一个侧面展示这些学者治学之道的重要举措。

　　《中国社会科学院学部委员专题文集》（下称《专题文集》），是中国社会科学院学部主席团主持编辑的学术论著汇集，作者均为中国社会科学院学部委员、荣誉学部委员，内容集中反映学部委员、荣誉学部委员在相关学科、专业方向中的专题性研究成果。《专题文集》体现了著作者在科学研究实践中长期关注的某一专业方向或研究主题，历时动态地展现了著作者在这一专题中不断深化的研究路径和学术心得，从中不难体味治学道路之铢积寸累、循序渐进、与时俱进、未有穷期的孜孜以求，感知学问有道之修养理论、注重实证、坚持真理、服务社会的学者责任。

2011 年，中国社会科学院启动了哲学社会科学创新工程，中国社会科学院学部作为实施创新工程的重要学术平台，需要在聚集高端人才、发挥精英才智、推出优质成果、引领学术风尚等方面起到强化创新意识、激发创新动力、推进创新实践的作用。因此，中国社会科学院学部主席团编辑出版这套《专题文集》，不仅在于展示"过去"，更重要的是面对现实和展望未来。

这套《专题文集》列为中国社会科学院创新工程学术出版资助项目，体现了中国社会科学院对学部工作的高度重视和对这套《专题文集》给予的学术评价。在这套《专题文集》付梓之际，我们感谢各位学部委员、荣誉学部委员对《专题文集》征集给予的支持，感谢学部工作局及相关同志为此所做的组织协调工作，特别要感谢中国社会科学出版社为这套《专题文集》的面世做出的努力。

《中国社会科学院学部委员专题文集》编辑委员会

2012 年 8 月

目　　录

序　言

多年来，我常设想自 20 岁至 70 岁是人生最宝贵的 50 年。20 岁以前，尚处于不很懂事的求知和长身体的阶段。70 岁以后衰老光临，健康优势难持久。就我个人而言，二三十岁的青春岁月，正忙于教学（初中教员）和学习（大学四年）。从大学毕业分配至机关工作，20 年间（1956—1976年）政治运动无休止，读书视为白专，备受领导冷眼。我个人所爱好的历史研究事业，只是从 1977 年刚开始，在此之前的美好青春岁月，被无端折腾耗尽，其时稍有空暇，个人阅读面过宽且杂，漫无止境，对许多事件缺乏周密思考。

安定的读书和写作时间，我只有极为宝贵的 20 年（1977—1997 年）。这 20 年是我一生的黄金时代，作品质量虽不佳，但所出成果最多。可惜好景不长，1998 年目疾加重，接近失明，1999 年脑血栓发作，此后再没有头脑清醒的时候，正常写作只好戛然而止；脑中风和冠心病频繁光顾，且一次比一次加重，处境更是难堪。近 10 年来，缓慢地写了若干文稿，力不从心，实是无可奈何。

最近翻检故纸，发现了往日所写若干篇旧作，读来恍如隔世。年迫桑榆，以《耄耋存稿》为名，存其真也。诸篇内涵庞杂，写作年代从 20 世纪 60 年代以至近年所作，文中必多错讹，恳请读者严加批正。

从中西对比看中国汉宋之间封建
经济结构的若干重要特点[*]

中国是世界上著名的文明古国之一。马克思主义学说认为，不同国家的社会发展大致存在若干基本相同点。经典作家对西欧中世纪社会曾有较多论述，人们据以将中世纪划分为三大阶段：

（1）5—10世纪为封建制确立期，它以蛮族入侵、西罗马灭亡为起点，直至具有分散性封建国家的建立。其时，社会上自由农民大量减少，大地产日渐增多。

（2）11—15世纪是封建制完全发展期，农奴劳动促进生产力发展，手工业和商业逐渐集中城市，政治实体由分散国家纷纷转向民族国家。

（3）15世纪末以至英国革命前是社会生产力迅速增长，封建主义日趋解体并走向近代的过渡时期。

本文选取西欧一、二期的历史状况和中国汉宋间的社会经济结构进行对比。我认为自战国以至宋元之际的一千六七百年是中国封建主义形成发展以至转向封建后期的重要时期，约略与西欧5—15世纪1000年间近似，由此显示出汉宋之间中国封建经济结构所呈现的若干重要特点。所言有没

---

* 本文所述中西史事很粗略。除了马克思主义经典论述外，西欧史事，主要参考：孙毓棠1962年夏秋数次讲演西欧中世纪庄园我略作的笔记；柯斯铭斯基《中世纪世界史》（王易今译本）；吴于廑《从中世纪前期西欧的法律和君权说到日耳曼马克公社的残存》（《历史研究》1957年第6期）；吴于廑《世界史上的农本与重商》（《历史研究》1984年第1期）；刘启戈《西欧封建庄园》（商务印书馆1962年版）；刘启戈、世界史资料丛刊《中世纪中期的西欧》（商务印书馆1962年版）；姜伯勤《中国田客制、部曲制与英国维兰制的比较研究》（《历史研究》1984年第4期）；马克尧《西欧封建城市初论》（《历史研究》1985年第1期）；拙文旨在讨论中国封建经济的若干重要特点，对西方史事，一律不出注。又：张弓教授曾对本文草稿提过很好的修改意见，特此感谢。

有道理，敬请批评指正。

一　一元的封建等级所有制与多元的封建土地所有制

列宁曾指出，"等级属于农奴社会"①。中西方的封建时代都存在严格的等级制度，同时也拥有彼此互异的某些独特点。

马克思说："蛮人占领了罗马帝国，这一事实通常被用来说明从古代世界向封建主义的过渡。"② 日耳曼蛮族原先过着以血缘为基础的氏族社会生活，随着他们扩大土地占有后，移居到新土地上的法兰克、东西哥特、汪达尔、布伦底、伦巴底人，已不再是氏族的结合，而成了邻居的关系。他们分别组织了以地域为基础的农村公社，公社成员分割公社内的部分土地，并共同使用属于公社的森林、牧场、水源。8 世纪查理大帝时，将其领地分封给自己的附庸（公爵、伯爵等），各地诸侯也将采邑分封其部下，其受封者又以同样的办法将封土分封部属，如此一再分封，下层骑士便成了附庸的附庸。封建附庸的领地归他终身领有，每个封建主对上是"陪臣"，对下则是"领主"。公爵、伯爵的封土直接受自国王，权势大。经过层层分封后的下层附庸、骑士等，封土小，收入少。广为流行的通则是，"我的附庸的附庸，不是我的附庸"。广大农业生产者处于等级阶梯的最下层。从 9 世纪后期开始，国王的附庸及其所属附庸的关系便成为土地所有者领主和农奴的统属关系。

马克思认定，封建主义不是现成地从德国搬去的，"它起源于蛮人在进行侵略时的军事组织中"，并受到征服地生产力的影响发展为封建主义。上述层层分封的封土由贵族领主掌握，世袭地终身占有，成为"封建的或等级的所有制"。"土地占有的等级结构……使贵族掌握了支配农奴的权力，这种等级结构……目的在于对付被统治的生产阶级。"③ 由是显示出各等级的封建贵族领主支配的农奴之间的剥削关系。那时，土地买卖极为罕

---

① 《列宁全集》第 2 卷，《民粹主义空想计划的典型》，人民出版社 1984 年版，第 453 页。
② 《马克思恩格斯全集》第 3 卷，《德意志意识形态》，人民出版社 1960 年版，第 82 页。
③ 同上书，第 83、27 页。

见，是一种"已经硬化了的私有财产"①。直至16世纪时，随着商品交换经济的发展，土地买卖才开始日趋频繁进行。

中国的封建等级制和土地所有制另有其自身的特点。历代诸王朝的皇室、贵族、各级官僚，享有政治上的种种特权。秦汉时，实行军功爵制、王侯封国制，魏、晋至唐、宋有虚实封王侯等级制，规范了不同等级的封建特权。然而，中国的封建等级制不同于西欧的分封裂土制，自秦汉以来，中国长期有着专制主义的中央集权政府，不存在封建等级所有制和领主土地所有制。中国封建时代存在下列三种土地所有制形式，而以前两者为主要形式。

（1）国家及官府土地所有制。它大体包括了山陵、川泽、官田、荒废田、屯田、职田、户绝田乃至学田等，北朝隋唐实施均田时，用以进行还受的土地也属于这类土地之列。

（2）地主阶级土地所有制。在两千多年间，地主阶级各阶层长期占有大量土地。地主土地所有制在社会生产关系中始终居于主导地位。皇室、贵族、官僚、庶民地主以及富商、高利贷者，乃至寺观、僧道地主的田产，都可列入此类。各种类型地主所有制的土地数量，在不同时期和不同地区，则往往存在着巨大的差异。

（3）自耕农土地所有制。战国以后的长时期内，历代社会始终存在广大的自耕农阶层。但在不同历史时期，自耕农在数量上存在着重大的差异。

和西欧中世纪的重大差异之一是，中国自战国以来，改变了以往"田里不鬻"的状态，法律公开承认土地买卖。有如西汉董仲舒所言："至秦则不然，用商鞅之法，改帝王之制，除井田，民得买卖，富者田连阡陌，贫者亡立锥之地。"② 秦汉以后，历代土地买卖频繁。晚唐五代南汉时，有人形象地说："千年田，八百主"③，生动地描述了地权转移之活跃。当然，我们注意到那时的土地买卖，尚不具备纯粹的经济形式，它和一般商品的买卖不同，所以，马克思称之为巧取豪夺。我国中古时，这种地权转

---

① 《马克思恩格斯全集》第1卷，《黑格尔法哲学批判》，人民出版社1956年版，第369页。

② 《汉书》卷二四上《食货志》，中华书局1962年版，第1137页。以下所引正史，均用中华书局校点本。

③ 《五灯会元》卷四《灵树如敏法师》，中华书局1984年版，第239页。

移常表现为强占、掠夺、侵吞、逼让等形式，它是西方中世纪初期和中期所不具备的，但这只是封建土地制存在与发展形态上的不同。"大地产是中世纪封建社会的真正基础"①，乃是中西皆然。恩格斯说："在中世纪，封建剥削的根源不是由于人民被剥夺而离开了土地，相反地，是由于他们占有土地而离不开它，农民虽然保有自己的土地，但他们是作为农奴或依附农奴被束缚在土地上，而且必须以劳动或产品的形式给地主进贡。"② 中国和西欧在这一基本点上乃是很一致的。

二　庄园制与租佃制：不同的地租形态

"封建主义的基础是农业。"③ 农业是那时最主要的生产部门，是社会经济的基础，也是剥削阶级施行经济榨取的主要领域。这一基本特点同样适用于中国和西欧。因此，在辨明东、西方土地所有制形式的差异之后，有必要进而探讨土地经营方式上的差异。

西欧中世纪社会广泛存在封建庄园制，已成为中外史家的共识。各国以国王、贵族和教会为主体的大小领主们拥有几个以至几百或千余个大小不等的庄园，庄园是经济的也是政权的实体。通常区分为领主的直领地（"自用地"）和农奴的份地。直领地列为优质田，役使农民耕作。农奴是庄园中的主要劳动者，每周有三天至五天，自带工具去耕种领主的直领地，然后才能耕种自己的份地。庄园成为农业经营的基本组织形式。

一般来说，农奴有私人经济，可以经营份地，并进行手工制造。从法律和经济地位观察，农奴约略可分为几个阶层。上层是自由佃农（free tenants），地位接近自由民；中层是人数众多的一般农奴（villein，seirf），或称庄农。据统计，英国有占地 7.5—30 英亩的农奴，他们在政治、经济和法律上没有完整的人格；下层是小屋农（cottars），地位更低，已接近于

---

① 《马克思恩格斯全集》第 6 卷，《对民主主义者莱茵区域委员会的审判》，人民出版社 1961 年版，第 290 页。
② 《马克思恩格斯全集》第 21 卷，《美国工人运动》，人民出版社 1965 年版，第 387 页。
③ 《马克思恩格斯全集》第 21 卷，《论封建制度的瓦解和民族国家的产生》，人民出版社 1965 年版，第 450 页。

奴隶。还有奴仆（famuli），人数较少，身份比农奴低，自己无家，常在领主家做杂役工匠。由领主给食，备受虐待。农奴被束缚在土地上，受领主统治，每个庄园是自给自足的经济单位，又是相对独立的司法和行政单位。"他们从邦君那里取得了领主审判权……于是，地主就成了他自己案件的法官。"① 法律虽不许领主随意处死农奴，但农奴的生命并无保障，可以随土地赠送，也可用不同方式出卖。所有这一切说明，农奴是领主的"人"，他对领主之上的国王和国家政权是很少有或几乎没有法定的义务。

封建地租有三种形态。在欧洲庄园制度下，地租形式主要是劳役租，间或存在实物租。直至 15 世纪，不少地方发展为货币租。货币租的普遍实行，对庄园制的瓦解起着重大的作用。

在我国，有的学者盛称唐宋庄园制，有人通过《四民月令》看到了汉代的庄园制，甚至从甲骨文看到了商代的庄园制。管见以为，在南北朝以前，现实社会生活乃至在字书中，都未见"庄"和田地有什么内在联系。南北朝后期以至唐、宋之世，史籍是存在"庄田""庄园"等名称，也确有一些田园、别墅环山带水，包含大量土地。从西汉后期逐渐发展起来的大土地占有是些大地产和大田庄，它的耕作制度与组织形式都和欧洲庄园制很不相同。在汉、宋间的地主大地产上，没有直领地和份地的区分，不存在共同的耕作制度。大地主的田庄也不是独立的司法行政单位。因此，中国古代并不存在庄园制体系。

我国的地主田庄通常采用租佃制进行农作经营。汉、魏六朝以至唐、宋广泛盛行租佃制，这是中国封建制的重要特点之一。佃农和地主之间的关系往往因人因地而呈现多样性，并不存在西方那样的领主与农奴关系，没有西欧式的农奴。

魏、晋六朝时的部曲、佃客，有人说是农奴；唐陆贽所谓"依托强豪，以为私属，贷其种食，赁其田庐"的佃农，有人说是农奴；晚唐五代敦煌文书中的寺户是农奴；《宋史·刘师道传》所记川峡间豪户所养旁户也是农奴，如此等等，似乎中国中古时期的大地上存在广大的农奴阶层。

在我看来，自秦、汉以至宋、元之际的中国租佃制，前后经历了三个

---

① 《马克思恩格斯全集》第 19 卷，《马尔克》，人民出版社 1963 年版，第 367 页。

互相关联的阶段，始终并不存在西欧式的农奴制度。

汉武帝时，宁成"贳贷买陂田千余顷，假贫民，役使数千家……其使民，威重于郡守"①。成帝时，陈汤说："关东富人益众，多规良田，役使贫民。"② 此即王莽诏令所称"豪民侵陵，分田劫假"。师古注："分田，谓贫者无田而取富人田耕种，共分其所收也。假亦谓贫人赁富人之田也。劫者，富人劫夺其税，侵欺之也。"③ 桓帝时，崔寔说："上家累巨亿之赀，斥地侔封君之土……下户踦𣃚，无所跱足，乃父子低首，奴事富人，躬帅妻孥，为之服役。"④ 这都说明威重于郡守的富人役使贫民非常严重，汉政府既没有加以制止，也未在法律上予以确认。

两晋南朝时，官府正式允许佃客合法存在。西晋户调式，品官"又得荫人以为衣食客及佃客……其应有佃客者，官品第一、第二者，佃客无过五十户……第八品、第九品一户"⑤。东晋南朝时，"都下人多为诸王公贵人左右、佃客、典计、衣食客之类，皆无课役。官品第一、第二，佃客无过四十户，第三品三十五户。……第八品十户，第九品五户"⑥。依官品高低给予的佃客，皆注于主人家籍。佃户地位比较低，但他们是"客"，并非农奴。

唐、宋、辽、金时期，官府不限制富豪家役使佃农的人数。唐代，"别停客户，使其佃食……远近皆然，因循亦久"⑦。"依富室为奴客，役罚峻于州县。"⑧ 宋朝时，"凡为客户者许役其身，毋及其家属。凡典卖田宅，听其离业，毋就租以充客户。凡贷钱止凭文约交还，毋抑勒以为地客。凡客户身故，其妻改嫁者听其自便，女听其自嫁"⑨。众多唐、宋时的佃客不再注地主家籍，而是国家的编户。先后与赵宋并立于华北的辽、

　　① 《史记》卷一二二《宁成传》，第3135页。
　　② 《汉书》卷七〇《陈汤传》，第3024页。
　　③ 《汉书》卷二四上《食货志》，第1143—1144页。
　　④ 《通典》卷一《田制》引《政论》，中华书局1988年版，第13页。
　　⑤ 《晋书》卷二六《食货志》，第790—791页。
　　⑥ 《隋书》卷二四《食货志》，第674页。
　　⑦ 《册府元龟》卷四九五《田制》，中华书局1960年版，第5928页。
　　⑧ 《新唐书》卷五二《食货志》，第1361页。
　　⑨ 《宋史》卷一七三《食货志》，《宋会要·食货》六九之六八《逃移》，记事较详，中华书局1957年版，第4178页。

金，乃至日后统一了全国的元代，也是盛行租佃制，耕作者也都是国家的编民。①

租佃农民要向田主交纳地租。在我国的封建地租中，实物租最为盛行，它可区分为分成租与实物租。"或耕豪民之田，见税十五"的分成租，从秦、汉经六朝以至唐、宋之世，历代都很流行，具体内容虽有二八分、三七分、四六分以至对分诸种差异，但以中分制最为常见。定额租大致始于唐。陆贽说，关中的富户坐食租税，"每田一亩，官税五升，而私家收租，殆有亩至一石者"②。宋高宗时，"大司农少卿樊宾请沿江闲田……比民间例，止立租课。上等立租二斗，次减二升，又次一斗有半，召人承佃"③。定额租的租额固定，在正常年景，田地增产时，佃农可能多得收入，从而刺激劳动者增长生产的积极性。中国的租佃制度下，佃农的劳役通常不占主要地位。唐中叶后直至宋代，随着工商业以及货币流通的显著发展，某些公田如职田和宋代的学田，开始征收货币地租。如北宋真宗时，采纳知升州（今南京）丁谓建议，"城北有后湖，因旱，百姓请佃，计七十六顷，纳五百余贯"④。梁克家《淳熙三山志》卷一二记福州，"职田二十一顷九十亩一步……租课钱一千一百二十四贯五十八文"。综观我国两千多年的封建社会史，始终是以实物租为主，唐宋时征收货币租是较为罕见的。

封建地租的征收表现为超经济的强制，这种强制是源于佃农对地主土地的依赖，它表现为佃农对封建主的人格依赖。如果没有这种源自地权的依附，农民是不会自动向地主交纳地租的。佃户对封建主的人身依赖乃是封建土地所有制的必然产物。被束缚在地主土地上的生产者被迫屈从于土

---

① 《栾城集》卷一六《奉使契丹廿八首·出山》："力耕分获世为客，赋役稀少聊偷安"，中华书局《四部备要》本，第 166 页；《辽史》卷三八《地理志》咸州，第 470 页；《金史》卷四七《食货志》，泰和八年，第 1051 页，户部尚书高汝砺言："旧制，人户请佃荒地者……"；《金史》卷五〇《食货志》，贞祐四年，第 1122 页，建言，"砀山诸县陂湖……宜募人佃之……诏从之"；《元史》卷二〇《成宗纪》，大德三年，第 428 页，中书臣言："江南诸寺，佃户五十余万，本皆编民……"《元史》卷二三《武宗纪》，至大二年，第 517 页，"江南平垂四十年……其富室有蔽占王民奴使之者……"

② 《陆宣公集》卷二二《均节赋役恤百姓》第 6 条，中华书局《四部备要》本，第 15 页上。

③ 《建炎以来系年要录》卷一〇六，绍兴六年十一月甲辰，中华书局 1988 年版，第 1722 页。

④ 《续资治通鉴长编》卷九〇，天禧元年六月戊寅，中华书局 1985 年版，第 2069 页。

地所有者，表明人身依赖关系是从封建生产关系中发生，属于经济关系的范畴。可以说，人身依赖关系是封建生产关系的一种体现。马克思在分析资本的原始积累时指出："直接生产者，劳动者，只有当他不再束缚于土地，不再隶属于他人的时候，才能支配自身。"① 显然可见，在漫长封建社会中，直接生产者是长期受束缚而失去了人身的自由。因此，租地农民不论是否立有租约，都必须向地主交租。

汉武帝说："今内史稻田租挈重，不与郡同，其议减。"师古注："租挈，收田租之约也。"② 说明西汉时的关中，稻田出租已立有契约。是不是可以说，立有契约关系的租佃，人身依附比较缓和，没有租佃契的租佃，依附性要强烈呢？恐怕未必一定如此。《南齐书》卷十四记东晋初，"百姓遭难，流移此境（按：指南兖州广陵），流民多庇大姓以为客"。《魏书》卷一一〇记北魏，"初不立三长，故民多荫附，荫附者皆无官役，豪强征敛，倍于官赋"。《通典》卷七记隋初，"高颎睹流冗之病，建输籍之法……使人知为浮客，被强家收太半之赋"。杜佑注："浮客谓避公税，依强豪作佃家也。……高颎设轻税之法，浮客悉自归于编户，隋代之盛，实由于斯。"不难看出，客与浮客依附豪强时，必然要交纳较重的地租。而从西陲出土五胡时期以及唐代众多佃农所书写的大量租佃契约，具体内容虽互有差异，就其明确为地主（包括寺观地主）与佃农之间的租佃契约而论，实难看出依附关系有松弛的内容。至于有些农民因缺乏劳力而出租田地的契约，那是完全不包含有依附关系的。

宋人苏轼言："富民之家以三二十亩，田中分其利，役属佃户，有同仆隶。"③ "譬如民庶之家，置庄田，召佃客，本望租课，非行仁义"④，其父苏洵说："富民之家地大业广，阡陌连接，募召浮客，分耕其中，鞭笞驱役，视以奴仆。安坐四顾，指麾于其间；而役属之民夏为之课，秋为之获，无有一人违其节度以嬉。"⑤ 与苏洵同时的张方平说："今天下浮户依

① 《马克思恩格斯全集》第23卷，《资本论》第1卷，人民出版社1972年版，第783页。
② 《汉书》卷二九《沟洫志》，第1685页。
③ 《东坡奏议》卷二《论给田募役状》，中华书局《四部备要》本，第416页。
④ 《东坡奏议》卷七《奏浙西灾伤第一状》，第457页。
⑤ 《嘉祐集》卷五《田制》，中华书局《四部备要》本，第27页。

强家而为佃客者……输大半之率，由无以自业也。"① 如果我们不单纯从奴仆、仆隶、私隶以及浮户、佃客等文字上着眼，而是从其经济关系的实质进行分析，只能承认上述诸说是完全一致的，他们是佃农而并非农奴。

就整体而言，中国的佃农比欧洲农奴的人身依附关系相对松弛。当然，不能由此作出结论说，中国贫苦佃农的经济生活一定比欧洲的农奴要好，因为这是两个不能混同的概念。史实表明，中国式的佃农通常不是地主的人，而是皇帝的"民"。强大的国家机器不乐意地主官僚私下分割荫庇民户，常加干预，解脱而为编户。汉宋间的佃农一般没有田赋负担，有时要负担人头税（如宋代的丁身钱米等）等。至于地主转嫁田赋负担，增加佃农苦痛，自是常有的事。

北朝末年以至隋、唐之际的部曲，按唐律规定，是"身系于主"，"转易部曲事人，听量酬衣食之直"等，律条所述的部曲颇具有西欧农奴的某些特性。但唐代部曲通常是既不受田，也不纳课；律疏本身以及史策所记，看不出部曲参加了农业生产劳动，没有理由说部曲就是农奴。纵使有个别部曲参加了农业生产，也不能把部曲整体夸大为农奴，只能说部曲是人身依附关系很强的家务劳动者。包括魏晋六朝、隋唐在内，绝不能说部曲是农业劳动的主力军。

汉、宋间长达一千多年的岁月里，佃农中必然存在许多复杂的情况。恩格斯说得好："在中世纪依附关系和农奴制的等级举不胜举。"② 汉、宋时期的佃农似乎可分为四类。某些行踪比较自由，且有学习文化机会的佃农，如年轻时，"假地种殖"的杨震（《后汉书》卷五四），"客耕东莱"的郑玄（《后汉书》卷三五），"客田于河阳"的谯人公孙宏（《晋书》卷五五《潘岳传》）、长沙佃户胡氏子齐已"为寺司牧牛"（《五代史补》卷三），"韩魏公家佃客"岳飞（《朱子语类》卷一三二），这一类型的人，数量不多，是佃农中的上层；六朝时合法的佃客，非法的隐户、浮客，唐、宋时广大的佃食客户、田客，乃是佃农队伍中人数最多、最具有代表性的阶层；六朝至唐，以部曲、奴客为代表的佃食者，晚唐五代时的敦煌

---

① 《乐全集》卷十四《屯田》，第 14 页上（四库珍本）。
② 《马克思恩格斯全集》第 35 卷，《恩格斯致马克思》，人民出版社 1971 年版，第 125 页。

寺户，宋代川峡间的旁户以及辽代的头下户，在佃农阶层中地位较低，人数较少；另外，自汉至宋，历代都有少量奴婢用于农作，六朝时期尤为突出，① 他们备受田主虐待，地位最低，乃是真正的农业奴隶。

唐、宋时期存在有一田二主、一田二租的现象。《唐律疏议》卷二七地内得宿藏物条问答："官田宅私家借得，令人佃食；或私田宅有人借得亦令人佃作，人于中得宿藏，各合若为分财？"答："藏在地中，非可预见，其借得官田宅者以见住佃人为主，若作人及耕犁人得者，合与佃住之主中分。其私田宅各有本主，借者不施功力，而作人得者合与本主中分。借得之人既非本主，又不施功，不合得分。"《宋刑统》卷二七完全照抄其文，表明一田二租，在唐、宋社会中并非个别现象。宋徽宗时，明州废广德湖为田，本是官田，"召人请佃"，由是出现了"田主""见种之人"②。所称"田主"实际是佃种官田的佃户，"见种之人"则是真正耕作的佃农，他们都是编户齐民。金世宗大定"二十七年（1187），随处官豪之家多请占官地，转与它人种佃，规取课利。命有司询刷见数，以与贫难无地者，每丁授五十亩，庶不至失所，余田不尽者方许豪家验丁租佃"③。请占官地转租给贫民耕作的官豪家便是二地主。宋元之际的周密，记宋理宗时行公田，括率民田以充；度宗咸淳时，改为"召人承佃"，由是出现了"原佃主""种户"诸称号。④ 这些事例中一田二主下的"种户"，都是少地、无地的国家编户。

三　自由民与自耕农：不稳定阶层的不同生态

自由民与自耕农是个饶有兴味的问题。有人认为欧洲的自由农民即中

---

① 《三国志》卷四五《杨戏传》第1083页，注引《襄阳记》："今有人使奴执耕稼……"；《宋书》卷七七《沈庆之传》第1999页："治国如治家，耕当问奴，织当访婢……"；《魏书》卷六五《邢峦传》第1445页："俗谚云：耕当问田奴，织则问织婢……"；《魏书》卷一一〇《食货志》第2885页："奴任耕，婢任织者，八口当未娶者四"；《隋书》卷六二《柳彧传》第1482页："古人有云，耕当问奴，织当问婢，此言各有所能也。"
② 《宋会要·食货》七之四五《水利》，中华书局1957年版，第4928页。
③ 《金史》卷四七《食货志》，第1048页。
④ 《齐东野语》卷一七《景定行公田》，中华书局1983年版，第313—316页。

国的自耕农。窃意颇难苟同。

马克思说："自耕农的这种自由小块土地所有制形式，作为占统治地位的正常形式，一方面，在古典古代的极盛时期，形成社会的经济基础，另一方面，在现代各国，我们又发现它是封建土地所有制解体所产生的各种形式之一。"① 他明确告诉读者，《资本论》写作是以欧洲特别以英国作典型考察。在近代到来以前，只有古典的古代和封建制瓦解时期，才是自由农民人数众多之时。我们看到，欧洲中世纪初期，大量存在的自由农民在法律上是自由民，其后经历数百年的战乱和各种掠夺，很多人相继破产，不得不寻求显官或教堂庇护，陷于附庸地位，而失去人格与自由。国王免除教会徭役，大土地所有者也拥有特权，自由农民因承担过重劳役加速了破产过程。马克思指出查理大帝时代的兵役是促使日耳曼自由农民转变为封建附庸者的主要手段。因此，10 世纪时的自由农民数量已是很少，占有土地的贵族成了农村中的主人。恩格斯比喻说："自由农民正如白色的乌鸦那样少见。"② 那时，残存的自由农民多生活在荒僻的山林区。在中世纪庄园中，也有少量的自由佃农，法律地位比农奴高，但其经济状况并不好，同样要受领主的剥削与压迫。直至庄园制瓦解，社会上才产生出有如中国式的佃农和自耕农。这是马克思所说西欧封建土地所有制解体导致的农村阶级构成变化的一种形式。英国的自耕农，瑞典、法国和德国西部的农民都属于这一类。

在中国，自耕农作为农民的一部分最早产生于春秋战国。那时，随着生产力的发展，不少国家坏井田，开阡陌，任民所耕。也有的因战功而获得耕地，由是出现人数众多的自耕农。战国、秦汉以后，历代反复出现大同小异的现象。王朝初建，自耕农数量大增，到了中后期，众多自耕农纷纷失地，成为流民或佃农。总的来说，两千多年间，自耕农的数目常因时因地而不同；每逢大的农民战争后，自耕农人数通常增多，也有一些是新王朝的统治者鼓励民众开垦荒田以为永业出现的自耕农。

自耕农是个体的小土地私有者，亲自劳动，独立经营小生产经济，原

---

① 《马克思恩格斯全集》第 25 卷，《资本论》第 3 卷，人民出版社 1974 年版，第 909 页。
② 《马克思恩格斯全集》第 19 卷，《马尔克》，人民出版社 1963 年版，第 366 页。

则上并不剥削别人，但它却是一个很不稳定的阶层。"对小农民来说，只要死一头母牛，他就不能按原有的规模来重新开始他的再生产。这样，他就坠入高利贷者的摆布之中，而一旦落到这种地步，他就永远不能翻身。"① 与之类似，农家的主要劳动力如突然病亡或长期卧病，或是遇到严重自然灾害和人为的战乱，都会使软弱无力的小生产者难以承受而迅速破产。这就表明，自耕农之类的小生产者经济经常处在动荡与分化过程中，它很不稳定。封建经济是地主经济，自耕农经常受地主的奴役和高利贷的盘剥，在社会、经济、政治、法律上的地位也不好，从而决定了自耕农的人数不可能长期在社会上维持多数。

世人所说的小农经济通常包括自耕农与佃农。西汉晁错说："今农夫五口之家，其服役者不下二人，其能耕者不过百亩。"自耕农要给官府服徭役，交租税，"四时之间无日休息"，"尚复被水旱之灾"，"于是有卖田宅鬻子孙以偿责者矣"②。自耕农往下滑，降为半自耕农与半佃农（或半雇农）。敦煌、吐鲁番出土的唐代文书，便有不少户民是家有少量田地，同时还佃种他人的若干田土。自耕农与半自耕农的少量土地最终完全失去以后，除了脱籍流亡以外，便只有充当完全的佃农和雇农。

关于雇佣劳动，恩格斯曾经指出，它"是很古老的，它个别地和分散地同奴隶制度并存了几百年"。在资本主义生产方式出现以前，"雇佣劳动是一种例外，一种副业，一种救急办法，一种暂时措施。不时出去打短工的农业劳动者都有自己的只能借以糊口的几亩土地"③。他的论断反映了西方前资本主义时代雇佣劳动的某些特殊性。在庄园制度下，也存在人数很少被领主雇佣的雇农，他们多半是流民，通常是在农忙时做短工，并非资本主义制度下的雇佣劳动者。

在我国，自春秋战国以来，业已存在乡村雇佣，不仅很多自耕农、半自耕农和佃农以佣工作为副业，以资糊口，乡村中以出卖劳力为生的雇农，从秦、汉以至宋、元之际，包括混乱分裂的魏晋时期几百年在内，我

---

① 《马克思恩格斯全集》第 25 卷，《资本论》第 3 卷，人民出版社 1974 年版，第 678 页。

② 《汉书》卷二四上《食货志》，第 1132 页。

③ 《马克思恩格斯全集》第 19 卷，《社会主义从空想到科学》，人民出版社 1963 年版，第 232 页。

们曾作过具体讨论。① 乡村雇佣并不是零星个别和例外偶然的现象，而是具有一定程度的普遍性，作为租佃制的辅助和补充而长期存在。在汉宋间一千六七百年内，雇佣的数量有很大发展，但在质的方面仍难看出有什么大的变化。唐、宋之际，尽管乡村雇佣劳动的记载很不少，显然谈不上取代租佃制；而且，雇佣制的本身也带有若干封建性，和近代的雇佣劳动仍有较大的不同。

自古以来，社会物质生产力在各地是不断向前发展，在此可以粗略地考察东西方在大致同时的农业生产力发展状况。

欧洲中世纪初期的几百年（5 世纪至 9 世纪）间，由于日耳曼人的入侵，各地区与各国之间战争频繁，社会生产力受到了极大的破坏。从 9 世纪后期开始，各国国王的附庸与其所属附庸的关系，正式稳定地确立为土地所有者领主和农奴的统属关系。

欧洲庄园制下的耕地，通常采用"三田制"，也就是每块耕地在耕地二年之后，休耕一年。同时，还存在有三年休耕一次的"四田制"以及间年休耕一次的"二田制"，土地借休耕以恢复地力。农奴在农忙时，需先完成领主田地上的工作，才能在自己的份地上劳作。此外，还要为领主承担各种烦琐的多种徭役，贡纳实物。农奴向领主借用磨臼、压榨机与烧炉，也要分别交税，还要向教会交纳总收获量十分之一的"什一税"以及军器税、死亡税等，导致农奴生活很苦，耕作极为粗放。5 世纪以后几百年间，欧洲处于昏暗时期，社会经济停滞落后，直至 11 世纪以后，生产才开始有所好转。到了 14—15 世纪，农业、手工业生产力获得了迅速发展，前进步调加快，开始显示封建生产关系已成为生产力进一步发展的桎梏。

在中国，战国、秦汉时期的中原大地民众，已广泛使用铁制农具，精耕细作技术在迅速发展。黄河中下游地区的农业生产力已获得相当高的发展，大大超过了欧洲中世纪前期的水平。魏晋南北朝时期的黄淮地区经济发展虽有所放慢，但在江淮以南地区却有了迅速发展，从南北朝以至唐、宋，耕作技术有了重大改进，大力发展了施肥，推广间作套种，全国性的农业生产出现了新的重大进展；直至宋、元之际，整个农业生产技术水平

---

① 《试论秦汉至两宋的乡村雇佣劳动》，《中国史研究》1984 年第 3 期。

远比欧洲同一时期（12世纪和13世纪）高得多，只是在元、明以后，生产发展速度转趋缓慢，与欧洲14世纪和15世纪以来加速发展的状况，形成了鲜明的对比。

四　庄园手工业与官府工业，中西方城市 手工业及其行会的异同

马克思曾经揭示，农业劳动和工业劳动本来并不是分开的。工业劳动包括在农业劳动中，织和纺等当初也是当作农业的副业来进行的。"在古代社会和封建社会，耕作居于支配地位。那里连工业、工业的组织以及与工业相应的所有制形式都多少带着土地所有制的性质……像中世纪那样，工业在城市中和城市的各种关系上模仿着乡村的组织。"[①] 在封建时代，不论中国和西欧，农业和家庭手工业密切结合，农村经济生活基本上是自给自足、闭关自守的。

欧洲中世纪的庄园是基本的经济组织单位，领主们为了自身消费而经营手工业制造，使用农奴或手工业匠在庄园的手工作坊里从事日常消费品和奢侈品的生产，只有贵重武器和丝绸、宝石等奢侈品才向外来商人购买。庄园里原则上不生产供出卖的产品。这种手工业生产方式当然有很大的局限性，到了中世纪中后期，城市手工业逐渐有所扩大，领主们已日益增多地从城市手工业者那里购买他们所需的物品，庄园手工业由是日趋没落。

中国广大农村长期存在男耕女织的家庭生产方式。这种与小农经营相结合的小手工业是形成中国封建经济结构的重要内容之一。至于个别地主田庄使用工匠、农民甚至奴隶从事手工业生产当然是存在的。南北朝人颜之推说："闭门而为生之具以足，但家无盐井耳。"[②] 总的说来，汉宋间的一千多年，中央政府常常集中经营着若干与国计民生密切相关的盐、铁、酒、茶（唐宋时）以及高级丝织品、工艺品和兵器的制造，官府垄断生产，进行专卖，有利于增加国家财政的收入。和西欧相比较，中国的地主

---

① 《马克思恩格斯全集》第12卷，《政治经济学批判导言》，人民出版社1962年版，第757页。
② 《颜氏家训》卷一《治家》，上海古籍出版社1980年版王利器集解本。

经济和市场的关系，远比西欧庄园经济的情况密切，地主田庄上的自给自足率相对较弱。自中唐以至两宋，随着商品经济与手工业、制造业的进一步发展，地主田庄上自己经营的手工业也就越来越稀少了。

城市个体小手工业，在西欧中世纪和中国封建时期也都存在。

在西欧的中世纪前期，庄园里的农奴除了农业生产而外，还兼营手工业制造。后来，技术日趋进步，有些农奴脱离了农业生产，专门从事手工劳动；附近的居民便向他们订购货物，随着交换的发展，他们在完成订购物品外，还生产其他若干货物，带到经常有人往来的地方出售。于是，经常性的贸易集散场所便逐渐形成城市。城市居民大多是逃亡农奴，这些人在手工劳动之外，并未完全脱离农业活动。12 世纪以来，某些较富裕的手工业者在城内设立作坊，成为行东店主；凡是从事手工业活动的人，必须先在坊内当学徒，期满后升为工匠，再过一定时期，经过店主允许，可以自己独立开设作坊。那时，工人与生产资料互相结合，马克思比喻说，"像蜗牛和它的甲壳互相结合一样"[1]。每个手工业者对自己的工作兢兢业业，各个行业为此创立了自己的组织，同行的手工业者结成同业行会（graft guilds）规定生产数量、限制生产、避免竞争、制定生产技术、保守技术秘诀、负责对外交涉、彼此患难相助，不许没有加入基尔特的人开设作坊。行会强烈的封建性有碍于手工业的发展。所有基尔特成员都是店主，联合一致，压迫帮工（学徒、工匠），不让他们出人头地，这种利害矛盾引致了 14 世纪以来双方尖锐的斗争。

在中国，汉、宋间的城市手工业远比同时期的西欧发达。汉武帝实施禁榷以前，采矿、冶铸（冶铜、冶铁、铸造、铸币）、煮盐等都任人自由经营。《史记·货殖列传》所记邯郸郭纵冶铁，猗顿盐，蜀卓氏鼓铸铁，程郑、宛孔氏、曹邴氏之冶铁都很有名。汉"文帝之时，纵民得铸钱、冶铁、煮盐"，"往者豪强大家得管山海之利，采铁石鼓铸，煮海为盐，一家聚众或至千余人，大抵尽收放流人民也"[2]。以齐地为例，《汉书·地理志下》称，"织作冰纨绮绣纯丽之物，号为冠带衣履天下"，"临淄，海岱之间一都

---

[1] 《马克思恩格斯全集》第 23 卷，《资本论》第 1 卷，人民出版社 1972 年版，第 397 页。

[2] 《盐铁论》卷一《错币》，第 57 页，《复古》第 78 页，中华书局 1992 年版王利器校注本。

会也，其中具五民云"。汉人服虔注："五民，士、农、商、工、贾也。"是
知战国秦汉时，著名都市临淄已拥有不少手工业者和商人聚居其中。

唐、宋时，城市手工业有了新的重大发展。城市经济繁荣，市内有了
常设店铺，坊市制度日趋废弛，各地许多小市镇纷纷涌现，城市的工商业
人口日益增多，同类工商业者往往集中经营。如北魏洛阳市之东西南北四
方各有二里，"多诸工商货殖之民"①。唐代长安"通化门长店，多是车工
之所居也"②。《唐六典》卷三称："功作贸易者为工，屠沽兴贩者为商"；
说明手工业者兼有作坊与店铺。

隋代已有了不少行业名称，至唐代，工商业的诸行在各地纷纷出现，
其中有不少是工商业者的同业组织。唐、宋时，同业行会的首领称为"行
头""行首""行老"。唐代行会常协助官府平抑物价，限制行业经营规模
及产品质量，统一制定技术标准，组织同行共同进行祭祀及娱乐活动。③
宋代，加入行会的工商业者称为"行户"④。行头协助官府对行人的税收、
科买、和雇及平抑物价，并代表本行与官府及外行办理交涉和处理有关本
行业业务等。由于唐宋时行会常常要为官府服务，有人为此否定它是工商
业者自己的组织。我认为对此必须密切注意中国封建专制主义的特色，为
了统治城市手工业者，官府需要经常控制手工业行会，使之处于从属地
位，利用它作为支付国家徭役的工具。唐宋行会都要应付官府的"须索"。
"初，京师供百物有行，虽与外州军等，而官司上下须索，无虑十倍以上，
凡诸行陪纳猥多。"⑤ 这类情况很切合中国国情，因而，工业行会的性质与
西欧颇有异同。

五　城市：性质与功能的异趣

恩格斯说："在中世纪的社会里，特别是在最初几世纪，生产基本上

---

① 《洛阳伽蓝记》卷四《城西》，古典文学出版社 1958 年版范祥雍校注本，第 205 页。
② 《太平广记》卷八四《奚乐山》，中华书局 1981 年版，第 541 页。
③ 杨德泉：《唐宋行会制度之研究》，上海古籍出版社 1982 年版，第 204—240 页。
④ 《续资治通鉴长编》卷二四六，熙宁六年八月丙申，第 5998 页。
⑤ 《续资治通鉴长编》卷二四四，熙宁六年四月庚辰，第 5935 页。

是为了供自己消费。……在那些有人身依附关系的地方，例如在农村中，生产还满足封建主的需要；因此，在这里没有交换，产品也不具有商品的性质，……以交换为目的的生产即商品生产，还只是在形成中。因此交换是有限的，市场是狭小的。"① 罗马帝国覆亡后，欧洲各地的商品交换处于停滞状态，每座庄园都是自给自足，极少商业来往与交换，用不着货币，表明西欧的商品经济萎缩。7—9世纪时，城市开始出现；11世纪中叶以来，经济发展加快。二三百年内，城市大为发达，商人在各地城市中定居下来，《共产党宣言》称，"从中世纪的农奴中产生了初期城市的城关市民"，"商人对于以前一切都停滞不变，可以说由于世袭而停滞不变的社会来说，是一个革命的要素……现在，商人来到了这个世界，他应当是这个世界发生变革的起点"②。

城市商人和城居手工业者形成了两个集团，与居住在乡村的庄园主形成了城乡分离和利益明显的对抗。领主们认为城市是设立在他们的领地上，便不时对城市居民进行征税，还凭借封建权力随意审判居民，抽调丁壮服力役、兵役。随着城市的日渐富庶，领主对它的需求也日趋增多，由是不时发生城市居民与领主的冲突。有如恩格斯所概括的，"起初，市民等级是一个被迫的等级，它不得不向统治的封建贵族缴纳贡税，它由各种各样的农奴和奴隶出身的人补充自己的队伍，它在反对贵族的不断斗争中占领了一个又一个的阵地。最后，在最发达的国家中取代了贵族的统治"③。

12世纪时，西欧有些城市已用金钱或武力从国王或领主手中获得了城市自治权，自己选择法官、议会乃至市长，取得了财政和司法的独立，而其权力常掌握在富商们手中，他们迅速组成了商人行会（merchant guilds）"它们的成立是为了对付竞争者和顾客，它们按照互相商定的价格来出售商品，它们的商品都有一定的质量，……它们还共同规定了向当地居民购买产品时许可支付的价格等等，……凡是低于价格出售或高于价格购买的

---

① 《马克思恩格斯全集》第20卷，《反杜林论》，人民出版社1965年版，第297页。
② 《马克思恩格斯全集》第25卷，《资本论第3卷增补》，人民出版社1974年版，第1019页。
③ 《马克思恩格斯全集》第20卷，《反杜林论》，人民出版社1965年版，第178—179页。

人都要倒霉。……更不用说商会对违反规章的人所直接给予的惩罚了"①。这就清楚地表明，商会是要保证商人在城市中的贸易独占权。因此，很注意监督所有店主都要在同一条件下进行工作，禁止悬挂醒目的招牌吸引顾客，如此等等，借以保证商人的独立地位。

随着各地国内商业和远程商贸的日趋发展，城市人口有了迅速增长。工商业城市和封建农村的对立日益明显。原先，商业是为封建势力服务的，伴随商人资本的新扩展，乃积极设法摆脱封建束缚，逐步控制了城市，使它不再受封建领主束缚，有自己独立的政治机构、法庭与军队。以商人与手工业者为代表的城市市民发展为反对封建贵族的主要势力。到了15世纪后期，"国王的政权，依靠市民打垮了封建贵族的权力，建立了巨大的实质上以民族为基础的君主权"②。再向前发展，便要出现近代的资本主义社会了。

我国情况与西欧中世纪前期城市衰败、工商颓废很不相同。战国秦汉时的商品经济，已是相当发达，国内商业兴旺，金属货币流通，城市人口众多。即使混乱的魏晋南北朝时期，北方名都洛阳、邺和南方的建康、成都等城市仍是人口众多，商贸甚盛；江南地区的小市也兴旺起来，例如会稽所属山阴市，"或店肆错乱，或商估没漏，假冒豪强之名，拥护贸易之利"③。唐宋时期的商品经济大为发达，商人资本与高利贷资本十分活跃，国内地区间的贸易以及国际贸易都比前代有了重大发展，城市人口广泛增多，种种情况，若与西欧相比较，至少可指出如下重大特点：

（1）中国古代城市长期是军事政治中心，进入封建时代，大多沿袭继续，成为封建政权的统治中心。地主、官僚大多居于城镇，城中驻有军队，直接为封建统治效劳。城居工商业者的力量远比封建势力弱，他们没有也不可能像西欧中世纪那样形成封建势力的反对派，也从未出现过由工商业者所控制的自由城市。汉、宋间一千多年中，城市的数量和城市工商

① 《马克思恩格斯全集》第25卷，《资本论第3卷增补》，人民出版社1965年版，第1020—1021页。
② 《马克思恩格斯全集》第20卷，《自然辩证法导言》，第360页；第21卷《论封建制度的瓦解和民族国家的产生》，人民出版社1965年版，第448—458页。
③ 《初学记》卷二四《市》引晋王彪之《整市教》，中华书局1962年版，第593页。

业者的人数有了显著增加，但众多城市依旧是政治和军事统治的中心，经济意义仍然处于比较次要的地位。

（2）随着工商业的日趋繁荣，唐、宋时，在各地城市中所出现的行会大多是商会，它没有像西欧商会那样，有力地保护商人利益，与领主贵族相对立。中国的商会在平抑物价、介绍佣工、联系贸易、保护本行利益等方面，虽具有促进城市工商业繁荣的一定作用；但往往被封建势力及国家政权所控制与利用，借以保证官府的供应与科派。唐代宫市，"于京城市肆，强买人间，率用直百钱物，买人数千钱物"①。南宋初，"州县军镇，旧来行户立定时旬价直，令在任官买物。盖使知物价低昂，以防亏损。……近来州军县镇遇有抛买，依前下行户供应。……州县多将零细小铺、贫下经纪，不系合该行户之人及村店货卖细小之民，一例敷纳。其实有物力行铺户等，却致作弊幸免"②。这样一来，行会便成为封建势力统治商人的重要工具了。

（3）商人和高利贷者拥有商业资本和高利贷资本，他们像寄生虫一样吮吸着从事传统方式生产的手工业者和农民。西欧中世纪末期的情况，马克思曾指出，"这种剥削形式又可以成为通向资本主义生产方式的过渡"③。然而，在中国封建社会里，却始终没有形成独立的社会政治力量，唐代时期的商人、高利贷者与地主、官僚互相勾结甚至相互融合，四位一体，掌握了城市的统治权，城市由此成为封建实力的巢穴。城市中的小商人、小手工业者在强大的封建势力面前，难以凝聚为强大的市民阶层，为自身利益开展有力的斗争。

（原载《中国前近代史理论国际学术研讨会论文集》，湖北人民出版社 1997 年版）

---

① 《唐会要》卷八六《市》，丛书集成初编本 1936 年版，第 1582 页。
② 《宋会要·食货》六四之六六《免行钱》，第 6132 页。
③ 《马克思恩格斯全集》第 23 卷，《资本论》第 1 卷，人民出版社 1972 年版，第 557 页。

中古时期的超经济强制

超经济强制，顾名思义乃是超越经济领域的题词，它对人身有着密切的依附关系。郭大力和王亚南合译的《资本论》第三卷，直接将超经济强制译为"非经济性质的强制"（第924页），马克思且加注释云："在把一个国土征服之后，对征服者来说，接着要做的，就是把人占有。"由是必须有人身的依附关系，有人身的不自由（不管不自由的程度如何），有人身当作土地的附属物，定牢在土地上面的制度。接着又说："从直接生产者身上挖出的无酬剩余劳动的独特经济形式，决定着统治和服从的关系。因为这种关系，本来是直接从生产生出的；虽然反过来，它也当作决定的因素，对生产发生反作用。"① 由此可见，人身依附关系乃是在人格上存在着某些依赖，它存在于整个中古时期。

那时候，主要的生产关系是地主阶级占有大量耕地，生产者少田或无田可耕，被迫要为地主干活。马克思在分析资本形态的变化及其循环时，曾特别指出："不论生产的社会形态如何，劳动者和生产资料都总是生产的因素，但在彼此互相分离的状态中，它们之中任何一个也不过在可能性上是生产的因素，不管生产什么，它们都总是必须结合起来，实行这种结合的特殊方法和方式，区别着社会结构上各个不同的经济时期。"②

社会实践表明，没有土地的农民，为了和生产资料结合，只能被迫去耕种地主的土地。因此，马克思和恩格斯在《德意志意识形态》一书中明确地说："封建时代所有制的主要形式……是地产和束缚于地产上的农奴劳动。"③ 列宁也说："在农奴制社会中，农民被束缚在土地上，农奴制的

---

① 《资本论》第三卷，人民出版社1964年版，第924页。
② 《资本论》第二卷，人民出版社1964年版，第18页。
③ 《马克思恩格斯全集》第3卷，人民出版社1960年版，第28页。

基本特征就是农民（当时农民占大多数，城市人口极少）被束缚在土地上，由此就有农奴制这一称呼。"① 这些被束缚在土地上的农民，不得不屈从于土地所有者，与地主发生了人格上的依赖。由此说明，这种人身依赖关系是由地主和农民的生产关系中发生的，它是属于经济学范畴的。

马克思明确指出："欧洲黑暗的中世纪。在那里，我们不见独立的人，但发现每一个人都互相依赖——农奴和领主，家臣和封建诸侯，俗人和牧师。物质生产的社会关系以及在其上建立的各个生活领域，都是以人身的依赖作为特征。但就因为是人身的依赖关系，形成这个社会的基础。所以，劳动和产品，都不必要采取任何一种和现实不同的幻想的形式。"② 他在这里说明，人身依赖关系是因经济上的依赖性而产生的。

当然，人身依赖关系，特别是马克思所称："有人身当作土地的附属物定牢在土地上面的制度。"③ 是表现为政治上的统治被统治、经济上的剥削与被剥削关系的。因而，人身依附关系又不完全是经济关系，还表现为政治关系。

农民由于对地主有了人格上的依赖，遂使自己的人身失去了自由，而没有任何政治权利。马克思说："直接生产者则以不自由的人的身份出现。这种不自由，从那种定有徭役劳动的农奴制度算起，可以一直算到单纯的进贡的义务。"④ 可以显示出失去了人身自由的可悲性。

对于中世纪农民的不自由，恩格斯把19世纪英国工人与12世纪中叶诺曼贵族压迫下的撒克逊农奴作了认真比较。他为此指出，"农奴是束缚在土地上的"。"农奴必须把初夜权献给主人。农奴没有权利弄到一份财产，他所有的一切，地主都可以拿走。""农奴和地主的关系由大家都遵守的符合习俗的法律来调整，同时也由习俗本身来调整。""地主不能使农奴离开土地，不能只出卖农奴而不出卖土地，而因为所有的土地几乎都不能转让，加之当时又没有资本，所以地主根本是不可能出卖农奴的。""农奴是他出生的那一块土地的奴隶"，"农奴的生存有封建的社会制度来保

① 《列宁全集》第29卷，人民出版社1956年版，第437页。
② 《资本论》第一卷，郭大力、王亚南译本，人民出版社1963年版，第53页。
③ 《资本论》第三卷，人民出版社1964年版，第924页。
④ 同上。

障”，“农奴在战争时期为自己的主人卖命”。“农奴的主人是野蛮人，他把农奴看做牲口。”①恩格斯认为这些农奴，实际上都是奴隶，地主对他们的奴役是明显而公开的。

20世纪初，列宁同样通过对比，说明当时乡村农民与中世纪农奴在政治自由上的区别。他说：“在农奴制度下，农民没有地主许可是不敢结婚的。”“在农奴制度下，农民在总管指定的日子一定要替自己的老爷干活”；“在农奴制度下，农民没有得到老爷许可，也就不敢置财产，不敢买土地”；“在农奴制度下，就不敢离开村子，到别的地方去”；“在农奴制度下，地主可以对农民实行体罚”。②

上述马、列作家所界定农奴制诸特点是各有特色，互有些出入，这是他们依据不同国家和不同时期分别考察的成果，其基本观点是一致的，均可作为中古时人身依附关系的一些基本内容考察。

事实上，即使是同一中古时期的国家，其人身依附关系前后也是有些变化，并非前后雷同，完全一致的。在中古初期劳役租阶段，农民的人身自由最少，依附程度最强。到了代役租的实物租和货币租时代，人身依附关系逐渐有削弱，这是社会生产力发展与劳动者积极进行阶级斗争的结果。马克思指出，随着向进步地租形式的过渡，劳动公民的依附性减少了，而其独立性则有所增大，从而具有较宽广的活动余地和可能性，来积累剩余产品。当然，即使代役租时期，地主们也会设法要夺去劳动者的全部剩余产品的。就是说，随着生产力的发展，地租剥削也将越来越大，分配关系不过表示生产关系的一面而已。每一种分配形式都会和它由以生出并且互相适应的生产形式一同消灭。劳役租时期，“是建立在劳动的一切社会生产力的不发展，劳动方式的原始性的基础上”。所以，和比较发展的生产方式相比，特别是和资本主义的生产相比，自然而然只会在直接生产者的总劳动中，取去一个比较更小得多的一部分。按我的理解，马克思在此是说明劳役租时期的剥削，相对来说较低。由此说明，人身依附程度

① 《马克思恩格斯全集》第2卷，人民出版社1957年版，第47页；《马克思恩格斯全集》第4卷，人民出版社1958年版，第360—361页。

② 《列宁全集》第6卷，人民出版社1959年版，第330—331页；《列宁全集》第3卷，人民出版社1959年版，第279页。

是不宜与剥削程度混为一谈的。有人认为中古时，农民的依附形式愈缓和，或者说，随着劳役就向代役租的过渡，地租剥削程度也相应低，依附农民变成了"自由人"，从而显示出了人民自由的胜利。我不认为这种观点是正确的。从劳役租向代役租的过渡，乃是地主阶级加强剥削农民的一种更为灵活的方式，广大被剥削劳动者并未由此变成自由人。我国汉、魏王朝时期的农民，由于各种各样的缘由，纷纷投奔地主；或者是唐、宋以来，失地农民租种地主田地所立的各种契约，实际上仍然存在浓厚的人身依附关系。恩格斯在《反杜林论》一书中说："无论自愿的形式是受到保护，还是遭到践踏，奴役依旧是奴役。甘受奴役的现象，发生于整个中世纪。在德国，直至三十年战争（1618—1648）后，还可以看到。"① 这是恩格斯在批判杜林的谬论时所说的。杜林认为采取自愿同意形式的奴役，就不能算是奴役。恩格斯很有针对性地说，"奴役依旧是奴役"的原则，乃是完全适用于我国中古时期的社会实情的。

　　人身依附关系既然是封建的经济关系、封建土地所有制下的产物；那么，它也只能是随着封建地产的消失而消失。马克思分析资本的原始积累时，明确地说："直接的生产者、劳动者，要到他已经不是束缚在土地上，已经不是别一个人的农奴或隶农的时候，方才能处分自己的人身。"② 列宁说："资本主义排挤了人身依附的形式，这些人身依附的形式是以前经济制度的不可缺少的部分附属物。"③ 他还说："俄国的农业资本主义，首先连根摧毁了工役制和农民的人身依附关系……自由雇佣劳动代替工役制，是俄国农业资本主义的巨大历史功绩。"④

　　超经济强制是相对经济强制的词条，资本主义社会广泛存在经济强制，而中古时代是超经济强制占据统治地位。马克思在分析超经济强制产生的前提时云：

　　　　在一切直接劳动者仍然是他本人生活资料生产上必要的生产资料

---

① 《马克思恩格斯全集》第 20 卷，人民出版社 1971 年版，第 159 页。
② 《资本论》第一卷，郭大力、王亚南译，人民出版社 1963 年版，第 789 页。
③ 《列宁全集》第 3 卷，人民出版社 1959 年版，第 548 页。
④ 同上书，第 279—280 页。

和劳动条件的"占有者"的形式内，财产关系都同时必然会取得直接统治和服从的关系的形式。直接生产者则以不自由的人的身份出现，……在这里，按照假设，直接生产者还占有本人的生产资料，……他独立经营他的农业和各种同农业结合在一起的农村家庭工业。……这里所说的独立，只是对那个名义上的地主说的。在这各种条件下，那种为名义上的地主而做的剩余劳动，只有用一种非经济性质的强制才能榨出，而不管这种强制是采取什么样的形式……所以这里必须有人身的依附关系，有人身的不自由，有人身当作土地的附属物定牢在土地上面的制度；有真正的隶农制度。①

列宁也说："农民对地主的人身依附是这种经济制度的条件。如果地主没有直接支配农民个人的权力，他就不可能强迫那些得到份地，而自行经营的人来为他们做工。所以，正如马克思在阐述这种经济制度时所说的，必须实行'超经济的强制'，这种强制，可能有各种各样方式和不同的程度，从农奴地位起，一直到农民有不完全的等级权利为止。"②

列宁还说过："我们拿改革前的农奴制经济为出发点，那时生产关系的基本内容，地主把土地、建筑用的木材一般生产资料（有时甚至是生活资料）交给每户农民，让农民自己养活自己，同时强迫农民用'全部剩余时间'是为的指出在这种制度下，根本谈不上农民的独立（原注：我谈的只是经济方面）。地主用以'保证'农民生活的'份地'，不过是一种实物工资。完全是用来使农民受地主剥削，'保证'地主有人手，从来不是用来真正保证农民本人的生活。"③

马克思和列宁所指农民，乃是"把实际上或法律上属他所有的劳动工具（犁、家畜等等）用在实际上属他所有的土地上面"，④ 这样的生产者在经济上拥有相对独立的私人经济，自然不是奴隶。可是，实际上，依附农民所耕作的土地乃是地主所有，地租便是地主实现土地所有制和对依附

---

① 《资本论》第三卷，郭大力、王亚南译，人民出版社 1964 年版，第 924 页。
② 《列宁全集》第 3 卷，人民出版社 1959 年版，第 158—161 页。
③ 《列宁全集》第 1 卷，人民出版社 1955 年版，第 465 页。同卷第 168 页也有类似说法。
④ 《资本论》第三卷，人民出版社 1964 年版，第 923 页。

农民实行不完全占有的一种经济形式。于是，农民与地主在生产关系上，产生了人身依附关系，而小农经济的生产在经济上具有独立性。列宁说："他既然占有土地，如不实行强制，他是不会为地主干活的。"① 于是，地主必须有直接支配农民人格的权力，才能从农民手中取得地租。广大农民大众除了生产自己生活必需品而外，还要生产社会发展所必需的剩余产品，供地主阶级通过超经济强制，以之据为己有。由于农民的生活品自己很少占有，无法发展扩大再生产，遂使农民长期只能维持简单再生产。因此，地主能否榨取生产者的全部或部分剩余产品，往往是由阶级力量对比，由阶级斗争的较量及其尖锐程度所决定。

列宁说："在农奴制经济条件下，被剥削劳动者既有土地，也有劳动工具，然而正是这一切使他遭受奴役，使他依附于'地主老爷'。"②

列宁又说："生产者同生产资料的这种关系（指农民依附于土地）乃是中世纪剥削的根源和条件，它造成技术和社会的停滞，必然需要种种形式的超经济强制。"③

列宁的上述分析，将中世纪的超经济强制之必要性以及人身依赖关系的存在必要性说得非常透彻。

马克思将封建地租发展的三阶段作了原则和概括性的叙述，指出劳动地租是剩余价值的原始形式，并和剩余价值是一致的。没有报酬的剩余劳动所借以表现的形式就是地租。事情也非常明白，由劳役租向实物租的转化，并没有改变地租的性质。"在产品地租是地租的统治形式和最发展形式的时候，总或多或少有前一种形式，即直接用劳动即徭役劳动来交付地租的形式残余，和它陪伴在一起，使之成为对地主提供全部剩余劳动的正常形式，及至货币地租阶段"，直接生产者依旧是那种因继承或传统权利而占有土地的人，……从事剩余的强迫劳动，也就是从事没有报酬、没有代价的劳动。④ 由此看来，从劳役租、实物租以至货币租，都存在超经济强制，只是在形式上，超经济强制前后有所变化而已。

---

① 《列宁全集》第 15 卷，人民出版社 1959 年版，第 62 页。
② 《列宁全集》第 20 卷，人民出版社 1959 年版，第 237 页。
③ 《列宁全集》第 3 卷，人民出版社 1959 年版，第 178 页。
④ 《资本论》第 3 卷，人民出版社 1966 年版，第 932 页。

列宁说："租佃在农民经济中的意义，是大家都知道的，对土地的需要，在租佃的基础上　产生了形形色色的盘剥关系。"① 所谓形形色色的盘剥关系，不外乎政治上受迫害，经济上受掠夺。

马克思说："从直接生产者身上榨出无酬剩余劳动的独特经济形式，决定着统治和服从的关系。因为这种关系本来是直接从生产生出的，虽然反过来，它也当作决定的因素对生产发生的作用。"②

由此之故，列宁便指出，只要农民经济尚未完全脱离地主经济的地方，这种超经济强制便会依旧存在而不会消灭。③

列宁且就中国情况指出："中国农民，这样或那样地受土地束缚，是他们受封建剥削的根源，这种剥削的政治代表，就是以皇帝为政体首脑的全体封建主和各个封建主。"④ 他还在分析 20 世纪初期俄国欧洲部分的地主大地产时，说它仍是农奴制经济，和俄国三百年、五百年前的情况依旧一样，甚至是"老大中国式的"⑤。

斯大林在《苏联社会主义经济问题》一书中指出："经济外的强制在巩固农奴制地主的经济权力方面起过作用，但封建主义的基础并不是经济外的强制，而是封建二地所有制。"⑥ 所言亦有道理。

由此说明，超经济强制是封建经济关系中产生出来，是服务于经济因素的。

超经济强制与人身依附关系具有密切的依存关系，不过，二者并非同义语。虽然二者乃是基于封建土地所有制的产物，且随封建土地所有制的衰退而消失。地主对农民的超经济强制是以人身依附关系为前提的。但中古时期的人身依附关系，不只存在于地主与农民之间，即使在地主阶级内部，也较为广泛存在着人身依附。马克思指出，在欧洲黑暗的中世纪，"我们不见独立的人，但发现每一个人都在互相依赖——农奴和领主，家

① 《列宁全集》第 15 卷，人民出版社 1959 年版，第 74 页。
② 《资本论》第 3 卷，人民出版社 1966 年版，第 825 页。
③ 《列宁全集》第 3 卷，人民出版社 1959 年版，第 191—192 页。
④ 《列宁全集》第 18 卷，人民出版社 1959 年版，第 154 页。
⑤ 《列宁全集》第 19 卷，人民出版社 1959 年版，第 186 页。
⑥ 《苏联社会主义经济问题》，人民出版社 1952 年版，第 37 页。

臣和封建诸侯，俗人和牧师"①，都以人身的依赖作为特征。我国中古六朝时期，大量存在的门生故吏与主人的依附关系，也是明显例证。世所周知，超经济强制是不存在于统治阶级内部的。

中古时期，人身依附关系是在逐步削弱，而超经济强制除了存在形式上有了变换外，在封建经济基础处于彻底变革前是不会与人身依赖关系那样，同时走向衰微的。列宁谈到农奴制"解放"后的俄国，"在工役制下，贷款的偿还，还是有极大保证的，虽然按执行票向农民追缴欠款很困难，但是，长官可以强迫农民去做所应做的工作，虽然农民自己的庄稼也还没有收割，农民把自己的粮食扔在地里让雨淋，而去搬运别人的粮食，这种漠不关心的态度（只是表面看来如此），只有长年当奴隶和长年当农奴替老爷做工才能养成"②。因此，工役制下被奴役农民的劳动质量，与农奴的情况颇为相似。

农民与国家之间，并不存在人身占有、人身依附关系。但国家颁布法令，强迫农民生产，强迫农民向地主交租、清还债务等，那是很不同于国家向农民征派赋税、徭役那样属于国家王权的范围，这都是属于超经济强制的具体体现。

总之，中古时期的超经济强制是对其时的政治和经济生活有着广泛影响的重大课题。上述诸解说，旨在对它增进认识，以利于对研究中古史时有所裨益和参考。

---

① 《资本论》卷一，郭大力、王亚南译，人民出版社1963年版，第53页。
② 《列宁全集》第3卷，人民出版社1959年版，第171页。

中古时期,自耕农与佃农的两点思考

农业是国民经济的基础，在中古工商业不够发展的时期，农业在整个国民经济中的地位尤为重要。它是当时最主要的生产部门，参加生产劳动的大军自然是农民阶级。

人数众多的农民阶级从来不是在政治、经济地位上完全一致的一个阶级。六朝唐宋时期的农民阶级，约略可分为自耕农、佃农（依附农民）、雇农、农业奴隶等，那时，兵士乃至刑徒也被用于生产，雇农、奴隶、兵士等从事农作，显然不是社会的主流，为简便计，雇农以下本文概不涉及。

一

自耕农是个体小土地私有主，通常自己占有一部分土地，另租入一部分土地，自有相当的工具，独立地经营小生产经济，辛勤地增殖社会财富，原则上不剥削他人，在整个中古时期的农业生产事业中，他经常占据重要地位。但其人数很不稳定，在每一王朝中的各个时期，自耕农人数也难以有个恒数。作为编户，如果家中突然死亡一头大牲口耕牛，或是家中主要劳动人手突然重病或是亡故，其家便将无法按原有方式和规模从事耕作，家道中破，势在必行。官府不断增加农民的负担，原有的小康个体家庭势难以持久存在，不能预测的严重自然灾害乃至纷繁变乱的战争频仍，皆是个体小农民无力抗拒的。由此之故，小生产经济是经常处于动荡不定与分化过程中，难以稳定地保证安全而存在。何况经济力量微薄的个体小农，还要经常面临大地主们的盘剥与侵吞，再加上社会上高利贷的恣行敲诈，所有这一切，注定了自耕农的人数不可能在社会上长期维持有众多的数量。

关于自耕农的人数，历代史书都没有明确的记录。就总的发展趋势而言，每一王朝初建时，执政者是力图拥有尽可能多的自耕农，从而极大地提高其赋役征纳数量，以壮实国家的财政实力。但在社会现实中，小生产经济是经常处于动荡和分化过程中，到了皇朝的中晚期，自耕农纷纷破产，不少变成了流民和佃农。流民人数的增加，促成了社会的动荡与不安，从而削弱了社会的安定，这是一个不争的社会现实。这时，如果在上层社会内部出现了卓有成效的政治革新运动，适时压抑极端残暴的黑暗恶势力，整个社会又将转危为安，重新迈上社会繁荣的渠道，而无须问是否为新上台的统治者。汉末以后的魏晋之世，社会上的自耕农并不像白色乌鸦那么稀少。曹魏新定租调，征收对象固然包括了地主在内，实际上，它主要由"下民""弱民"承担。随着曹魏政权力量的壮大，征税地区由河北而推广及于华北广大地区。曹操曾强令淮南民内徙，蒋济出面谏阻，指陈"百姓乐土，实不乐徙"，曹操未加采纳，强令迁徙，以致江淮间的十几万户，均渡江归附江东的孙权。众多乐土的百姓，必定是拥有少量田土的自耕农。魏、吴双方都曾对这一强制行动表明了内心的不安和格外的兴奋。晋朝占田制下的占田民，北朝隋唐均田制下的均田民，都主要由自耕农民组成。赵宋建国 80 年后，著作佐郎张方平上疏云："天下州县人户，大抵贫多富少，逐县五等版簿，中等以上户不及五分之一，第四等五等户常及十之九。"① 宋朝五等户制下的第四、五等户为下户，却是具有一定资产的主户，并不是无产的客户。我们无须在此拘泥一与九的比例，由此可以察知那时社会上的自耕农人数相对比较多。再过三四十年，司马光在熙宁七年（1074）四月上疏云："彼农夫之富者，不过占田稍广，积谷稍多，室屋修完，耕牛不假而已"②，他在这里，将富裕农民的表现特色描绘得相当周备。唐代确是未见有如此典型的概括性资料。据杜佑所言，玄宗天宝中，八、九等下户，按资产多少征收户税，"大约高等（一至四等）少，下等（八、九等）多，今一律为八等以下户计之"。他所列八、九等

---

① 《续资治通鉴长编》卷一三一，庆历元年二月，参见卷 168 皇祐二年六月。
② 《续资治通鉴长编》卷二五二，熙宁七年四月。

下户，九等户乃是有较多困难的农户。我曾将沙州、西州出土的残文书，结合相关文献所记，说明唐后期的自耕农人数仍然不少。由此可知，自魏晋以至赵宋，我国中古时期的自耕农的人数长期来是比较多的。当然，并不是说，某个自耕农在长期内始终是长盛不衰。自耕农个体是经常不断地分化，有人没落，有人崛起，作为一个社会阶层的自耕农乃是不绝如缕，直至近代，我国民主革命时，自耕农（中农）在社会上仍占有较大比重。

当然，六朝唐宋一千年间，同样是自耕农，所占有土地的数量不可能是完全一致的。西晋每丁课田 50 亩，大致应是自耕农交纳税役，维持家用较好的自耕农界标。南朝齐、梁时，济阳考城人江淹《与交友论隐书》云："望在五亩之宅，半顷之田"①，比江淹较晚的张充也说："半顷之田，足以输税，五亩之宅，树以桑麻。"② 北魏太和元年（477）诏："去年牛疫，死伤太半，耕垦之利，当有亏损……一夫治制田四十放，中男二十亩。无令人有余力，地有遗利。"③ 一人有田四五十放，不能认为是自耕农的正常标准，而是比较富裕有余财的人。隋文帝曾发使均田，"狭乡每丁才至二十放，老小又少焉"④。唐太宗时，至关中灵口，"问其受田，丁三十亩"⑤。二三十亩，应是自耕农拥有耕田的常态。可是，唐德宗时，"有田不满五十亩者尤是贫人，请量三两家共给牛一头"⑥。这是安史之乱后，关中衰残时的特殊情况。北宋太宗便认定有田 20 亩，是"贫民田少者"⑦。真宗景德中，丁谓撰《会计录》所记耕田和编户数，"是四户耕田一顷"⑧。陈尧叟建议兴办屯田，"人给一牛，治田五十亩"⑨。南宋初，林勋《本政书》认为一夫治田 50 亩，才够开支。⑩ 孝宗乾道七年（1171）对淮

---

① 《全梁文》卷三八江淹《与交友论隐书》，参见《梁书》卷一四《江淹传》。
② 《梁书》卷二一《张充传》。
③ 《魏书》卷七上《高祖纪》。
④ 《隋书》卷二四《食货志》。
⑤ 《册府元龟》卷一〇五《惠民》。
⑥ 《旧唐书》卷一五三《袁高传》。
⑦ 《续资治通鉴长编》卷二五雍熙元年（984）正月乙丑。
⑧ 《宋史》卷一七三《食货志》。
⑨ 《续资治通鉴长编》卷三七至道元年（995）正月。
⑩ 《宋史》卷一七三《食货志》，又卷四二二《林勋传》。

南"未有营生之民,每户给田五十亩,牛一头",以使耕作。① 如上所列,晋宋间的诸例表明,有田 20 亩至 50 亩间的民众,大致是比较穷困和富裕的分界线。宋人沈括《梦溪笔读》卷九记颍昌阳翟县杜五郎,"居邑之南,有田五十亩,与兄同耕,后见兄之子娶妇,度所耕不足赡,乃以田与兄",自己率妻外出,赁屋以居,"后子能耕,乡人见怜,与田三十亩,令子耕之,尚有余力,又与人佣耕,自此食足"②。北宋这一离奇故事,说明丁男耕 30 亩田尚有余力,兄弟共耕 50 亩,因而以礼相让。其家人口多少不明,自耕 30 亩还要另外佣耕,才保证口食无忧,这是颇为怪异的。南宋温州人薛季宣说,"上农数口,妇子毕耕不能数十亩田"③。这里所说上农数口之家,男女同耕作,也只能完成几十亩田,似与沈括上述记事有出入。就我个人的亲身耕作经历来看,即使丁壮劳力,一人也很难耕作数十亩田。试看唐代西州文书所见,户平均只有田十亩左右。狄仁杰在武周时所见彭泽一带的百姓耕作,一户不过十亩、五亩。由此推知,同样是自耕农,每户占有田地数量不等,没有固定的标准。拥有田地数量较多,耕种完好之家,必有余粮剩钱,对他人进行有限的剥削。民主革命中被称为富裕中农的人便是大致如此。那些占田很少、仅有数亩田地的农民,往往需要租佃一些田地耕作。唐代西州出土拥有众多自有小块田地兼佃他人田土耕作的人,大抵是农民中比较贫困的民户。这些半自耕、半佃作的农民,实际已是半自耕农、半佃农式的人物。严格说来,他们与那些拥有半顷田亩的农户已具有阶级差异的重要区分了。

二

佃农是和自耕农并肩存在,同样是中古时期小农经济的重要组成部分。这些少地或无地的农民,占有不完全的工具,为了一家生存,通常需要租借他人的田地。他们具有劳动技能,勤奋努力,但因缺乏耕地,不能

---

① 《宋会要·食货》一之四七《农田杂录》。
② 《梦溪笔谈》卷九《人事》;《说郛》卷七引《笔谈》文同。
③ 《浪语集》卷二〇《与宋守论屯田利害》。

不租地耕种，出卖部分劳动力，由是自觉或不自觉地产生了对土地及其主人的依赖关系，六朝时期的众多田客、佃农，即存在着人身依附关系。但依附关系有强有弱，很具有强烈时代感。

六朝时期的田客和部曲，有人称之为农奴。唐人陆贽说："依托豪强，以为私属，贷其种食，赁其田庐"，认为这批人也是农奴。唐五代敦煌地区的寺户同样是农奴。《宋史·刘师道传》记宋代川峡间诸豪户所养旁户，同样是农奴，如此等等，似乎说明中国中古时期是广泛存在农奴阶层的。

人们常说两晋南北朝时期是庄园农奴制时代。就我所知，南北朝以前，尚未见有庄田、庄园的记事。日常用语中，"庄"和田地尚未挂钩。从西晋开始，官府明令佃客合法存在。户调式称：品官"又得荫人以为衣食客及佃客"，但各级品官所荫有的人数有具体限制。东晋南朝时，"都下人多为王公贵人左右、佃客、典计、衣食客之类，皆无课役"。这种按官品高下，分别给予多少不等的荫客、佃客，一律都登记在主人的户口册上。再加上曹魏时的租牛客与屯田客以及孙吴时的复客，这类合法客户，人数很有限。其时，社会上存在更多非法的荫附、私客、隐户。如晋末，"流民多庇（兖州）大姓以为客"，会稽虞亮藏匿亡命千余人之类。魏孝文帝大和十四年诏称"隐口漏丁"。孝庄帝时，宋世良在河北括户，"大获浮惰"，"倍于本帐"。诸如此类的隐匿人户比合法佃客人数为多。众多合法佃客以及大量隐匿的浮客都是被束缚在地主田地上从事耕作，其分配方式，合法佃客是"量分"；非法浮客，"被强家收大半之赋"，都并非农奴式的劳役义务。显而易见，佃客生产并非是农奴劳动。

北朝末年以至隋唐之际的部曲，按唐律规定，部曲"身系于主"，"转易部曲事人，听量酬衣食之直"。似乎表明部曲颇有西欧中世纪农奴的某些特性。但北朝至唐，都没有部曲授田的记事。唐代部曲，一般是既不受田，也不纳课。律疏本身以及史书所记部曲，都没有明言部曲参加了农业劳动。唐长孺先生曾就部曲参与农业生产作过极为仔细考察，一鳞半爪，少得可怜。仅仅是极个别部曲参加过农业生产，怎么能把部曲整体说成是农奴呢？从现有资料作仔细考察，我们只能说部曲是人身依附很强的家务劳动者。

唐、宋时期，社会上存在大量称为庄田、庄园的田地。庄田的组织形式不见有直接领地和份地的区分，且没有共同的耕作制度，和西欧中世纪庄园制度很不一样。唐、宋时，地主田庄上的租佃制比以往大为发展了。朝廷不对品官贵族家明文规定其佃户限额，也不限制一般富家的佃农人数。《唐律疏议》卷二七记："官田宅私家借得，令人佃食，或私田宅有人借得，亦令人佃食。"用法律形式明白无误地确认官、私田地一律允许出租。唐武宗会昌五年（845）诏："畿内诸县百姓租佃百官职田地"①，公开指明租种公田的是百姓，而不是农奴。玄宗诏称："王公百官及富豪之家比置庄田，恣行吞并……别停客户，使其佃食……远近皆然，因循亦久。"② 到了宋代，"凡为客户者许役其身，毋及其家属。凡典卖田宅，听其离业，毋就租以充客户，凡贷钱只凭文约交还，毋得抑勒以为地客。凡客户身故，其妻改嫁者听其自便，女听其自嫁"③。哲宗元祐初，王岩叟奏称："富户召客为佃户，每岁未收获间"，"借贷周给，无所不至。一失抚存，明年必去而之他"④。说明众多佃客可以来去自由，他们早已不再注地主家籍，是国家的编户良民，而不可能是农奴。

唐律规定官私田地出租之事，宋初重定《刑统》竟是一字不改地照抄，表明一田二租在唐宋社会中并非个别现象。在此之前，南朝梁武帝大同七年（541）十一月诏云："顷者豪家富室，多占公田，贵价僦税，以与贫民。"⑤ 这些豪家富室便是佃主（二地主），实际耕作的贫民是真正的佃户。唐玄宗诏书说："借荒者皆有熟田，因之侵夺，置牧者唯指山谷，不限多少。"自有熟田而侵夺荒地的人，大概是用以出租。宋仁宗时，范仲淹和韩琦奏称：陕西兴置营田，"自来人户租佃官庄地土，每亩出课不过一二斗，今亦勒令分种，每亩须收数斗，致贫户输纳不前，州县追扰，无时暂暇。"⑥ 租佃官庄地土的佃户，对分种庄田的贫户来说，已是二地主。因此，他们的租课很不一致。张津《乾道四明图经》卷十引曾巩《广

---

① 《文苑英华》卷四八九；《全唐文》卷七八。
② 《册府元龟》卷四九五《田制》。
③ 《宋史》卷一七三《食货志》。
④ 《宋会要·食货》一三之二一《免役钱》，又六五之四七—四八《免役》。
⑤ 《梁书》卷三《武帝纪》。
⑥ 《续资治通鉴长编》卷一四二，庆历三年七月辛巳。

德湖记》，明州广德湖，"湖之兴，其在齐、梁之际。宋兴，淳化二年
（991），民始与州县强吏盗湖为田"。"政和八年（1118），守臣楼异请废
为田，召人请佃，得租米一万九千余硕。至绍兴七年（1137），守臣仇悆
又乞令允种之人，不输田主，径纳官租。增为四万五千余硕。"① 所称田主
是佃官田之佃户。"见种之人"，才是耕地的佃农。宋理宗时，贾似道四买
公田，括率民田以充，招致失败。度宗咸淳时，改为"召人承佃"。于是，
出现了"业主""佃主""种户"等称号。②

　　大金王朝入主中原后，在土地关系上，也深受唐、宋传统的影响，仍
然存在着官田的私人包佃。金世宗大定七年（1157），"随处官豪之家，
多请占官地，转入它人种佃，规取课利"③，请占了官地转给贫民耕作的富
豪是二地主。在一田二主租佃制下的"种户"是没有耕地的国家编户。二
地主的出现，表明随着租佃关系的发展，在地主阶级内部出现争夺权力的
斗争，有了新的发展，但不论什么情况，种田的佃户仍不是农奴。

　　租佃制下的农民需要向地主交纳地租。我国中古时期，长期以实物地
租为主，劳役租居次要地位。实物租包括分成租和定额租两种。分成租自
秦、汉以来，历代皆很盛行，具体内容虽有二八分、三七分、四七分以至
中分诸种，而以对分制最为常见。定额租兴起较晚，唐人陆贽说，关中地
主坐食租税，"每田一亩，官税五千，而私家收租，殆有亩至一石者"。到
宋代，"大司农少卿樊宾请沿江闲田不成片段者，比民间例，止立租课，
上等立租二斗，次减二升，又次一斗有半，召人承佃"④。定额租额固定，
在正常年景下，田地丰收增产，佃户收入可相应增多，可刺激劳动者的生
产积极性。随着工商业与货币流通的发展，自中唐开始以至宋代，某些公
田如职田以及宋代的学田，开始征收货币租。例如宋真宗时，采纳知升州
（今南京）丁谓建议："城北有后湖，因旱，百姓请佃，计七十六顷，纳

---

　　① 《宋会要·食货》七之四五《水利》，罗浚等《宝庆四明志》卷一二《水·广德湖》，《宋史》
卷三五四《楼异传》。

　　② 周密：《齐东野语》卷十七《景定行公田》。

　　③ 《金史》卷四七《食货志》。

　　④ 《建炎以来系年要录》卷一〇六，绍兴六年十月甲寅。

五百余贯。"① 《淳熙三山志》卷十二记福州"职田二十一顷九十亩一步……租课钱一千一百二十四贯五十八文"。有必要指出,我国中古时代的货币地租数量甚少,远远不能比肩实物租。

佃农向地主交租,根源于佃农对地主土地的依赖。如果没有这种源自地权的依附,农民决不会向地主交租,由于劳动者被束缚于地主的土地上,不可避免地产生了人身依赖关系,失去了人身的自由。

六朝、唐宋间的租佃存在着有无契约两种类型。从现有资料观察,颇难依据有否契约即可决定依附性的强弱。《魏书》卷一一〇记北魏没有立三长时,"民多荫附,荫附者皆无官役,豪强征敛,倍于官赋"。《通典》卷七记隋初高颎建输籍法,"使人知为浮客,被强家收大半之赋"。杜佑注云:浮客即是佃农,是佃客。可见,这些没有立契约的荫附与浮客,与合法田客一样,要向地主强家交纳重租。西州出土十六国时的租地契,具体内容是互有出入,就其为佃农与僧、俗地主间的租佃契约来说,看不出人身依附关系有何松弛迹象。

有人将陆贽所说"富者兼地数万亩,贫者无容足之居,依托豪强,以为私属,贷其种食,赁其田庐,终年服劳,无日休息"的佃农视为农奴,这一认识大概与"私属"二字攸关。须知陆贽所云私属,已完全不同于新莽更奴婢为"私属"的内涵。所云终年服劳,也不是西方份地制下,劳动者要为领主无偿耕种领地那样的无偿劳动。陆贽说私家收租亩至一石,而在西方农奴制下是无此作为的。南朝梁武帝大同七年(541)诏,宣布"其若富室给贫民种粮共营作者,不在禁例"。富室借给佃农种子与粮食,正是陆贽所说"贷其种食"。称之为"共营作",自然并不是地主与贫民一同下地干活,而只是由地主借贷粮食以助贫民渡过难关。唐高宗龙朔三年(663)西州高昌县张海隆夏田契,② 记录张海隆向赵阿欢仁租田二亩耕作,契约规定耕牛、小麦要由佃农自备。至秋,麦子是要由二人庭分。在契约中,有"海隆、阿欢仁二人舍佃食"一句,我认为"舍佃"是佃农入住地主提供的屋宅内,即陆贽所云"赁其田庐"。唐代宗敕云:"客

---

① 《长编》卷九〇,天禧元年六月。
② 《吐鲁番出土文书》第五册,文物出版社 1983 年版,第 117—118 页。

户若住经一年已上，自贴买得田地有农桑者，无问于庄荫家住及自造屋舍，勒一切编附为百姓差科。"① 在庄荫家住，自是指主人提供佃农的住宅。吐鲁番出土开元二十一年（733）蒲昌县定户等残卷中的张君政户，身为下上户（八等户），也是"赁房坐（住）"②。南宋光宋绍熙二年（1191）正月，淮西诸县旱伤，"劝谕税户，令招集流民以为佃客，假借种粮、屋宇，使之安存"③。由此可见，给予种粮及赁屋而居，是很不容易判明某户的阶级属性。通读陆贽所言，确是很难判明农户属农奴性质。

北宋眉州眉山人苏洵说："富民之家。地大业广，阡陌连接，募召浮客，分耕其中，鞭笞驱役，视以奴仆，安坐四顾，指麾于其间，而役属之民，夏为之课，秋为之获，无有一人违其节度以嬉。"④ 他的儿子苏轼说："富民之家，以三二十亩田，中分其利，役属佃户，有同仆隶。"⑤ 佃户有同仆录、奴仆，甚至要受"鞭笞"。眉州眉山属成都府路，那是其时开发较早较好的地区，很难说所在的佃户是农奴。

《宋史》卷三〇四《刘师道传》记"川峡豪民多旁户，以小民役属者为佃客，使之如奴隶，家或数十户，凡租调庸敛，悉佃客承之"。按川峡地区属宋代夔州路所辖。宋夔州路统辖今重庆市和贵州省的部分地区。《知不足斋丛书》所收范成大《吴船录》卷下记："蜀谚曰：益、梓、利、夔，夔最下，忠、涪、恭、万，万尤卑。"正好说明该地区是直至南宋仍为落后地区。所在夷汉杂居，生产发展极为落后，以贫瘠著称于世。真宗景德二年（1005）九月，夔州路转运使薛颜言："施、夔等州垦荒地为屯田，今岁获粟万余石。"⑥ 神宗时，李周"通判施州，州界群僚，不习服牛之利，为辟田数千亩，选谪戍知田者，市牛使耕，军食赖以足"⑦。熙宁六年（1073）十月，诏令布衣李復等"听往州峡募人"，耕垦荒田为稻

① 《唐会要》卷八五《籍帐》。
② 《吐鲁番出土文书》第九册，文物出版社 1990 年版，第 99 页。
③ 《宋会要·食货》六九之六七《营田杂录》。
④ 《嘉祐集》卷五《田制》。
⑤ 《东坡奏议》卷二《论给田募役状》，"三二十亩田"，原误排为"三十二亩"。
⑥ 《宋会要·食货》四之五《屯田杂录》，《宋史》卷二九九《薛颜传》。
⑦ 《宋史》卷三四四《李周传》。

田。五年后，大受朝廷嘉奖。^① 由此看来，唐宋间的川峡地区确是生产后进区，豪民抚养了众多旁户，大多为少数族人，他们所受奴役比一般内地居民为重。虽被"使之如奴隶"，却并非真正的奴隶，远非西方农奴制下的农奴，只是被役使较重的佃农而已。

综合看来，自耕农和佃农都是中古时期最主要的农业生产者。自耕农的经济地位很不稳定，它是官府进行征敛最直接的阶层，也是官府力图保护和培养使之比较稳定的阶层。社会实践表明，它是经常受害最重而很不稳定的阶层。除个别自耕农可能比较富裕，甚至挤入地主阶级行列外，绝大多数是常受破产威吓而坠入佃农行列。人数众多佃农的经济状况也是处于变迁常态中。他们终岁勤劳，能够拥有点田产而上升的人数是极为稀有的，在六朝、唐宋时，尚难看到明清时那样明确存在的佃富农。佃农中农化的迹象也不明显，其时，佃农的队伍始终比较庞大，可以说是常盛不衰，正是依靠这支以佃农为主体的劳动队伍，在漫长岁月里，艰难地将农业生产一步步地向前推进。

---

① 《续资治通鉴长编》卷二四七，熙宁六年十月。

张鲁起义的时间和地点及其与
刘焉父子关系的初步探讨

今年（1975）初夏，友人以创刊号《历史学》遗余，内刊翦伯赞先生的一篇遗作，谈到他对汉末张鲁的看法。他说张鲁是"站在农民方面"，反对封建统治阶级，"反对封建剥削"。除了提到投降曹操以外，对张鲁作了全面的肯定。读后，颇有些疑惑。

张鲁政权的性质，在20世纪60年代前期，史学界曾开展过热烈的讨论。有人认为是农民革命政权，另有人认为是封建地主政权。结论虽异，讨论范围都局限于张鲁到汉中为督义司马以后，直到投降曹操为止的20多年。翦文同样没有摆脱这个范围。甚至说，封建统治阶级把张鲁入据汉中当作"造反"。果真这样，张鲁为督义司马去汉中，竟是标志着他的起义，我很不同意这个意见。

本文旨在探讨张鲁在担任督义司马以前的政治表现，首先，要谈他在何时、何地参加了农民起义？他和张修的关系如何？其次，还要探讨张鲁担任督义司马究竟是怎么回事？他和刘焉父子的关系到底怎样？至于张鲁在汉中地区的各种社会措施，在过去的讨论中不论是肯定或否定农民政权的同志，大都在不同程度上作了肯定的评价，在此也就不再赘述。

一

翦文引据《张鲁传》说，"雄据巴、汉垂三十年"，"民夷便乐之"。巴是巴郡，汉是汉中。文中并没有谈到张鲁和巴郡的关系，这是怎么回事呢？

旧史称创立五斗米道的张陵为"米贼",他的儿孙张衡、张鲁也不例外。由此得出结论,说张鲁乃至张衡、张陵是"站在农民方面",这是不对的。众所周知,五斗米道即天师道,它的创始人张陵在汉顺帝时开始在蜀郡江原县之鹤鸣山(今四川岷江东岸的仁寿县境内)传其道,① 自此经历顺、冲、质、桓、灵五帝几十年内,张陵祖孙父子并没有发动起义,因此,不能将教主轻易地说"站在农民方面"。

诚然,经过张陵祖孙父子们几十年的努力,益州境内有了不少五斗米道的信徒。其中一部分由张修领导在汉灵帝时发动了武装起义。在起义以前,《典略》说:"熹平中(172—177),妖贼大起,三辅有骆曜。光和中(178—183),东方有张角,汉中有张修。骆曜教民缅匿法,角为太平道,修为五斗米道。……修法略与角同。……"② 这是说张修在汉中传播五斗米道。汉末刘艾《纪》曰:"时巴郡巫人张修疗病,愈者雇以米五斗,号为五斗米师。"③ 这是说张修在巴郡传教。我们知道,巴郡设置于西汉初年,它包括了现今重庆市的大部,鄂西和四川东北部的广大地区。在益州诸郡中地域最广。巴郡北与汉中郡相邻,至少自战国以来,自汉中入蜀有着较好的交通大道,张修凭借此路来往于汉中—巴郡一带,显然是为了组织群众,最后发动武装起义。中平元年(184)"秋七月,巴郡妖巫张修反,寇郡县"④。起义旋即失败,张修迅速在群众中消失了。

张修所宣传的和张鲁一样都是五斗米道,但张鲁是世袭的教主——"师君",张修则是一名组织群众的骨干分子。所以,《纪》和《典略》都谈到张修是很自然的。宋人洪适的《隶续》卷三记载有汉熹平二年(173)三月"米巫祭酒张鲁题字",我们知道,祭酒本非官名,古时同辈

---

① 《后汉书》卷七五《刘焉传》作鹤鸣山,而《三国志》卷八《张鲁传》作鹄鸣山,今从《后汉书》;《旧唐书》卷四一《地理志》蜀州晋源县,即汉之原县地,鹤鸣山在县西北十里。

② 《三国志》卷八《张鲁传》裴注引;《后汉书》卷七五《刘焉传》李贤注引《典略》曰:"初,熹平中,妖贼大起,汉中有张修为太平道,张角为五斗米道。"引书相同,记事互异,今从裴注。疑李贤注,因删略而致误也。

③ 《后汉书》卷八《灵帝纪》李贤注引。关于刘艾其人,《三国志》卷《武帝纪》建安元年九月条裴注引张璠《汉纪》,又建安十九年正月条,裴注引都提到"宗正刘艾"。《三国志》卷六《董卓传》裴注引《献帝起居注》作"侍中刘艾";《资治通鉴》卷六〇,初平二年(191)"董卓谓长史刘艾曰"由此看来,刘艾的《纪》,是以当时人记当代事。

④ 《后汉书》卷八《灵帝纪》。

之长皆称祭酒。① 张鲁以鬼道惑众，使其弟子领众者也皆称祭酒。从张鲁题字可以推知，祭酒中有不少人姓张，他们可能是教主的亲属或同族。张鲁题字中的"鬼兵""祭酒"，乃是天师道的广大信徒。张修既是张鲁的同道，领导巴郡起义失败后，来到早已是他的活动中心地汉中。后来，张鲁投靠刘焉，张修也追随听命，张鲁为督义司马进驻汉中，张修也任别部司马，地位仍在张鲁之下。《华阳国志》卷二《汉中志》说，"扶风苏固为汉中太守，鲁遣其党张修攻固"。苏固因此被杀，张修也在这一战斗中被苏固的门下掾陈调等率领"宾客"所攻杀。②

那时候，五斗米道既流传于汉族居民中，还在少数民族群众中同样传播着。"汉末，张鲁居汉中，以鬼道教百姓，賨人敬信巫觋，多往奉之。"③向达先生通过考证指出，"自汉末至唐宋，陇蜀之间的氐羌，以至于云南的南诏和大理，都相信天师道"④。因此，汉末在陇蜀地区的氐羌起义，在某种意义上也可视为五斗米道起义。"中平元年（184）……北地先零羌反叛，杀护羌校尉冷徵、金城太守陈懿，遂寇乱陇右。"⑤《灵帝纪》卷八和《资治通鉴》卷五八，记这次有"汉中羌"人参加的起义是在中平元年十一月，即在中原八州黄巾大起义和张修在巴郡发动起义之后。因此，这一起义可以视为五斗米道起义的持续和发展。义军在汉中等地的战斗历程，文献无征。《汉灵帝纪》曰："敕（刘）焉为益州刺史，……焉受命而行，以道路不通，住荆州东界。"⑥ 我们知道，中平五年（188）春，正是刘焉本人建议改刺史为州牧，"请选重臣，以居其任"，加强地方权势

① 参看赵翼《陔余丛考》卷二六《祭酒》条。
② 《华阳国志》卷二《汉中志》；关于张修的死，《典略》只说"修亦亡"。《三国志》卷八《张鲁传》作，鲁"与别部张修将兵击汉中太守苏固，鲁遂袭修杀之，夺其众"。《后汉书》卷七五《刘焉传》，"鲁既得汉中遂杀张修而并其众"。《资治通鉴》卷六三建安五年（200）"张鲁以刘璋暗懦，不复而顺，袭别部司马张修，杀之而并其众"。可见，众说纷纭，莫衷一是，即使像《三国志》《后汉书》《资治通鉴》三书的主张，张鲁杀张修者，在时间上也是大有差异，今从常璩之说，以其叙事具体明确。
③ 《晋书》卷一二〇《李特载记》。
④ 向达：《南诏史略论》，《历史研究》1954年第2期。
⑤ 《后汉书》卷八七《西羌传》；参看同书卷七二《董卓传》，又卷八《灵帝纪》。
⑥ 《三国志》卷三一《刘焉传》裴注引《汉灵帝纪》，关于马相起义时间，依《后汉书》卷八《灵帝纪》五年六月，《资治通鉴》卷五九，文同。《华阳国志》卷五作中平元年，误。

（《后汉书》卷七五《刘焉传》）。同年三月，他受命为益州牧，走马上任，却遇上汉中道路不通，其时当地并未发生严重雨水或其他自然灾害，从而推知道路不通的原因很可能是在汉中一带存在起义军的活动。

就在这时，即中平五年（188）六月，益州绵竹地区爆发了马相起义，这是由于益州刺史"贪残放滥，取受狼籍，元元无聊，呼嗟充野"所引起的。① 史称义军发展很快，众万余，杀绵竹令李升，并攻破雒县，杀了贪残的刺史郗俭，进军蜀郡、犍为，"旬月之间，破坏三郡"②。义军猛增至十余万人，"自称黄巾"。众所周知，当时联结青、徐、幽、冀、荆、杨、兖、豫八州之民"莫不毕应"③，却不包括益州在内，益州只有张修所领导与黄巾太平道相似的"五斗米道"，"及鲁在汉中，因其民信行修业，遽增饰之，教使作义舍以米肉置其中以正行人"④。因此，这次起义肯定有不少五斗米道信士参加。值得注意的是，《后汉书》卷七五《刘焉传》说，马相"遣兵破巴郡，杀郡守赵部"，《华阳国志》卷五《刘二牧志》亦称马相"又别破巴郡，杀太守赵部"。事出意外的是，"州从事贾龙率领家兵在犍为之青衣，率吏民攻相破之，州界清静"⑤。不言而喻，十几万人的革命队伍很难在几天内被地方豪强杀尽，《三国志》卷三一《华阳国志》和《资治通鉴》都说"州界清静"，只能意味着起义人员暂时偃旗息鼓以资隐蔽，或是逃散往各地去了。

在巴郡，农民革命仍在继续，《后汉书》卷八六《南蛮传》："中平五年（188），巴郡黄巾贼起，板楯蛮夷因此复叛，寇掠城邑。"

前已指出，巴郡是五斗米道张修等人进行革命活动的重要据点，曾在这里发动过起义，四年过去了，又有称为黄巾的进行革命活动，这不可能是中原地区称为太平道的黄巾，而是张鲁、张修等所传播的五斗米道信徒重新聚结发动新的革命斗争。

严可均《全后汉文》卷一○五引《隶释》卷一一记《巴郡太守樊敏碑》

① 《三国志》卷三一《刘焉传》。注引《汉灵帝纪》。
② 《后汉书》卷七五《刘焉传》，《三国志》卷三一《刘焉传》，《华阳国志》卷五《刘二牧志》。
③ 《后汉书》卷七一《皇甫嵩传》。
④ 《三国志》卷八《张鲁传》，参看裴注引《典略》。
⑤ 《三国志》卷三一《刘焉传》；又《华阳国志》卷五《刘二牧志》。

云："君讳敏，字升达……光和之中，京师扰穰……季世不祥，米巫残虐，续蠢青羌，奸狡并起，陷附者众。君执一心，赖无涴耻，复辟司徒，道隔不往。牧伯刘公，二世钦重，表授巴郡。后汉中秋老乞身，以助义都尉养疾闾里。"终年84岁。碑文表明，五斗米道徒仍在赓续羌人，继续进行革命活动，"陷附者众"，可知参加反抗的人数相当多。任命樊敏为巴郡太守，是在益州牧刘焉进入蜀土之后。建安十年三月所撰碑文，明白启示，樊敏是深受刘焉赏识，他至巴郡乃是为了镇压义军。但从碑文乃至《后汉书》的记录中，却找不到樊敏其人及其在巴郡太守任内有何显著业绩可述。

从中平元年至五年（184—188），五斗米道一再在巴郡发动武装起义杀了郡太守，武装斗争达到了高潮。自此以至汉献帝建安时，张鲁投降（215 年 11 月）曹操，大致有 30 余年。《三国志》卷八《张鲁传》说，"雄据巴、汉，垂三十年"，便是很好的概括。

可是，中平五年巴郡五斗米道的起义，没有多久便被封建统治阶级所扼杀。[①] 张鲁离开巴郡去汉中，意味着这一革命基地的最终丧失。其后，张鲁的各种社会政治措施，史书只记载在汉中一带施行，并不包括巴郡在内，自是不足为异。《后汉书》卷七十五《刘焉传》称，"鲁自在汉川垂三十年"，比《三国志》卷八《张鲁传》所记"雄据巴、汉，垂三十年"删去了巴字。有如张鲁功曹巴西阎圃所言"汉川之民户出十万，财富土沃，四面险固"[②]，或如《三国志》卷三一《刘璋传》所云："鲁部曲多去巴西，故以（刘）瑁为巴西太守领兵御鲁"，说明张鲁所部的关系仍很密切，它更逼真地体现了历史的实际情况。

总之，汉灵帝中平年间，张鲁在巴郡领导了五斗米道的起义，诛杀了郡守，对此我们应当予以适当的评价。

二

蒙老说，封建统治阶级把张鲁入据汉中当作"造反"，张鲁对刘焉父

---

① 《华阳国志》卷五《刘二牧志》，记刘焉遣张鲁枉诛大姓巴郡太守王咸、李权等十余人，以主威刑，表明巴郡已直接归刘焉管辖。

② 《三国志》卷八《张鲁传》。

子"是敌对的关系",因此,"张鲁不是封建割据"。

为了弄清楚张鲁和刘焉的关系,首先要明白刘焉是什么人。

刘焉,江夏竟陵(湖北潜江市)人,是个很有野心的汉朝宗室。汉末,他听人说,"益州分野有天子气"①,立即主动争取当益州牧。当豪强打败了马相起义以后,他来到了益州,所面对的是既要严肃对付手握重兵的益州地主豪强,更要认真处理益州境内非常紧张的阶级矛盾。否则,他很难在益州立稳脚跟,更不可能实现在益州称雄割据的愿望。

"焉既到州,移治緜竹(四川绵竹县),抚纳离叛,务行小惠。时南阳、三辅民数万家,避地入蜀,焉恣饶之,引为党与,号东州士。"② 我们知道,緜竹是马相起义的大本营,义军虽被打败,十余万众必有大批存在。刘焉把益州的治所移到緜竹,"抚纳离叛",非常重视处理当时阶级斗争的形势,采取"行小惠"办法,以破解人们的斗志,并进而把避乱来蜀的几万户流民进行了改编。

几万户南阳、三辅人流入益州的时间不明,史书中记有中平元年,南阳黄巾诛杀太守,旋被汉军打败;又有中平三年江夏兵士造反,杀南阳太守秦颉的记事;还有中平二年至四年,三辅地区陆续发生了一些战争,③这都处于中原地区黄巾大起义以后。因此,可以识为流移入蜀的南阳、三辅民在汉灵帝时出现的反乱。刘焉对他们"恣饶之,引为党与",并迅速改编他们为"东州士",使之为他效劳。由此可见,刘焉的所为,与曹操迫降青州黄巾,以之改编为青州兵的情况很相类似,而且早于曹操,完成了其军事诱编。正是由于他拥有了这支武装力量便使他的政治谋略大显身色。

刘焉来到益州,是在马相起义失败以后。他要在益州称霸,首先要与益州豪强搞好关系。他移治緜竹即力求摆脱益州豪强地主的控制和包围。诱编东州兵成功,其实力大增,"又托他事杀州中豪强王咸、李权等十余

---

① 《三国志》卷三一《刘焉传》,参见《后汉书》卷七五《刘焉传》。

② 《华阳国志》卷五《刘二牧志》。

③ 参看《后汉书》卷八《灵帝纪》,又卷七一《皇甫嵩传》;《资治通鉴》卷五八中平元年至四年。曹操改编青州兵是在初平三年(192),刘焉诱编东州兵具体岁月难明,约在189—191年之间。

人，以立威刑。犍为太守任歧及贾龙由此反攻焉，焉击杀歧、龙"①。可以说，益州地主豪强的反叛在某种意义上是由刘焉采取各种军事政策措施招致的结果。回想当初贾龙等人在镇压马相义军时，手段毒辣凶狠；而在反抗刘焉时，却显得十分乏力，这是值得重视的着力点。《华阳国志》卷五《刘二牧志》说："汉献帝初平二年（191），犍为太守任歧与贾龙，恶焉之阴图异计也，举兵攻焉，烧成都邑下。焉御之，东州人多为致力，遂克歧，龙乃造乘舆车服千余，僭拟至尊。"② 可见，刘焉所诱编的东州兵确为他立下了众多功劳。《英雄记》所记此事略有差异，它说，"刘焉起兵……保州自守，犍为太守任歧自称将军，与从事陈超举兵击焉，焉击破之，董卓使司徒赵谦将兵向州，说校尉贾龙，使引兵还击焉，焉出青羌与战，故能破杀。歧、龙等皆蜀郡人"③。前文业已提到不少羌人信奉五斗米道，并参加过武装起义，由于刘焉"抚纳离叛"将他们进行了改编。可知这两种记载的实际意义颇为一致。实践证明，刘焉入蜀后，在处理社会矛盾和稳固地主统治方面，取得了显著的成果。

最后，我们进一步考查张鲁和刘焉的实际关系。

前已说明，自汉顺帝以来，张陵祖孙三代在益州传教，五斗米道在此有着雄厚实力，有不少人先后几次起义，甚且占据巴郡杀了太守，使新任太守无能为力，无可否认这是一支不可忽视的巨大力量。另一方面，我们也注意到，其时全国规模的起义高潮业已过去，内地八州的黄巾起义军主力，已被击败了。益州新任州牧刘焉诱编东州兵的成功，反映出了益州和全国同样，革命已是处于低潮时期。巴郡毗邻益州本部，易受政局左右，汉中地区自汉灵帝光和年间（178—183）以来，便是五斗米道的中心，这时也被地方豪强所拥戴的汉中太守苏固所控制，这一切使张鲁面临政治上的不景气，加上张鲁本人是一位长期高高在上的"师君"教主，在益州牧刘焉的主动争取下，他很易于妥协退让。

刘焉为了壮大自己的实力，对已被打败的革命人民和流移入蜀的难

① 《三国志》卷三一《刘焉传》。
② 《后汉书》卷七五《刘焉传》文较简略。
③ 《三国志》卷三一《刘焉传》裴注引。

民，大力采取"务行小惠"的策略，争取和改编他们使其为自己的利益服务。而对于像张鲁这样有组织有影响的实力派，自然更须慎重对待，他千方百计促使这股政治力量就范，以为自己的目的服务。在谈判斗争中，张鲁的妈妈竟成为联络对方的重要成员。"张鲁母始以鬼道，又有少容，常往来焉家，故焉遣鲁为督义司马，住汉中，断绝谷道杀害汉使。"① 由是刘焉取得了重大胜利而结局。

刘焉派遣张鲁为督义司马的时间，《华阳国志》卷二《汉中志》作"初平中"。《华阳国志》卷五《刘二牧志》和《后汉书》卷七五《刘焉传》均记其事初平二年（191）以前。《资治通鉴》卷六〇系于初平二年。可以肯定，此事是发生在刘焉诱编东州兵之后。关于"督义司马"一职，宋人洪适业已指出乃是刘焉创造，而并非汉代官制。"司马"负责带兵，"义"为正义，统率正义军队的人便称为督义司马。当然正义具有强烈的阶级性，农民阶级和地主阶级不可能存在双方认为都是正义的军队。农民组织起来武装反抗地主阶级及其政府的卫队，农民认为是义军，地主阶级则视为"叛匪"，决不是正义的。显而易见，张鲁接受刘焉"督义司马"一职，并移住汉中，正好意味着其政治地位产生了重大变化。翦老说，封建统治阶级把张鲁入据汉中当作"造反"，这只是臆测，并无历史资料作证。说张鲁和刘焉"是敌对的关系"，也无可靠资料根据。本来是反对地主阶级的农民起义军，脱离了革命，去接受汉朝官吏授予的称号，这能说是政治立场敌对吗？说张鲁没有把汉中交给刘焉或汉朝政府，所言也不切实际。难道当了督义司马的张鲁没有交出巴郡吗？问题不在于张鲁是否离开了汉中，重要的是他在汉中的所作所为是否贯彻了刘焉的政治意图。史称刘焉"遣张鲁断北道"②，"以鲁为督义司马，住汉中，断谷道，杀害汉使"③。前已指出，刘焉来益州，即是为了割据一方。其时，由中原去益州，陆上只有汉中这条通道，刘焉派张鲁去汉中，以"断北道"，便可以保证他割据益州的安全，张鲁杀害汉使是张鲁贯彻执行刘焉让他断绝谷道

---

① 《三国志》卷三一《刘焉传》。
② 《华阳国志》卷五《刘二牧志》。
③ 《华阳国志》卷二《汉中志》，《三国志》卷三一《刘焉传》，《后汉书》卷七五《刘焉传》。

意旨的作为。"焉上书言，米贼断道，不得复通。"为刘焉在益州搞独立王国提供了骗人的借口。

最后可以附带指出，汉中自光和（178—183）以来，已是张修传播五斗米道的基地。张鲁本人过去和汉中并无直接联系，是被刘焉派至汉中的。《典略》说，"及鲁在汉中，因其民信行（张）修业，遂增饰之"。他是五斗米道的"师君"，张修只是低职位人员，因此张鲁有权增饰修之所行。汉中原有五万七千多户。[①] 张鲁时期，"汉川之民，户出十万"[②]，户口大增，并非是人口自然增殖或者吸引大批新附民的结果，而是由于"韩遂、马超之乱，关西民奔鲁者数万家"[③]。前已指出，在政治变乱中几万户难民流移入蜀，都被刘焉诱编为东州兵了。还有几万家难民停留在汉中境内，张鲁如何对待他们，史无明文。张鲁在汉中推行的社会政治措施，显然不像蠹文所谈的那么美好和具有吸引力。因此，流移入境的难民也非"便乐"。《典略》称："流移寄在其地者，不敢不奉"，自是无可奈何之举。

张鲁和刘璋关系的恶化有个变化过程。《三国志》卷三一《刘璋传》："璋既袭焉位，而张鲁稍骄恣，不承顺璋。"《后汉书》卷七五《刘焉传》："张鲁以璋暗懦，不复承顺。璋怒，杀鲁母及弟。"《华阳国志》卷五《刘二牧志》："璋既袭位，懦弱少断，张鲁稍骄于汉中，巴夷杜濩、朴胡、袁约等叛诣鲁。璋怒，杀鲁母，弟遣和德中郎将庞羲讨鲁，不克，巴人日叛，乃以羲为巴郡太守，屯阆中御鲁。"由此看来，双方关系的恶化，乃是由于张鲁认为刘璋才能低下、懦弱无能，而"不复承顺"，"稍骄恣"。正好表明在刘焉时期和刘璋的初期，张鲁是"承顺"并不骄恣的，他看准了刘璋的弱点以后，乃一反常态，和刘璋敌对，所以刘璋才杀鲁母及弟。《华阳国志》卷二《汉中志》记载，"鲁说巴夷杜濩、朴胡、袁约等叛为仇敌……巴夷日叛"，这正是张鲁使人鼓动的结果。最后，《后汉书》卷七五和《资治通鉴》卷六四都提到建安五年（200），张鲁进而从刘璋手

①　《三国志·魏书》卷八《张鲁传》。
②　《三国志》卷八《张鲁传》。
③　《后汉书》卷七五《刘焉传》。

中袭取巴郡。于是，张鲁和刘璋的关系日益恶化。还可以顺便指出，张鲁袭取巴郡一事表明昔日张鲁去汉中时，已是丢掉了巴郡的。

关于张鲁和汉朝政府的敌对关系，翦文更没有说出确凿的证据，只是说，汉朝很想消灭张鲁，但"力不能征"，言下之意是张鲁力量很强大。《华阳国志》卷二《汉中志》说："（张）鲁时使使汉朝，亦慢骄，帝室以乱不能征，就拜镇民中郎将汉宁太守。"时值汉末，主弱臣强，如此而已，还能说什么好呢！

西晋末年长江中下游地区的农民起义

一　西晋的社会矛盾

　　280 年，西晋灭吴，统一全国，结束了汉末以来分裂了近百年的混乱局面，这是具有积极意义的。但西晋政权仅仅维持 30 余年便覆亡了。促成它灭亡的社会矛盾很多，比较突出的有民族矛盾、封建统治阶级内部矛盾和阶级矛盾。"在复杂的事物的发展过程中，有许多的矛盾存在，其中必有一种是主要的矛盾，由于它的存在和发展，规定或影响着其他矛盾的存在和发展。"① 那么，在西晋存在的各种社会矛盾中，哪一种是主要矛盾呢？

　　汉、魏以来，少数民族人民有很多自北方沿边大量内迁，他们居住在华北的许多地方。到了晋初，"关中之人……戎狄居半"②，内迁各族，有的已解散部落组织，成了封建国家的编户；也有的还保存其部落组织，但其酋长要受晋政府的监管，他们"虽有虚号，无复尺土之业，自诸王侯，降同编户"③，由于他们社会地位的变化，因而仇视晋朝政府，随时在自己的部属中进行煽动，挑拨民族关系。因此，从外表看来，国内的民族矛盾在一段时期里表现得非常突出。当然，民族矛盾说到底还是阶级矛盾。这是由于解散了部落组织的少数民族人民所受的封建剥削与汉族人民相同，其中有不少还正式成了地主豪强的佃客、奴婢，比一般汉民更为痛苦。那些尚存部落的少数民族人民，除了受本族统治者的盘剥外，还要向封建国

---

　　① 《毛泽东选集》（四卷合订竖排本），人民出版社 1964 年版，第 308 页。
　　② 《晋书》卷五六《江统传》。
　　③ 《晋书》卷一〇一《刘元海载记》。

家西晋政府提供赋税（如义米、算钱等）和力役（兵役、徭役）。显而易见，这种矛盾的实质是阶级矛盾。至于少数民族统治者与晋政府的矛盾则是剥削阶级内部的矛盾，总的说来，它并不占主导地位。

西晋政府是地主阶级特别是世族地主专政的国家。它的上层统治集团集中了封建地主阶级一切腐朽、荒淫、贪婪、残暴和奢侈的反动本性。地主阶级内部这一集团和那一集团，这一地区和那一地区之间彼此钩心斗角。江南的地主豪强不断制造叛乱。在华北，执掌西晋军政大权，雄踞一方的同姓诸王，为了抢夺更高的权位，发动了持续 16 年（291—306）之久的大混战，充分说明当时统治阶级的内部矛盾非常尖锐。然而，这只是西晋社会中的短暂现象，并且，这些夺权斗争归根到底乃是为了争夺更多剥削对象的斗争。

十几年的大混战给人民带来了大批的死亡和饥饿①，造成了社会经济的严重破坏，进一步加深了社会危机，也大大激化了西晋社会内部的对抗性矛盾。

地主阶级和农民阶级的矛盾是西晋时代的主要矛盾，世族地主当政的晋政府始终宽纵大族豪强，它所颁布的户调制是适应汉魏以来南北各地世族地主广占土地和荫占编户的基本趋势。那时的情况是"人之田宅，既无定限"②。大族豪强地主动辄强占山林川泽，使"百姓无复厝手地"③。他们为了鱼捕之利，擅自将不少耕地"淳水停洿，人不垦植"④。从这些情况已可概见地主豪强的专横和人民生活的艰苦。统一了全国的晋政府所辖编户只有二三百万户，⑤远比两汉时为少。除了因为战争和疾疫死亡之外，还有很多农户被地主阶级强占为"私客"。晋政府一再禁止"私相置名"⑥，正好说明那些占有广大耕地的地主豪强是在不断荫占编户以供他们私人役使。

---

①　史书记载有明确死亡数字进行粗略统计，约有 30 万人。

②　《晋书》卷四六《李重传》。

③　《晋书》卷六六《刘弘传》。

④　《晋书》卷五一《束皙传》。

⑤　《三国志》卷二二《陈群传》注引晋《太康三年地记》，晋户三百七十七万；《晋书》卷十四《地理志》作二百四十五万九千余户。

⑥　《晋书》卷二六《食货志》，又卷三七《司马睦传》。

　　西晋政府对农民的剥削很重，户调、田租的征收都比曹魏时大大增加，① 兵役徭役尤为害民。当时已有人指出："服役为兵，不得耕稼，当农者之半。"② 力役众多，单就运输之役来说，已使"父南子北，室家分离"③。再加以"权豪放恣"④，生活在社会最底层的广大劳动人民身受层出不穷的各种封建剥削和压迫，在迅速贫困破产，晋初便有不少人脱离土地，向四方流亡。武帝泰始年间（265—274），已有不少饥民流入城市，⑤ 到惠帝元康时（291—299），饥民增加，"数过万计"⑥。这时，封建统治阶级内部为了争权夺利，正在不停地进行内战，无辜的广大民众备受荼毒，他们生活艰难，也失去了抗御自然灾害的能力。连年天灾，粮食失收，加以疾疫死伤，贫病交加，在死亡线上挣扎，这一切不能不使阶级矛盾进一步激化。西晋社会内部各种矛盾的斗争及其尖锐化，造成了日益发展的农民反抗运动。西晋末年，各族人民的大起义便是在上述诸矛盾的基础上发生和发展起来的。小规模的农民起义，自晋初以来便时有发生，元康六年（296），氐人齐万年在西北地区发动的有各族人民参加的起义是早期较大规模的反抗运动，它拥有数十万人，使西晋"诸将覆败相继"，杀死了晋平西将军周处，取得了一连串的胜利。经过两三年的激烈战斗，到元康九年（299）正月，才被官军打败。⑦ 随着起义的失败和统治阶级对人民的残酷迫害，"征戍之劳，老师十万，水旱之害，荐饥累荒"⑧。人们再也无法照旧生活下去，开始出现了人民大迁徙的洪流。《晋书》卷二六《食货志》说："至于永嘉，丧乱弥甚，雍州以东，民多饥乏，更相鬻卖，奔迸流移，不可胜数。"这种情况便不能不在更大程度和更广泛的地区内激化

---

　　① 曹魏时，"田租亩四升，户出绢二匹，绵二斤"（《三国志》卷一），西晋时，"民丁课田，夫五十亩，收租四斛，绢三匹，绵三斤"（《晋故事》）。

　　② 《晋书》卷四七《傅玄传》。

　　③ 《晋书》卷四六《刘颂传》，《资治通鉴》卷八二，系刘颂上表于太康十年（289）。

　　④ 《资治通鉴》卷八二，元康三年（293），傅咸上言。

　　⑤ 《晋书》卷三八《齐王攸传》。

　　⑥ 《晋书》卷五一《束皙传》。

　　⑦ 参看《三国志》卷六〇《周鲂传》注引虞预《晋书》，《晋书》卷四《惠帝纪》，又卷三八《梁王肜传》，又卷五八《周处传》，又卷六〇《孟观传》；《华阳国志》卷二《汉中志》；《昭明文选》卷二〇；潘安仁《关中诗》；《资治通鉴》卷八二—卷八三。

　　⑧ 《晋书》卷五六《江统传》。

社会的阶级矛盾。于是，地无分南北，全国到处发生了反抗晋政府的斗争。就农民的反抗斗争角度而言，在江淮以南的起义远比华北地区各族人民的起义声势大。但由于情况复杂，头绪很多。即使在南方，长江上游巴蜀地区的起义，也有它自己的显著特点。为了分别进行探索，本文只准备概要地讨论长江中下游地区所发生的几次较大规模的起义。

二　起义概况

魏晋之际，长江中下游地区的社会经济发展，比之中原地区来说是较后进的。它的逐渐发展是在动荡的社会条件下实现的。荆州地区在两汉时都发生过较大规模的起义。三国鼎立时期，长江中下游地区曾多次出现小规模的农民起义；西晋建国以后，又出现了荆州张昌、胡亢、王如，湘州杜弢，南康李丰，吴兴蒋迪等众多的农民起义，今撮要介绍三次较大规模的起义情况如次。

（一）张昌起义（303—304）

张昌是义阳蛮人，县吏出身，社会地位比较低微。所以被人称为"小民"[1]，又被称为"江夏男子"[2]。永宁元年（301），巴氐李氏在四川发动起义时，张昌便在荆州"聚党数千人"，准备起义。荆州距梁、益甚远，他能够在荆州聚集群众是和荆州所处的环境密切相关的。

西晋王室在大规模地进行内战时，荆州人民由于司马歆参与齐王冏对抗赵王伦的斗争而被迫卷入了战祸，战争结果是齐王冏取代赵王伦入朝专政，司马歆由此被任命为都督荆州诸军事、镇南大将军，进封新野王。他肆意进行残暴统治，以致"蛮夷并怨"[3]。我们知道，蛮夷是指居住于荆湘一带的蛮族。那时，他虽有了世袭氏族贵族，但阶级对立仍不显著。蛮族人所受的压迫剥削主要来自汉族统治者。[4] 以司马歆为首的封建官府对

---

① 《太平御览》卷三二八《兵部》引《抱朴子》。
② 《宋书》卷三〇《五行志》。
③ 《晋书》卷三八《司马歆传》。
④ 参看唐长孺《魏晋南北朝史论丛续编》第170页。

民众所进行的政治压迫与经济剥削，使蛮、汉人民遭受同样的苦痛，因而导致了他们进行共同的反压迫斗争，给予张昌起兵以活动的良机。

西晋政府为了迅速镇压巴氐李氏的起义，在荆州强行征发"壬午兵"进入四川。这次征兵加剧了早已尖锐的阶级矛盾，张昌等人利用人民厌恶和痛恨兵役、徭役的心情，及时在群众中进行宣传鼓动，应征人民"各不肯去"，晋政府"催遣严速"，规定兵士所经地方，如果停留五天，所在地方官员便要撤职。这样一来，郡县官吏便亲自出来赶逐士兵攒程。广大抗役人民由于共同的利害关系，便彼此加强团结。太安二年（303）五月，张昌在安陆县石岩山高举反抗义旗，在江夏就食的几千外来流民和广大抗役的荆州人民迅速投奔张昌，公推山都县吏丘沈为天子，张昌为相国，总掌军政大权，设置百官，改元神凤。长江、汉水一带的人民听到了这一消息，"百姓波荡，从乱如归"①，"荆楚从之如流"②。农民军很快便发展到13万人。战士用红布包头以为义军标志。他们分兵四出，黄林为大都督，带兵二万杀向豫州，派马武分兵南下，攻克武昌，诛太守刘根，又派陈贞、陈兰等领兵攻克长沙、武陵、零陵诸郡，斩杀武陵太守贾隆、零陵太守孔纮、豫章太守阎济等人。③ 张昌亲自领兵在樊城击毙人民公敌南阳王司马歆，④ 然后攻宛（南阳），打败晋将赵骧，杀死晋都督江北诸军事、平南将军羊伊。⑤ 张昌的别将石冰率兵东进，攻克江州、扬州，扬州刺史陈徽大败出逃，⑥ 石冰在那里"置守长"以治之。当石冰到达寿阳，晋征东将军、都督刘准狼狈无所作为。石冰屯兵建邺，逐走会稽相张景，派降将程超前往接替。在短时期内，石冰号称"拥众百万，横逸宇内"⑦。义军声势浩大。临准（江苏盱眙）人封云也在此时举兵响应，进攻徐州，

---

① 《晋书》卷五八《周玘传》；《太平广记》卷三九五《张聘》；《搜神记》卷七。

② 《晋书》卷二七《五行志》；《宋书》卷三〇《五行志》。

③ 参看《晋书》卷四《惠帝纪》；《资治通鉴》卷八五。

④ 《晋书》卷三八《司马歆传》。

⑤ 《晋书》卷三四《羊祜传》。

⑥ 《晋书》卷四《惠帝纪》；《昭明文选》卷四九；干宝《晋纪总论》注引《晋惠帝纪》曰，"石冰略扬州，扬州刺史苏峻降"，此当有误。

⑦ 《艺文类聚》卷二五《人部》引刘琨与石勒书。

"杀伤数万人"①。于是，在长江中下游，凡是农民军所到之处，很受群众欢迎。没有多久，义军便"跨带五州（按：江、荆、徐、扬、豫五州），树立牧守，皆盗桀小人"②。由"县吏""小民""桀盗小人"担任领导骨干的这个政权，实行"但以劫掠为务"的政策，它对封建官僚和地主豪强的打击比较坚决和彻底，因而深受人民的拥戴，"江夏、义阳士庶莫不从之"。正是由于他们的政治行动不利于地主豪强，所以，"江夏旧姓"江安令王伛、秀才吕蕤、孝廉吴畅等，只好纷纷往北方逃难，投靠晋朝豫州刺史刘乔。可见，这场激烈阶级斗争中的阶级阵线是非常明朗的。

晋政府面临严重的政治挑战，急忙派刘弘为荆州刺史统军前来镇压。刘弘指派陶侃进攻竟陵（今钟祥），豫州刺史刘乔派李扬进攻江夏。同时，周玘在长江下游进攻扬州，陈敏也自寿春出兵，与周玘配合围攻建康。农民军经过多次激烈战斗，304 年，终因敌我力量悬殊以及义军内部过于分散而失败，张昌等人英勇殉难，③ 石冰、封云等部在徐州等地受到围攻，战败，被叛徒所袭杀。

张昌起义是汉蛮人民的联合起义，领导者是蛮族人，却看不出存在民族斗争的色彩。汉蛮人民同样在进行反封建、反徭役的阶级斗争。在义军中虽有就食江夏一带的流民参加，但很难看到整个起义具有流民起义的特色，这是由于义军的基本力量是困于赋役的贫苦人民，他们一致坚决反对封建的兵役、徭役，因此，有着雄厚的阶级基础，备受群众的拥护与支持。石冰在长江下游能够在很短时期内大大发展其势力，其原因也在于此。④

（二）王如起义（310—312）

王如起义是一次流民起义。它主要活动于现今南阳盆地和襄樊谷地一

---

① 《晋书》卷二八《五行志》；《宋书》卷三二《五行志》；《搜神记》卷七，《资治通鉴》卷八五。

② 《晋书》卷一〇〇《张昌传》。

③ 关于张昌的最后下落，《晋书》卷四《惠帝纪》作刘弘所杀，《水经注疏》卷三一作被杀于江夏，《晋书》卷一〇〇《张昌传》，"昌乃沈窜于下儁山，明年秋，乃擒之传首京师，同党并夷三族。"诸书所记被害时间和地点不一，但都肯定最后以身殉难。

④ 参看《资治通鉴》卷八五，陈敏对刘准的谈话。

带。南阳是汉水支流所在，地理景观略同于江淮以南，加之王如起义又活动达于湖北境内，所以，我们把这次起义列入长江中下游地区所发生的起义进行讨论。

王如起义的基本群众是流民，这些流民是从哪里来的呢？

西晋皇室为争夺权位，相互砍杀的八王之乱期间，关中地区惨遭蹂躏。永嘉元年（307），晋南阳王司马模出镇雍州时，"关中饥荒；百姓相瞰，加以疾疠，盗贼公行"①。雍州人民因此被迫纷纷向外流徙，以王如为首的一批流民就是"遇乱，流移至宛"的。据史书记载，永嘉二年（308），"汉中民东走荆沔"②，"京兆流人王逌与叟人郝洛聚众数千，屯于冠军"，"寇掠城邑"③。永嘉三年（309），原荆州刺史刘弘的儿子刘璠调去洛阳任越骑校尉，他派人去南阳迎接家眷，"侨人侯脱、路难等相率卫送至都，然后辞去"④。值得注意的是，侨人侯脱，亦即后来参加起义的长安侯脱。可以推知，这批雍州流民是在永嘉前后流移到南阳一带的。在封建社会里，农民安土重迁，他们别离乡土，流徙外乡，乃是为了逃避较重的剥削。因此，这种流徙的行动，本身便具有阶级斗争的性质，是反对地主阶级的革命行动。他们流徙到了外乡，仍然要设法谋生，争取维持简单的再生产。事实上，流民在南阳等地大多是屯聚耕种为生的。⑤ 来自华北地区的数万家流民在颍川（今许昌东）、汝南（今息县）、南阳、襄城一带，"为旧居人所不礼"，他们非常痛恨封建地主的无理虐待。永嘉三年（309）十一月，杀掉当地官吏，掀起了反抗斗争。⑥ 晋政府担心雍州流民效尤，下令流民归还乡里。出身州武吏的王如本是京兆新丰人，按规定应回雍州去，他和来自雍州的流民都认为"关中荒残"，不肯回去。都督荆、湘、交、广等州军事，镇守襄阳的山简和南中郎将杜蕤便分别派兵，强制送流民限期出境。广大流民怨恨已极，王如乃秘密组织部分青年流民，在

---

① 《晋书》卷三七《司马模传》。

② 《资治通鉴》卷八六。

③ 《晋书》卷三七《司马略传》，又卷九○《曹摅传》，参看《昭明文选》卷二九，曹颜远思友人诗，注引臧荣绪《晋书》。

④ 《晋书》卷六六《刘弘传》，《资治通鉴》卷八七。

⑤ 参看《晋书》卷一○○《王如传》。

⑥ 《晋书》卷一○○《王弥传》；《资治通鉴》卷八七。

永嘉四年（310）九月，发动了突然袭击，打败山简、杜蕤派来的军队，迅速向汉沔一带发展势力，兵锋直逼襄阳，^① 山简被迫退屯夏口。^② 只知"日夜纵酒，不亲庶事"的荆州刺史王澄束手无策，农民军的力量有了很大发展。南安庞实、冯翊严嶷、长安侯脱等各率所领流民诛杀地方官吏参加起义，^③ 连续攻克不少城镇，义军人数发展至四五万人，王如为大将军，领司、雍二州牧。晋朝官僚山简、杜蕤、王澄等急忙派兵增援洛阳，被义军中途截击，"诸军皆大败"^④。西晋政权在南北各族人民的讨伐和北方匈奴贵族刘渊等人的攻打下，已处于风雨飘摇之中。

这时候，石勒为刘渊所用，率兵南屯宛之北山，与王如对垒，彼此胜负未分，暂时和平相处。非常不幸，义军内部王如和侯脱之间发生了严重分裂。加之连年战争，义军所种粮食收成不好，军中大饥。石勒便乘机攻宛，侯脱败死，严嶷投敌被囚^⑤，石勒由此"大掠汉沔，进逼襄阳"。王如派王璃领兵进攻石勒，也被战败。永嘉六年，王如本人变节投降王敦^⑥。义军余部李运、王建继续战斗，率领三千余家自襄阳进入汉中，在梁州被晋将晋遨所诱杀^⑦。至此，这次起义便基本上结束了。

（三）杜弢起义（311—315）

杜弢起义同样是一次流民起义，它是巴蜀流民在荆湘地区所发动的起义。

荆州一带自张昌起义被打败以后，封建官府加强了对人民的控制。群众中的革命怒火并未熄灭。刽子手刘弘供认："益梁流人，萧条猥集，无赖之徒，易相扇动，飙风骇荡，则沧海横波。苟患失之，无所不至。"^⑧ 说

---

① 《宋书》卷三二《五行志》；《晋书》卷四三《王澄传》。
② 《晋书》卷四三《山简传》，又卷一〇〇《王如传》。
③ 《晋书》卷一〇〇《王如传》；庞实，《晋书》卷五《怀帝纪》作新平人。
④ 《晋书》卷五《怀帝纪》，又卷四三《山简传》，《王澄传》。
⑤ 《晋书》卷一〇〇《王如传》，又卷一〇四《石勒载记》；《魏书》卷九五《石勒传》。
⑥ 王如降敌，诸书不记时间，司马光在《通鉴考异》中指出，姑置于永嘉六年，今亦从之。
⑦ 参看《晋书》卷五七《张光传》；《华阳国志》卷八《大同志》；《资治通鉴》卷八八、卷八九。
⑧ 《晋书》卷六六《刘弘传》。

明荆湘人民群众中孕育着新的反抗风暴。而在这时，有数以十万计的巴蜀流民来到荆、湘。他们处境艰困，"为旧百姓之所侵苦，并怀怨恨"①。没有疑问，这些"旧百姓"乃是荆湘一带的地主分子。"萧条猥集"的流民在客地受到侵侮，满腔怒火，这是很自然的。

大约王如起义前后，在荆、湘地区的巴蜀流民由李骧领导起义，杀死了县令，屯兵于乐乡（今湖北松滋）。由于李骧未能持久进行反抗斗争，主动向荆州刺史王澄请降，王澄假意许诺，旋即进行突然袭击，义军被王澄绞杀。他把义军的妻子作为军赏，并沉流民八千余人于江中。② 这种野蛮暴行极大地激怒了广大流民。梁、益流民杜畴、汝班、塞抚等再次举起反抗的旗帜，湘州刺史荀眺欲杀尽流民。③ 流民们实在已忍无可忍，"于是，益、梁人四五万家一时俱反"④。永嘉五年（311）正月，流民中的上层分子公推"州里重望"杜弢为主，其称号是梁益二州牧、平难将军、湘州刺史。义军迅速攻克郡县。五月，虏刺史荀眺，⑤ 随后，又分别打败广州刺史郭讷、荆州刺史王澄派来进行镇压的官军，杀死了代理湘州刺史郭察。义军北攻武昌，南破零、桂诸郡，诛杀长沙太守崔敦、宜都太守杜鉴、邵陵太守郑融和衡阳内史滕育等人，顿时声威远播。这时，西晋政府陷入全面总崩溃，镇守建康的司马睿指派周颛为荆州刺史，负责围攻农民军。弢方到达荆州，流民傅密等宣布起义以支持杜弢，⑥ 义军将领王真进攻沔阳，颛处境危困。由于武昌太守陶侃出兵救援，他才脱身奔还建康。陶侃继任荆州，也一再被义军打败。晋以王敦为都督征讨诸军事，指挥寻阳太守周访和陶侃等进兵，史称"杜弢作逆，江湘流弊，王敦不能制，朝廷深以为忧"⑦。这时，义军诛杀了临川内史谢摛，在寻阳一带作战，农民

---

① 《晋书》卷一〇〇《杜弢传》，参同卷《王弥传》。

② 参看《晋书》卷一〇〇《杜弢传》，又卷四三《王澄传》；《资治通鉴》卷八七，永嘉五年正月条。

③ 《晋书》卷一〇〇《杜弢传》；《资治通鉴》卷八七。

④ 《晋书》卷四三《王澄传》。

⑤ 《晋书》卷五《怀帝纪》；但《晋书》卷一〇〇《杜弢传》作"荀眺委城走广州"；《资治通鉴》卷八七作"荀眺弃城奔广州，弢追擒之"。

⑥ 《晋书》卷六九《周颛传》。

⑦ 《晋书》卷七一《王鉴传》。

军用桔槔打没官军船舸。① 张彦所率领的义军为了攻克豫章（今南昌），与晋军进行了激烈争夺战，张彦本人壮烈牺牲，农民军仍坚持战斗，打断了周访的两颗门牙。义军另一将领杜弘也在江州境内的庐陵（今吉水）、南康等地经过几次激烈战斗，夺取晋军粮库，壮大义军声势。其后，敌军增援，乃"大掷宝物于城外，军人竞拾之"，杜弘乃借机突围，出奔广西临贺。② 他在两广境内再经过一段斗争，力竭降晋，所部义军被强制进行了改编。

由于敌对双方力量的悬殊以及分散各地的作战，"前后数十战，殁将士多死"。建兴三年（315）八月，杜弢使王真带领精兵三千，"出武陵江，诱五溪夷，以舟师断官运，径向武昌"，中途被陶侃所败，王真逃还湘城。"贼中离阻……降者滋多。"在陶侃的引诱下，王真也背叛降敌。晋军乘机攻陷长沙，俘虏义军将领毛宝、高宝等人。③ 就这样，持续了几年的流民起义便最后失败了。

应该指出，这支义军的领导人杜弢原来是个秀才和县令，出身成都官僚地主家庭。他早年虽曾同情过六郡流民的苦痛，④ 但却直接参加过镇压李骧起义。⑤ 社会的潮流迫使他参加并领导了流民起义。当义军处于严重困难的状况下，便在一封信中自白说，他是"惧死求生，遂相结聚"。明确表白自己参加起义乃是出于被迫，他盼望"天下小定，然后输诚盟府"。在这种思想指导下，他未能利用天下已乱的大好时机，很好地组织战斗。在艰苦的岁月里，他曾有两次动摇请降，只是由于广大战士和义军将领的坚强反抗，才使他坚定下来，没有叛变投敌。⑥ 这生动地体现了人民群众左右历史的伟大作用。

---

① 《晋书》卷六六《陶舆传》，参看《晋书》卷五八《周访传》。

② 《晋书》卷五八《周访传》。

③ 《晋书》卷六六《陶侃传》。

④ 《资治通鉴》卷八四永宁元年（301）九月条。

⑤ 《晋书》卷一○○《杜弢传》。

⑥ 杜弢晚节尚好，他的结局，有三种不同说法，但都表明了杜弢最后没有降敌，《晋书》卷一○○《杜弢传》说，"逃遁不知所在"。《晋书》卷五《愍帝纪》，"弢败走，道死"。《资治通鉴考异》卷四引《晋春秋》说，"城溃，弢投水死"。

三　经验教训

（一）起义军的历史功勋

西晋末年，在长江中下游所爆发的这几次农民起义，前后延续了十多年（303—315），起义的中心地区是荆、湘一带。兵力所及，包括了长江中下游各地乃至珠江流域的两广一带。这几次起义和在华北地区的各族人民起义遥相呼应，共同推翻了西晋封建政权。这一点，当时人已有所认识。《昭明文选》卷四九，干宝《晋纪总论》说："李辰（按：即张昌）、石冰倾之于荆、扬，刘渊、王弥挠之于青、冀，二十余年而河洛为墟……山陵无所。"① 《晋书》卷六六《陶侃传》说："近者王如乱北，杜弢跨南，二征奔走，一州星驰，其馀郡县，所在土崩。"《晋书》卷三七《司马承传》记谯王司马承说，"湘州蜀寇之余，人物凋尽"。这都说明农民军横扫了各地的封建反动势力，屡次打败官军，赶走地方官，诛杀了一批反动官僚，在历史上建立了伟大的功勋。这种功勋，在他们活动的中心即荆、湘地区表现得尤其突出。至于石冰所到的长江下游广大地区，顾荣说："江南虽有石冰之寇，人物尚全。"② 说明扬州地区反动势力所受的冲击，相对比较微弱。地主阶级在农民起义的高潮时期受到了巨大的打击，幸存的一些地主如江夏旧姓王伛等500家匆忙逃奔豫州，这也是农民起义的伟大成果。无地少地的农民因为胜利地摧毁了地主的实力，他们独立自主地耕种田地，发展生产，改善生活，这是必然的社会现象。

随着起义的失败，例如张昌起义被镇压以后，广大人民并没有被压倒，荆州正像布满了干柴，"无赖之徒，易相扇动"③。封建官府强迫在荆州的十几万户流民耕种无主荒地，成为国家的编户，又从流民的上层分子中选拔地方胥吏，借以加强对广大流民的统治。这些措施无法平息人民的不满和反抗斗争，王如和杜弢等人又相继在这一地区发动和领导起义便是

---

① 刘渊起兵，并不具有农民起义性质，但对于西晋灭亡，确是起了重大推动作用。
② 《晋书》卷六八《顾荣传》。
③ 《晋书》卷六六《刘弘传》。

最好的证明。这几次起义虽然都失败了，但是，他们打乱了封建秩序，来到荆湘地区的大批流民没有，也不可能被强迫返回老家去，他们从此在新区定居了下来。经过包括流民在内的广大土著和客居民户的辛勤垦殖，原来在经济上落后的荆州，到东晋时，经济发展有了显著的长进，它的地位逐渐与长江下游的扬州并重。湖南是晋代湘州所在地区，自西晋末年以后，也在日趋开发。显然可见，这是上述几次农民起义的伟大斗争成果。

（二）宗族乡里和主客籍的问题

西晋末年，秦陇一带的大批居民向南流动是因为连年战乱和严重灾荒（旱、蝗、疾疫）所造成的。这些集体行动的流民并不全是农民，而包括了一些地主在内。人所共知，汉魏以来，豪强地主不断利用我国长期存在的宗族乡里关系加强土地兼并，荫附农业劳动者。汉末大乱以后，特别是两晋之际的战乱，豪强地主凭借宗族乡里关系，控制大批依附农民在自己手下，以供他们剥削压榨，形成了实际上是些半独立的封建小王国。那时候，在混乱的华北，出现了如像郗鉴、郭默、魏峻、苏峻、庾衮、李矩等人所控制的许多坞堡组织。在大批南下的流民中，也同样存在类似的情况。前述冯翊严嶷、南安庞实、长安侯脱乃是关中的望族，杜弢则是成都的巨姓。这些人利用我国存在久远的宗族观念，吸引和束缚住大批农民，并凭借着他们原有的社会地位成了流民集团的首领。另一方面，我们也要看到，这些流民集团的头目来到了外乡，在一定程度上，他们也难免受到所在地的政府和土著地主们的敌视。因而，当广大流民掀起武装暴动时，这些人是有可能卷入起义队伍的。并且，由于他们原有的社会地位，很自然易于充当起义军的领导人。而又很容易地牵涉到温情脉脉的宗族观念和革命之间存在着一种特殊的关系。从根本上说来，宗族是蒙蔽阶级视野、混淆阶级界限，是不利于革命事业的。在我国民主革命时期，毛泽东很警惕族权对革命所起的反动作用，他把族权视为束缚人民思想和行动的巨大绳索。在《井冈山的斗争》一文中，指出各地"封建的家族组织十分普遍"，要战胜家族主义颇为费力。他还生动地说明了剥削阶级是如何千方百计地利用家族主义以破坏革命的。西晋末年流民起义的实践也证明了宗族组织的存在，不利于革命斗争的顺利开展，它是束缚农民胜利开展阶级斗争的枷锁。杜弢的前后经历，说明了这种人参加起义，意志不可能坚强，让这种人领导起义，遇到不利处境，便易于妥协动摇，把群众的革命事业引向失败。

另外，我们还注意到，雍州和梁、益等地的流民来到荆、湘等地，成了外来的客籍人。他们在异乡进行革命斗争，如果不下很大力气，便难以和当地居民紧密地结合起来，这就不能不影响到农民起义斗争的广度和深度。因为农民多少年来的生活习惯造成了狭隘的地域观念。而剥削阶级又常常有意识地进行挑拨离间，于是，在土、客籍的农民之间，便易于造成隔阂和尖锐的对立。以抗役为主体的张昌起义大多是本地人民参加，所以，义军所到之处，不论是荆州还是扬州，都得到了当地人民的热烈响应。王如和杜弢的起义主要是流民起义，通常所看到的是流民的不同集团在此地和彼地掀起反抗斗争，常常是此起彼落，缺乏持续性。他们在各地和土著居民的联系，远不如张昌起义时那样密切，这当然要影响到革命力量的进一步壮大，给事业造成不必要的损失。当然，这并不是说王如和杜弢起义完全和荆、豫、湘、江等州的土著居民隔绝。可以肯定，在王如和杜弢义军所到之处也是有当地居民参加共同进行斗争的。例如，武陵地区的五溪夷便积极响应杜弢起义，截断官运，并进而诛杀武陵内史武察，[①]便是很好的事例。一般说来，张昌起义有流民参加，王如和杜弢起义也有土著居民参加。不过，后者的群众基础比较薄弱，这是和土客籍居民存在一定隔阂有着密切关系的。革命的实践证明，只有在革命队伍中消除了土客籍的隔阂，才能万众一心，共同对敌。行军所至，极大地扩充和发展自己的革命队伍。

（三）阶级斗争和统治阶级内部的矛盾

晋灭吴，完成南北统一以后，对于江南已经成长起来的地主势力，在经济政策上没有受到任何创伤，而在政治待遇上却未能给予足够的重视，很少吸收他们到西晋朝廷去做官。[②] 因此，引起了江南地主们的强烈不满，

---

① 《晋书》卷四三《王澄传》，卷六六《陶侃传》。
② 参看《晋书》卷四六《刘颂传》，卷六八《贺循传》。

他们便采取消极不合作的态度，甚至发动叛乱反对晋朝。所谓"吴人越睢，屡作妖寇"①。其后，朝廷政策虽逐渐有所改变，吸收部分江东世族地主代表如陆机、顾荣、张翰等到朝廷做官，但仍没有从根本上改变轻视南士的旧习。这些南方人士也是人在北国，内心念念不忘南土，他们对西晋朝廷仍不满意，在南北地主阶级之间存在着明显的矛盾和不合作的态度。

南北地主之间的不协调关系自张昌、石冰起义之后，便出现了重大的变化。

如前所述，张昌起义荆州，别将石冰向江州、扬州一带发展，临淮人封云攻克了徐州，长江中下游地区很快便变成了农民军的天下，它极大地震惊了整个地主阶级。这时，也只有在这时，地主阶级之间根本利益的一致性便促使了南北地主阶级，如华北的刘弘、牵秀、石超等和南方的地主周玘、陶侃、顾秘、甘卓、虞潭、贺循、华谭、朱伺、钱广、葛洪、戴洋、陈敏等，在西晋政府的统一调度下，积极行动起来，共同镇压造反的人民，开创了南方的地主阶级和北方世族地主政权政治合作的新阶段。

随后，在南方不断有流民起义爆发。义军的力量大致仅及于荆、湘、江州地区，"朝廷深以为忧"②。出兵镇压王如起义的，既有北方大族山简、王澄、卞敦，也有南方的地主陶侃、张光等人。杜弢起义声势更大。这时，西晋政权已危在旦夕。司马睿出镇建康，正是所谓"江东草创，农桑弛废"的时候。③ 为了维护和稳定江东初创的地主政权，不仅北来地主王敦、王廙、卞敦、谢鲲、周顗、干宝、应詹等积极出兵，江南地主陶侃、陶舆、周访、甘卓、朱伺、虞潭、华潭、赵诱等也非常主动地参与镇压义军的活动。值得注意的是，两晋之际，南方地主集团中如陈敏、徐馥等虽有过叛乱活动，但总的说来，南、北地主阶级之间的合作已日趋融洽，上述个别叛乱也都不是发生在农民起义正在进行的时候。由此可见，

---

① 《晋书》卷五二《华谭传》；另外，如《资治通鉴》卷八一太康二年（281）"吴民之未服者，屡为寇乱，（扬州剌史，汝南人周）浚皆讨平之"。《晋书》卷三《武帝纪》，太康三年（282）九月，"吴故将莞恭、帛奉举兵反，攻害建邺令，遂围扬州，徐州剌史嵇喜讨平之"。八年（287），"十一月，海安令萧辅聚众反"。类似事例尚多，不备举。

② 《晋书》卷七一《王鉴传》。

③ 《晋书》卷七一《熊远传》。

阶级矛盾的发展和农民反抗斗争的激烈，给予了地主阶级内部矛盾以决定性的影响。南北地主阶级是在面对着共同的阶级敌人农民造反的情况下，开始了更紧密的结合。这就说明，南北地主合流，共同把斗争矛头对准广大劳动农民，用以延续以司马氏为代表的地主阶级的罪恶统治，为东晋在江南立国确立了可靠的阶级基础。

（原载《中国农民战争史论丛》第四辑，河南人民出版社 1982 年版）

魏晋南北朝阶级结构述论

人是社会组成的主体。但是，任何人都不能离开自然界单独存在，为了维持人类的生存就必须进行生产。生产永远是社会的生产。人们在生产过程中必然要产生某种相互的关系，这种相互关系随着时代的不同而变化，它可能是互助合作的平等关系，也可能是统治与服从的剥削压迫关系，每一个活着的人，谁也不能随心所欲地超越时代进行自我选择。

我国历代官府为了维持社会安定和保证自身财政、赋役征收等方面的需要，总是力图尽可能多地控制户口。马克思说："从实在和具体开始，从现实的前提开始，因而，例如在经济学上从作为全部社会生产行为的基础和主体的人口开始，似乎是正确的。但是，更仔细地考察起来，这是错误的。如果我抛开构成人口的阶级，人口就是一个抽象。"[1] 因为自从人类进入文明社会以来，业已存在着不同的社会各阶级。然而，在列宁以前，没有人对"阶级"下过科学的定义。依据列宁的学说，封建社会存在的主要阶级可以划分为农民与地主两大阶级。在相互对立的两个阶级中，长期起支配作用的是掌握着国家军政、经济大权的地主阶级，它用极端专制制度剥削和压迫广大劳动人民。因此，农民阶级与它的矛盾成为当时社会的基本矛盾。

中国中古社会如果从战国、秦汉之际算起，到唐初建国已有一千余年的历史，在这段时间内，地主阶级和农民阶级的人员都在不断地更新。由于生产力的发展状况和阶级斗争的制约，阶级关系的变化往往呈现出阶段性的特点。非常清楚，唐代的两大阶级和秦汉时期就有很大差异。然而，这一变化通常是渐进的而并非是跳跃式的。在我看来，唐代的阶级关系明

---

① 《马克思恩格斯全集》第 12 卷，人民出版社 1962 年版，第 750 页。

显地存在着过渡性的特点。在唐前期显然有不少类似两晋南北朝时的特点，中唐以后，鲜明地开创了赵宋阶级变动的新局面。就我所知，对于唐代社会阶级结构的研究，韩国磐先生撰有《隋唐五代时的阶级分析》，胡如雷先生分析唐末农民战争社会背景时也有专节讨论，我从前辈学者的论著中获得了不少教益，但也存在着若干疑难。基于我的上述认识，为了便于说明过渡性的特点，首先有必要对唐以前的阶级关系有侧重地粗略勾画出一个轮廓来，便于人们在讨论唐代阶级结构时，明了其渊源演变及其与前代异同之所在。

马克思曾经指出一切社会形式的生产中存在着一种支配整个社会关系的"普照之光"①。我以为两晋南北朝时期，社会关系的"普照之光"是门阀士族势力的鼎盛与人身依附关系的强烈。

门阀士族地主是两晋南北朝时期地主阶级的头号当权派，它崛起于汉魏之际。

西汉中叶以来，国内土地兼并日趋激烈。东汉建国者刘秀及其亲戚（如母家樊氏、妻家阴氏）乃至不少开国功臣（如邓氏、耿氏等）都是著名富豪，但他们并不是门阀士族。随后，弘农杨氏四世三公（震、秉、赐、彪），②汝南袁氏四世五公（安、敞、汤、逢、隗）。③泰山羊氏，"其先七世二千石卿校"④。吴郡陆氏"世为族姓"⑤，诸如此类的不少大姓在魏晋以后成为著名士族，可是在汉代并不存在士族制度。那时，虽有一些宗族大姓累世高官，并以任子、察举、征辟等制度为其子弟上升效劳。另一方面，自西汉中叶独尊儒术以后，已相继出现某些地主家庭子弟以儒学传家。这一切大致为士族制度的确立准备了前提条件。汉代名门世家所拥有的诸多特权还没有法规化，史书上也没有出现士庶并称的记载。

士族制度的正式确立是在魏晋之际，曹魏时创设的九品中正制在其贯

---

① 《马克思恩格斯全集》第 12 卷，人民出版社 1962 年版，第 757 页。
② 《后汉书》卷五四《杨震传》，李贤注引华峤《后汉书》亦云："东京杨氏、袁氏，累世宰相，为汉名族。"
③ 《后汉书》卷四五《袁安传》。
④ 《后汉书》卷三一《羊续传》。
⑤ 《后汉书》卷八一《陆续传》。

彻实施中，逐渐使选举用人与汉代业已存在的乡里清议日趋一致。① 中正例由大族士人充当，"立中正，定九品，高下任意，荣辱在手，操人主之威福，夺天朝之权势"②。"中正所铨，但存门第"，"凡厥衣冠，莫非二品"③，它从政治上保障了士族在社会上的独特地位。西晋皇室是河内著名士族司马氏，在一大帮士族官僚们的拥戴下篡夺曹魏政权后，颁布了占田制与户调制，从经济上确立了士族官僚"各以贵贱占田"，"而又各以品之高卑荫及亲属，多者及九族，少者三世"。乃至"先贤之后及士人子孙亦如之"④。它表明占地和荫亲属特权并不局限于现任士族品官，还包括了他们的子孙，即使没有做官，也列入了荫庇和复除的行列。因此南朝人沈约说是"魏晋以来，以贵役贱，士庶之科，较然有辨"，恰当地说明了自魏晋之际开始，凡有士籍的人，⑤ 子孙便拥有世袭的特权。

西晋户调式规定士人品官"又得荫人以为衣食及佃客"，给客人数随官品高下而有等级差异。西晋末年，北方大乱，"流民多庇大姓以为客，（东晋）元帝大兴四年（321），诏以流民失籍，使条名上有司，为给客制度"⑥。《隋书》卷二四《食货志》记东晋南朝时，"都下人多为王公贵人左右佃客、典计、衣食客之类，皆无课役"。并特别指明："佃谷，皆与大家量分"，"客皆注家籍"，这是明文规定了士族地主享受经济上的特权。

两晋南北朝时期的著名士族姓氏，《新唐书》卷一九九《柳芳传》曾分类具体列举。他所开列的姓族大致可简化为江南士族（侨姓、吴姓），北方士族（关中、山东士族）和鲜卑贵族。其实，不论华北和江南，都有不少著名士族并没有包括在他开列的姓氏之列。还有值得注意的是，南方江湖闽广等地还存在若干地方豪族。大批侨姓、吴姓集中于江东吴、会地区，反映六朝时当地经济比较发达，以致成为士族地主求田问舍与角逐的场所。凡是著名士族都控制了众多的宗教乡里人数，成为他们横行一时的

---

① 唐长孺：《魏晋南北朝史论丛》，三联书店 1955 年版。
② 《晋书》卷四五《刘毅传》。
③ 《魏书》卷八《世宗纪》，《宋书》卷九四《恩倖传序》。
④ 《晋书》卷二六《食货志》。
⑤ 士族有士籍，见《晋书》卷一一三《苻坚载记》；又卷一二四《慕容宝载记》。
⑥ 《南齐书》卷一四《州郡志》。

坚实阶级基础。

柳芳所提到的虏姓（鲜卑贵族）是个比较特殊的集团。它是鲜卑拓跋氏入主中原后的产物。北魏孝文帝太和十九年（495）诏称："代人诸胄先无姓族，虽功贤之胤，混然未分……其穆、陆、贺、刘、楼、于、嵇、尉八姓，皆太祖以降，勋著当世，位尽王公、灼然可知者且下司州吏部，勿充猥官，一同四姓。自此以外，应班士流者，寻续别敕。"[①] 以诏敕规定士族标准实是史无前例。[②] 以祖先官品高下敕定姓氏等级符合历代确定士族的原则，由是出现了柳冲所说的虏姓。魏孝文帝一再对臣僚说："近代以来，高卑出身，恒有常分"，"当今之世，仰祖质朴，清浊同流，混齐一等，君子小人名品无别，此殊为不可，我今八族以上，士人品第有九，九品之外，小人之官复有七等"[③]。以虏姓所比附的四姓，不论是唐人柳冲所解说依官爵高下所定甲乙丙丁四姓，或如《元和姓纂》卷一以穆、陆、奚、于，比之汉代的金、张、许、史，还是如胡三省所说是指崔、卢、郑、王四姓，[④] 无疑都是用敕令使虏姓贵族士族化了。因而出现"以贵袭贵，以贱袭贱"的用人局面。北周明帝二年（558）三月诏称，"三十六国九十九姓，自魏氏南徙，皆称河南之民。今周室既都关中，宜改称京兆人"[⑤]，柳芳所说虏姓，即是入主中原后鲜卑贵族的姓氏。这批虏姓贵族多崇尚武功，罕尚儒学。《周书》卷一六记："魏孝庄帝以尔朱荣有诩戴之功，拜荣柱国大将军，位在丞相上……其后功参佐命，望实俱重者，亦居此职，自大统十六年（550）以前，任者凡有八人……当时荣盛，莫与为比，故今之称门阀者，咸推八柱国家云。"北朝时，柱国官勋高贵，门阀鼎盛，与唐中叶的柱国地位，乃是大不相同。唐人柳冲说："关中之人雄，故尚冠冕，代北之人武，故尚贵戚。"所称关中之人，既包括北魏末年跟随孝武帝西迁之鲜卑人，更包括西魏、北周宇文氏时兴起的众多豪杰，他

① 《魏书》卷一一三《官氏志》。

② 参周一良《魏晋南北朝史论集》，中华书局1963年版；唐长孺：《魏晋南北朝史论拾遗》，中华书局1983年版。

③ 《魏书》卷六〇《韩显宗传》，又卷五九《刘昶传》。

④ 《通鉴》卷一四〇建武三年（496）正月条注。

⑤ 《周书》卷四《明帝纪》。

们是一批军事贵族。除了关中郡姓韦、裴、柳、薛、杨、杜而外，这些人和山东、江南士族颇有不同特色。其后，隋、唐二代的开国君主也都属于这批军事贵族，而和两晋南朝时的著名士族颇有异同。

士族地主通常族大人众，他们一方面声称"士庶之际，实自天隔"，"士庶区别，国之章也"①，强调自己的崇高地位。另一方面，士族地主内部又存在高下等第之分，清河崔㥄"每以籍地自矜，谓卢元明曰：天下盛门，惟我与尔，博崔、赵李，何事者哉"②。其实，博崔自崔实以后，汉魏以来，代有名人，"世为北州著姓"③，自北朝以至唐代，博崔、赵、李都是著名大族。

北方士族由于渡江早晚不同，社会地位就不一致；而侨姓士族地位又高于吴姓士族，这类复杂状况与魏孝文帝所说"士人品第有九"的等级精神是一致的。

除士族地主以外，地主阶级中还有为数众多的庶民地主。种类繁杂，既有大批地方豪强、各地官府众多的吏职和品级较低的官吏，还有不少是充当士族、贵族官僚的门生故吏……他们彼此之间差异悬殊也大，但通常是和广大农民群众同样属于庶民，是国家的编户。不过，这批人不从事生产劳动，依靠剥削农民为生，占有土地的数量有些并不比士族地主少，只是政治身份上不那么高贵。

庶民地主中有官位或无官的富人并不安于现状，有些人往往通过贿买等手段改变身份，跻入士族地主行列。南朝人说，"又有改注籍状，诈入仕流，昔为人役者，今反役人"④，"且夫谱牒讹误，作伪多绪，人物雅俗，莫肯留心，是以冒袭良家，即成冠族，妄修边幅，便为雅士"⑤。沈约所言，更为具体：宋、齐以来，簿籍大坏，"凡粗有衣食者，莫不互相因依，兢行奸货，落除卑注，更出新籍，通官荣爵，随意高下，以新换故，

---

① 分别见《宋书》卷四二《王弘传》；《南史》卷二三《王球传》。
② 《北齐书》卷二三《崔㥄传》，按《魏书》卷二一上《元雍传》，雍妃卢氏死，取博陵崔显妹为妃，世宗"以博陵崔氏，世号东崔，地实望劣，难之，久乃听许"。同样反映出博崔受到轻视。
③ 《北齐书》卷三九《崔暹传》。
④ 《南齐书》卷三四《虞玩之传》。
⑤ 《梁书》卷一《武帝纪》。

不过用一万许钱，昨日卑微，今日仕伍。……巧伪既多，并称人士。百役不及，高卧私门，致令公私阙乏，是事不举"①。在北朝，孙绍说："法开清浊，而清浊不平，申滞理望，而卑寒亦免，士庶同悲，兵徒怀怨，中正卖望于下里，主案舞笔于上台，真伪混淆，知而不纠……使门齐身等而泾渭奄殊，类应同役而苦乐悬异。"② 可见，不少庶民地主破费一笔钱即可改注入士流，这类情况虽然不可能很广泛普遍地存在，但也不会是个别的。它说明士、庶地主同是剥削阶级，本来就没有不可逾越的鸿沟。

士族地主享受众多特权，他们中有些人纵情享受，不复以世事介怀。吏部尚书姚察指出，魏晋时，"时俗尚于玄虚，贵为放诞；尚书丞郎以上，簿领文案，不得经怀，皆成于令史，逮乎江左，此道弥扇……宋世王敬弘身居端右，未尝省牒，风流朝尚，其流遂远，望白署空，是称清贵；恪勤匪懈，终滞鄙俗；是使朝经废于上，职事堕于下，小人道长，抑此之由"③。姚察所说王敬弘事，《宋书》本传记文帝"元嘉三年（426）为尚书仆射，关署文案，初不省读。尝预听讼，上问以疑狱，敬弘不能对。上变色，问左右，何故不以讯牒副仆射。敬弘曰：'臣乃得讯牒读之，政自不解'"。类似这样的一批褒衣博带，自以清高，不务政事，又不知稼穑艰难的人，"故治官则不了，营家则不办"④。东晋南朝历次改朝换代时，送授玺绶的都是些高级士族王、谢、褚家。⑤ 河南阳翟人褚渊（彦回）及其父亲，分别是宋武帝和文帝的女婿，渊官至尚书令、侍中、中书监、司空。刘宋末年，其从父弟炤问渊子贲，"'司空今日何在？'贲曰：'奉玺绶在齐大司马门。'炤曰：'不知汝家司空将一家与一家，亦复何谓'"。类似情况在北朝亦无例外。士族坐享荣华，罕以国事为意。北周进攻北齐，"朝士出降相继"。高励对齐后主说，"今所翻叛，多是贵人，至于卒伍，犹未离贰，请追五品以上家属置之三台"为质，诸臣若不率众死战，

---

① 《通典》卷三《乡党》。

② 《北史》卷四六《孙绍传》，《魏书》卷七八文同。

③ 《梁书》卷三七传论。

④ 《颜氏家训》卷四《涉务》。

⑤ 晋宋之际，谢澹送玺绶，王弘、王昙首等人为开国元勋（《宋书》卷二），宋、齐之际，褚渊送玺绶，王俭、王晏等人为主谋（《南史》卷二八，《南齐书》卷二三），齐梁之际，王亮、王志送授玺绶（《梁书》卷一），梁陈之际，王通、王场送玺绶（《陈书》卷一）。

"即退樊台"，想逼他们关注家园而死战，① 然而，贵臣仍相继出降，北齐迅速亡国。

北齐灭亡，"衣冠士人，多迁关内"②。隋代灭陈，"江南士人，悉播迁入京师"③。关内原有不少汉、鲜士族与贵族，随着齐、陈灭亡，关东与江南的不少士族也被迁入关内，使隋代关内地区士族人员大为增多。

保障士族政治特权的九品中正制度自两晋以至隋初长期存在。唐玄宗宰相王畯的曾祖父"王元季，隋代大中正、开府仪同三司"④。杜佑说中正，"隋初有，后罢而有州都"⑤。史称杨广为雍州牧，"盛存望第，以司空杨雄、尚书左仆射高颎并为州都"⑥。据《隋书》卷二八《百官志》记隋代雍州牧下，"属官有别驾、赞务、州都、郡正"等，隋代雍州集中了全国南北众多的士族，州都即中正，杨广"盛存望第"，当是对士族优礼有加。中正原则上并非品官，北魏元澄说，"诸州中正，亦非品令所载，又无禄恤"⑦，所以，唐初武德七年（624）令，依周齐旧制，"每州置大中正一人，掌知州内人物，以本州人闻望者兼领，无品秩。至贞观初废"⑧。《旧唐书》卷四五《舆服志》记"诸州大中正，进贤一梁冠，绛纱公服"。自南北朝后期以来，中正品人虽然不再如两晋时那么认真，但中正存在本身仍是士族拥有一定势力的反映。

隋代盛世，士族实力还是比较强大，卢恺为吏部尚书，与薛道衡、陆彦师等"甄别士流"⑨。隋文帝废除中正制，荫客制也相应消失，士族失去了牢靠的根基。但在炀帝大业中，仍有人上疏说，"今朝廷之内多山东

---

① 《北齐书》卷一三《高励传》。

② 《隋书》卷七三《梁彦光传》；《册府元龟》卷六七六《教化》；《通鉴》卷一七五。

③ 《隋书》卷二一《天文志》；《通鉴》卷一七七开皇九年三月、四月。

④ 《新唐书》卷七二中《宰相世系表》。

⑤ 《通典》卷三三《总论郡佐》，又卷一四，又卷三二。

⑥ 《隋书》卷四六，《北史》卷六四《韦师传》。都字下，原有"督"字。从《廿二史考异》卷四〇删去衍字。

⑦ 《魏书》卷一一一《刑罚志》，但《隋书》卷二七《百官志》记北齐时，州大中正、州中正为流内比视官正从第五品，清都郡（即魏郡）中正，诸郡中正，为流内比视官正从第八品，似是例外。另据《通典》卷一九《职官官品》，"流内"名称始于隋，"流外"始于唐，似与隋志有矛盾。参看周一良《魏晋南北朝史札礼》（中华书局1985年版），《北朝之中正》条（第362页以下）。

⑧ 《唐会要》卷六九《丞簿尉》；《通鉴》卷一九〇武德七年正月。

⑨ 《隋书》卷五六《卢恺传》，又卷七二《陆彦师传》，《通典》卷一四《选举》。

人，而自作门户，更相剡荐，附下罔上"①，表明山东大族仍有一定实力。由于隋炀帝暴政而加快发生的隋末农民大起义，腐朽士族受到了毁灭性大扫荡，它再也不像以往那样声势赫赫了。唐初参修《隋书》史臣很有感慨地认为"族姓不足道，先祖不足称"②，反映隋唐之际"族姓""先祖"已不是那么吃香，以往著作郎、佐郎例为士族子弟起家之选，至是已有不少非士族子弟担任，象征着士族的末日业已来临。

以往的士庶区别，"庶"包括庶民地主和为数众多的劳动农民以及尚未完全脱离农业的手工业者。他们是自耕农或半自耕农。那时丁口税盛行，众多的贫困户无一幸免。他们是国家的编户，创造物质财富，承担官府繁重赋役。执政的和在野的地主阶级一齐对农民进行敲诈勒索，他们生活艰困，被迫脱籍流亡。然而赋入数量和能够征派服役人数的多少，密切关系着国家力量的强弱，因此，在基本上是处于分裂的 400 年间（185—589），各国政府常常开展检括户口的斗争，检出民户使之就地落籍，列归编户。逃亡与检括的斗争往复持续，但官府所能控制编户数仍然不多。280 年，西晋灭吴，589 年隋灭陈时，所得编户都是 50 万户。吴、陈亡国时的疆域大体相同，事隔 300 余年，而官府控制的民户并无增长，举此一例，可以概见民户逃隐之盛了。

士族地主拥有的田客，只注家籍，量分租谷，是得到国家正式认可的被强制的人身依附者。这类身份世袭的佃客，人身依附关系强烈，多少具有农奴色彩。不过，按法令规定，孙吴复客、曹魏赐客、两晋法定佃客，在全国佃农队伍中所占比例都不是很大。唐长孺先生曾经指出，"事实上，还有更多超额的客，他们的依附关系既不为国家所承认，那就只能属于隐丁匿口一类"③。就是说，大量非法被强制的人身依附者是另一种类型的农业劳动者。

《续晋阳秋》曰："自中原丧乱，民离本域，江左造创，豪强并兼，或客寓流离，名籍不立。"④ 这里，并兼流民的豪强包括了士族和非士族地

---

①　《旧唐书》卷七五《韦云起传》。
②　《隋书》卷七五史臣曰。
③　唐长孺：《三至六世纪江南大土地所有制的发展》，上海人民出版社 1957 年版，第 82 页。
④　《世说新语》卷上之下《政事》注引。

主。他们掠夺瓜分隐没民户，不立户籍。东晋政府曾在三吴地区进行检括，成效甚微。《全晋文》卷二六记简文章时，王羲之转述其妻弟会稽内史郗愔书信云："山海间民逃亡，殊异永嘉，乃以五百户去，深可忧，深可忧。"民户逃亡的原因，王羲之给谢安和殷浩信中说是"征役及充运"所致，纵使采用什伍连坐法也未能禁止。"自顷年割剥遗黎，刑徒竟路，殆同秦政。"① 大量逃户被权势者隐占，出现了"权门并兼，强弱相陵"局面。会稽虞亮藏匿逃亡被处决，那是极个别事例。在"山湖川泽，皆为豪强所专，小民薪采渔钓，皆责税直"的情况下②，贫苦农民被迫忍受地主豪强的压榨与剥削。《南史》卷五《东昏侯记》载："诸郡役人，多依人士为附隶，谓之属名。……凡属名多不合役。"附隶、属名即是为了逃避官役。顾宪之说，山阴课户二万，有赀者多是士人复除，而"贫极者，悉皆露户役民"③。梁武帝时，不少地方"巧籍隐年，暗丁匿口……流移他乡"④。浙东余姚"县南又有豪强数百家，子弟纵横，递相庇荫，厚自封植，百姓甚患之"⑤。同县又有"大姓虞氏千余家"，清楚地区分了大姓与豪强的各自庇荫。贺琛上疏反对无止境的征敛，"百姓不能堪命，各事流移，或依于大姓，或聚于屯封，盖不获已窜亡，非乐之也……东境户口空虚，皆由使命繁数"⑥。因官府征敛被迫投依大姓的农民，自是不合法的人身依附者。陈宣帝下令，"其籍有巧隐，并王公百司辄受民为程荫，解还本属，开恩听首"⑦。这些巧隐程荫之民也是非法的。褚介为山阴县令，"县民张次的、王休达等与诸猾吏贿赂通奸，全丁大户，类多隐没"。在朝廷的直接干预下，检括出 800 余户。⑧ 这些事例说明，终南朝之世，不少人依附官吏豪强，和他们形成了很不稳定的诸多人身依附的关系。需要顺便指出，在南朝末年的梁、陈之际，出现了一批"郡邑岩穴之长，村屯坞

① 《晋书》卷八〇《王羲之传》。
② 《宋书》卷二《武帝纪》。
③ 《南齐书》卷四六《顾宪之传》，《南史》卷三五。
④ 《梁书》卷三《武帝纪》。
⑤ 《梁书》卷五三《沈瑀传》。
⑥ 《梁书》卷三八《贺琛传》；《资治通鉴》卷一五九，大同十一年（545）。
⑦ 《陈书》卷五《宣帝纪》。
⑧ 《陈书》卷三四《褚介传》；《太平御览》卷二六六《职官》引《三国典略》文同。

壁之豪"（《陈书》卷三十五），割据岭表，称雄乡里。他们多为少数族人，乘机而兴，曾经短暂拥有不小权利，但他们都不是士族，只是一批乡亲罢了。

在华北地区，民户同样大批荫附。十六国前燕时，一次检出"隐附"20 余万户。① 在南燕，"百姓因秦、晋之弊，迭相荫冒，或百室合户，或千丁共籍……公避课役，擅为奸宄"，韩诨受命检查，"得荫户五万八千"②。隐附与荫户都不是合法的人身依附者。北魏建国初期，"民多荫附"，荫附者皆无官役，豪强征敛，倍于公赋。③ 荫附之民得免官役。孝文帝诏书说，"诸州户口籍贯不实，包藏隐漏，废公罔私，富强者并兼有余，贫弱者糊口不足"，朝廷推行里党制，"豪强并兼者尤弗愿也"。非常清楚，户口隐漏不实，主要是被豪强并兼者荫庇。大臣孙绍说，百姓"竞弃本生，飘藏他土，或诡名托养，散没人间，或亡命山薮，渔猎为命，或投杖强豪，寄命衣食"④。百姓离乡，寄命于强豪，自然未得到官府允许。必须说明，众多的隐户、荫户与那些合法的佃客不能等同看待，他们与荫主之间存在着人身依附关系，但缺乏法律上的充分保障。官府常常派使检括，将他们清理出来，重新列为国家的编户。正是基于这样的法权观点，受剥削、压迫的众多隐户和荫户本身仍是良民，他们与那些合法的卑贱佃客在身份上有所不同。

这里，需要谈谈部曲。部和曲作为军队的编制单位，早在西汉时就已存在。⑤ 汉、魏之际，不少强宗大族私设武装也称为部曲。曹魏时，李乾、李典父子有"宾客数千家"，"宗族部曲三千余家"⑥。任峻收"宗族及宾客、家兵数百人"⑦。这些宗族、宾客、部曲，实际就是他们的家兵。与此同时，国家的军队士兵仍称为部曲。名目繁多的部曲已有不少学者撰专文论述。认定魏晋南北朝存在部曲佃客生产制的论者极力夸大部曲从事农业

① 《晋书》卷一一一《慕容暐载记》。
② 《晋书》卷一二七《慕容德载记》。
③ 《魏书》卷一一〇《食货志》。
④ 《北史》卷四六《孙绍传》。
⑤ 参见朱国炤《上孙家寨木简初探》，《文物》1981 年第 2 期；又《续汉书·郡国志五》。
⑥ 《三国志》卷一八《李典传》。
⑦ 《三国志》卷一六《任峻传》。

生产，但实际上部曲生产的记载只是很少几条，部曲与主人的法定人身依附关系直至北朝后期才正式出现。唐长孺先生曾引用北周武帝建德六年（577）十一月诏，指出："奴婢释放可以免为良人，也可以留为部曲、客女，部曲、客女和主人共居亦即共籍，他们和晋代佃客一样没有独立户口，只附注于主人户下，其身份高于奴婢，但却不能一同民伍。"① 可见，从奴婢解脱的部曲和以往为军事编制与私兵的部曲存在很大不同，客女是由婢女放免，也与一般部曲的家累并不一致。在南朝，范云为南齐始兴内史，"旧郡界得亡奴婢，悉付作；部曲即货去，买银输官。云乃先听百姓志之，若百日无主，依判送台"②。类似事例虽属罕见，但仍可表明南朝的某些部曲可用以买卖。

隋文帝建国未久，他的姐丈洛州都督窦荣定自洛阳来到长安，文帝"赐马三百匹，部曲八十户而遣之"③。部曲八十户，《册府元龟》卷三〇三作"部曲八十二人"。不仅数字有出入，且存在"人"与"户"的差异。被赏赐的部曲出自关中，其本来身份不明；被赐以后，所承担的事务也不清楚。唐长孺先生依据《隋书·食货志》记事，推论周、隋之际的部曲、客女与奴婢同样受田，奴婢放免为部曲、客女后，身份上发生了变化；由于仍与主人共居，主人的土地没有因奴婢的放免而受损失，还可继续保证地主田庄上的必要劳动力。唐先生的分析，比较合乎情理。

寺观地主的力量在唐代是盛况空前，而其发展壮大则是在两晋南北朝时期，在此先予简介。

早在十六国时，高僧释道安说："不依国主则法事难立。"④ 隋唐之际的释法琳说，"寺塔遍乎九州，僧尼溢于三辅，并由时君敬信，朝野归心"⑤。这是清楚地表明，我国的宗教发展及其地位，是和西欧中世纪的教会权位很不相同的。

后秦姚兴诏称："僧尼已多，应须纲领……僧䂮大师……可为国内僧

---

① 唐长孺：《魏晋南北朝史论拾遗》，中华书局1983年版。
② 《南史》卷五七《范云传》。
③ 《隋书》卷三九《窦荣定传》。五州同文书局本《隋书》，作部曲八千户，疑误。
④ 《高僧传》卷五《释道安传》。
⑤ 彦悰：《法琳别传》卷上。

主，僧迁法师……即为悦众，法钦、慧斌共掌僧录，给车舆、吏力。茝资寺中秩，传诏羊车各二人，迁等并有厚给……至弘始七年（405），敕加亲信、伏（仗）身、白从各三十人。僧正之兴，茝之始也。"① 这里所说的僧正、悦众（即维那）僧录等都是僧官，与世俗官一样由朝廷任命，并有俸禄、侍从。南朝刘宋时，道猷为新安寺法主、法瑗为湘宫寺法主，慧亮、昙斌为庄严寺法主，② 他们都是僧官。梁武帝天监七年（508），"敕（法云）为光宅寺主，创立僧制，雅为后则"，"普通六年（525），敕为大僧正，于同泰寺设千僧会，广集法寺知事及学行名僧……"③ 在华北，释昙曜在北魏高宗和平年间（460—465）为昭玄统，统领僧众。④ 《魏书》卷一一四所记僧统、道人统（沙门统）与维那都是僧官。北周释昙崇为陟岵寺主，释道臻为魏国大统。⑤ 《隋书》卷二七记北齐"昭玄寺，掌诸佛教。置大统一人，统一人，都维那三人……以管诸州郡县沙门曹"。释法上，在"魏、齐二代，历为统师，昭玄一曹，纯掌僧录，令史员置五十余人，所部僧尼二百余万，而上纲领将四十年，道俗欢愉，朝庭胥悦"⑥。可见南北朝政治对立时，双方的僧官同样是由朝廷任命。尤有其者，《魏书》卷一一〇记庄帝卖官之制，僧人以入粟多少，分别授予州统、大州都统、畿郡都统、郡维那、县维那等官。凡此种种，都说明我国宗教的地位是深受朝廷控制的一支贵族政治力量，它的经济实力，僧官负责统领僧众，与世俗官僚职责相似。

南北朝时，寺院已拥有大批田产。北方"寺夺民居，三分且一"，"非但京邑如此，天下州镇僧寺亦然，侵夺细民，广占田宅"⑦。魏、周之际，长安中兴寺，"庄池之内外稻田百顷，并以给之。梨、枣、杂果，望若云

---

① 《高僧传》卷六《释僧茝传》
② 《高僧传》卷七《释慧亮传》，又《释道猷传》，卷八《释法瑗传》。
③ 《续高僧传》卷五《释法云传》。按，《续高僧传》有几种版本，分卷不同，我所引用一律为频伽精舍校刊大藏经本。
④ 《续高僧传》卷一《释昙曜传》。
⑤ 《续高僧传》卷一七《释昙崇传》，又卷二三《释道臻传》。
⑥ 《续高僧传》卷八《释法上传》。
⑦ 《魏书》卷一一四《释老志》；参看《通鉴》卷一三二，又卷一四八。

合"①。在南方，郭祖深说："都下佛寺五百余所，穷极宏丽。僧尼十余万，资产丰沃，所在郡县不可胜言。道人又有白徒，尼则皆畜养女，皆不贯人籍。天下户口，几亡其半。"（《南史》卷七〇《郭祖深传》）所在僧尼侵占田地，"越界禁断"②。梁武帝在钟山造大爱敬寺，抑取王骞良田八十余顷施寺。③ 如果真是"出家同道，以法为亲"④，理应彼此平等，实际却大不然。那些"相与入道，假慕沙门，实避调役"的人，必须为寺院田庄主服役。名僧法显年少时且曾"与同学数十人于田中刈稻"，释道安也被"驱役田舍，至于三年，执勤就劳"⑤，其他僧人那就更不待说了。

寺院僧尼人数，后秦时为三千人，⑥ 以后日渐增多。北魏末年，竟达二百万人。北周武帝灭佛，"破前代关东、西数百年来官私佛法，扫地并尽……见成寺庙出四十千，并赐王、公充为第宅，三方释子减三百万，皆复军民，还归编户。三宝福财，其资无数，簿录入官"⑦。北周僧尼三百万人，也许有所夸大。但加以北齐与南朝的佛教徒，全国僧尼人数一定是很不少。隋初建国，即听任编户出家。⑧ 文帝开皇十年（590），"新度之僧，乃有五十余万"⑨。加以历年所度，总数更为可观。唐人白居易很有感慨地说：僧尼数量众多，"晋、宋、齐、梁以来，天下凋弊，未必不由此矣"⑩。道教创始于汉，此后在国内日趋传播。北周武帝时，卫元嵩受封蜀郡公，《事物纪原》卷七认为是道士授封之始。隋炀帝为嵩高山道士潘诞作嵩阳观，"华屋数百间，以童男童女一百二十人充给使，位视三品，常役数千人，所费巨万"⑪。总的说来，自南北朝至隋，道观的力量比寺院要弱。

---

① 《续高僧传》卷二三《释道臻传》。
② 《梁书》卷三《武帝纪》。
③ 《南史》卷二二《王骞传》；《建康实录》卷一八；《梁书》卷七《王皇后传》。
④ 《高僧传》卷四《康法朗传》。
⑤ 《高僧传》卷三《释法显传》；又卷五《释道安传》。
⑥ 《高僧传》卷二《鸠摩罗什传》。
⑦ 《续高僧传》卷二三《释静蔼传》；《历代三宝记》卷一一。
⑧ 《隋书》卷三五《经籍志》。
⑨ 《续高僧传》卷一〇《释靖嵩传》；《佛祖统纪》卷五一《历代会要志》。
⑩ 《白居易集》卷六五《策林·议释数》。
⑪ 《资治通鉴》卷一八一，大业八年（612）正月。

众多僧尼来自国家编户，"穷编户以为僧尼"，"妨民稼穑，失国赋算"①。可是，僧尼同样摆脱不了世俗间的财富不均。寺院"寸绢不输官府，斗米不进公仓……家休小大之调，门停强弱之丁……出家无当之僧，犹胜在俗之士"②。然而，寺院财产是分门别类的。《释氏要览》卷中云："总括寺院之资财名为三宝物（佛物、法物、僧物）。"所谓僧物，即名为常住的部分，乃指众僧之舍宇、什物、树木、田园、仆畜、米、麦等而言。阶级社会里的佛教有关三宝财物，实际已是贫富悬殊，富者并非个别人，晋代竺法护在关中，"资财殷富"，一次出赀二十万钱。③ 南朝吴郡西台寺，"多富沙门"，竺法瑶即有数百万钱。④ "长沙寺僧业富，沃铸黄金为龙数千两。"⑤ 出现了"沙门讼田"⑥。襄阳寺"富僧藏镪"⑦。北朝"道人道研为济州沙门统，资产巨富。在郡多有出息，常得郡县为徵"⑧。那就是地方官要为僧官收债。并州有人向寺院借粟六十石。⑨ 僧尼与百姓"争水碾之利"⑩。很显然，包括僧官在内的这批人是寺院中的剥削阶级。

寺院内的僧户有着不同的阶层。在北朝，第一类是僧祇户，"平齐户及诸民有能输谷六十斛入僧曹者"，按佛教内律，"僧祇户不得别属一寺"，其身份颇类似世俗社会从事屯田的屯田民，他们是寺院集体的佃客，但拥有独立的经济。尚书令高肇奏称，都维那们"肆意任情，奏求逼召，至使吁嗟之怨，盈于行路，弃子伤生，自缢溺死"，情况甚为悲惨。第二类是佛图户，"民犯重罪及官奴"为之，"以供诸寺扫洒，岁兼营田输粟"⑪。它是寺户，身份低于平民，属于贱口行列。在南朝的建康寺院，

①　《颜氏家训》卷五《归心》。

②　《徐孝穆集》卷七《谏仁山深法师罢道书》；《广弘明集》卷二四；《全陈文》卷一〇。

③　《高僧传》卷四《竺法乘传》。

④　《宋书》卷七五《王僧达传》。

⑤　《南齐书》卷三八《萧颖胄传》。

⑥　《南史》卷五〇《刘显传》。

⑦　《南史》卷五二《萧伟传》。

⑧　《北齐书》卷四六《苏琼传》。

⑨　《太平广记》卷一三四《竺永通》。

⑩　《广弘明集》卷一〇《叙列王臣滞惑解》。

⑪　《魏书》卷一一四《释老志》；参看张弓《南北朝隋唐寺观户阶层述略》，《中国史研究》1984 年第 2 期。

"道人又有白徒，民则皆有养女，皆不贯人籍，天下户口，几亡大半"①。白徒、养女的身份不同于奴婢，而是一批没有出家的寺院依附人户。除此而外，不论南方、北方，有一批人舍戒入寺，或是为奴，或当雇佣，累年执役，在寺院中挣扎生存。②

总之，南北朝至隋，寺观地主力量已在日趋壮大。他们分别占有不少土地，与皇室和贵族官僚交通，享有不少特权。寺院经营质库，经济上压榨贫民。众多的避役入道者受寺观头领役使宰割。另一方面，由于僧尼合法免役，出家的人多了，势必影响国家财政收入与官府对力役的征发。因此，自十六国以来，历代多次下令淘汰僧尼。③沙门应否礼敬王者也都成了当时的重要议题。④自北朝以至唐五代出现的几次著名毁佛事件，实质是皇权要适当控制僧尼的人数。

奴婢问题在魏晋南北朝时期占有相当重要的地位，奴婢人数比前代增多。西晋末年，恬和援引汉代孔光、曹魏徐干等人的议论，主张王公以下奴婢宜有限数。尚书郎李重反驳说："人之田宅既无定限，则奴婢不宜编制其数。"⑤自三国以至南北朝，屡有大臣谈及耕当问奴，织当问婢，足以说明有不少奴婢被用来从事农业和手工业劳动。

奴婢区分公私，一般说来，十六国与北朝时的奴婢数量比东晋南朝时更多一些。奴婢大多数来源于战俘与罪没，也有不少来自鬻卖、债务、赏赐以及奴婢的自身繁殖，奴婢的法律与社会地位都很低，属于贱口，被视为贱物。可用于买买、赠送或抵押，其生命很少有安全保障。

当然，也存在着另一种情况，在此期间，朝廷不时下令放免奴婢，乃至发奴为兵、免奴为客。北朝后期，还明文规定放免奴婢为部曲、客女。由此可见，奴婢的身份地位也逐渐出现了若干重要的变化。

一个不容忽视的重要现象是，魏晋南北朝时期，国内各民族的迁徙等

① 《南史》卷八〇《郭祖深传》。
② 《高僧传》卷一二《释昙称传》，卷一一《释慧敬传》，卷一〇《释僧惠传》；《佛祖统纪》卷二二《未详承嗣传》。
③ 《高僧传》卷五《竺法朗传》记苻坚沙汰众僧诏，《佛祖统纪》卷三六记东晋隆安二年（398）罢遣僧尼诏。
④ 详情见《弘明集》卷五慧远《沙门不敬王者论》，又卷一二何充《沙门不应尽敬表》。
⑤ 《晋书》卷四六《李重传》。

政治活动比秦汉和隋唐时远为突出。那时，大量边疆诸族人纷纷内徙，入主中原，其中有不少民族分别建立了各自的政权，那些已建立政权的少数族人，其头领们的地位也随之上升，不少成了酋帅，尤其是到了南北朝晚期，不论南朝或北朝，都明显出现了一些酋帅豪强，他们的阶级地位，也因此出现了明显的变化。总的说来，所有内徙诸族人的生活方式，都在发生或缓或快的变化。当然，也有一些内徙的少数族人并未建立政权，由边疆移入中原内地居住，他们的汉化程度原本参差不一，进入内地以后，种种变动不居的情况，使诸少数族人彼此之间以及他们与汉族之间产生了极为错综的关系。进入南北朝后期，只有少量豪帅继续据地称雄，更多的诸族大众已是逐步汉化。鉴于南北各地的具体复杂情况，在此不能对南北朝时期的诸族重大政治活动一一加以细说。一句话，人们的族属划分至隋唐之际，已是难以区分了。

　　另外，魏晋南北朝时期的不少国家，牢牢地控制着一部分群众使其身份世袭、地位低下，士家（兵户）和吏户、杂户等，更是具有代表性。

　　士家即军户，或称营户，北魏末年的城户，亦属此列，其经济、政治地位，都比编户、齐民低，军户子弟世为兵，身亡也要由其子弟代替，从事战争和种田、戍守和各种力役。吏户乃是专为当官的及其官府服役的民户，包括郡县吏、文武吏等，既用以种田，又为官府服多种杂役，所受剥削压迫也是十分严重。例如南朝刘宋时，徐豁为始兴太守，"郡大田武吏年满十六，便课米六十斛，十五以至十六皆课米三十斛，一户内随丁多少，悉皆输米"（《宋书》卷九二徐豁传）。举此一例即可由此概见南朝时吏役之重。这种被称为"吏户"的人直至唐、宋时期仍是存在。但其含义代有不同，此难细说。杂户是包含极为复杂的户种，北魏末年，曾诏令"百杂之户，贷赐民名"。百杂户自是包括了诸种身份极为卑贱的人，百工即是其中之一。《太平御览》内，曾集中列举不少《晋令》，百工和军户等人的衣着服饰，皆有明文严格规定。由此可知，杂户身份比一般编户还要低。

　　总之，魏晋南北朝时期，国内诸民族间甚至胡族彼此之间都是很不平等的。在同一时期的僧、俗两界，彼此间的阶级结构，也是很不一致，各个阶段之间十分纷繁复杂。民族之间和僧俗间的互相斗争同样是错综复杂的。经历了几百年长期反复的斗争后，少数族人和处于低贱的人民，才逐步摆脱身上的枷锁，使其身份地位有所提高。随着斗争的不断向前发展，社会各阶层力量的对比也相应有所消长，社会在相应向前推进，迈入了新的社会发展时代。

试论五胡诸国和北魏前期的文学

　　1947 年，陈寅恪先生曾说，南北朝学术的沟通，"主要是指南学的北传"。他为此分别讲述了经学、佛学和切韵三大类学术的北传，而没有提及魏晋与十六国时事。[①] 1993 年，唐长孺先生发表《论南朝文学的北传》，指出东晋南朝文学沿袭魏晋兴起的新风向，继续发展，讲求对仗、运典和音律的骈文，成为南朝文学的主要形式，并涌现出一批著名文人。十六国及北朝前期，北方由于混乱，文学亦无成就。北魏太和以后，文学的复兴，实质上那是仿效南朝文学的文体文风，北朝末期，南朝文学完全占领了北方的文坛。[②] 他还讨论了隋唐时期的文学发展，此不赘引。就我所知，两位大师对南朝学术北传的论述，可谓发前人所未发。

　　管见所及，中国古代的断代史论著中，吕思勉先生撰《秦汉史》（包括三国部分）和《两晋南北朝史》四大册中讨论文化史的比重相当大，那是由旧中国开明书店出版的。新中国成立后，王仲荦先生所撰《魏晋南北朝史》上、下册，[③] 也有很大篇幅写文化文学史，但两位前辈学者的著作都没有涉及南朝学术的北传，也未提及十六国和北魏前期的文化学术状况。

　　若就专业的文学史著作而言，20 世纪初，刘师培先生撰有《中国中古文学史》，内容仅局限于魏晋南北朝部分，鲁迅先生在 1928 年曾赞誉说，它"对于我们的研究有很大的帮助，能使我们看出这时代的文学确有

---

① 陈寅恪：《魏晋南北朝史讲演录》，黄山出版社 1981 年版，第 331—341 页。
② 唐长孺：《论南朝文学的北传》，《武汉大学学报》1993 年第 6 期。
③ 王仲荦：《魏晋南北朝史》上、下册，上海人民出版社 1979—1980 年版。

点异彩"①。到了 80 年代，胡国瑞先生专撰《魏晋南北朝文学史》，② 初印即超过 20 万册。刘师培先生所写"中古"内容是专指魏晋南北朝时期。另外，我还翻检过其他几部中国古代文学史，都未见有南朝学术北传以及对十六国文学和北魏前期文学有任何论述。

有鉴于上述所列诸情况，两相对比，陈、唐二位先生提到的南学北传，其学术见识实是超越常人。唐先生直接说，十六国和北魏前期的北方文学没有成就，似乎未见他人有此类公开表述。由于唐师论文重点旨在讨论南学的北传，因而对魏晋学术兴起的新风格以及十六国和北魏前期的文学地位忽焉而过。既然近百年来，文史学界对此罕有论述，我尝试着写点魏晋文学兴起新风格的粗浅看法，着重对十六国和北魏前期的北方文学谈点不成熟的意见。由于我对文学的了解很是外行，在此只是从史学角度对其时与之相关的文学略抒管见，所言谬误，敬请方家予以教正。

一

南学北传自是指江南的学术，而文化学术的兴起，是以当地具有相应的经济基础为前提的。自西汉以至魏晋，江南尚处于蛮荒火耕水耨阶段，东汉中期以至魏晋之际，江南始处于逐步开发中；东晋南渡以后，南方的开发加速，北学随之南来，文体也相应处于变动中。南朝人沈约说："自汉至魏，四百余年，辞人才子，文体三变。（司马）相如巧为形似之言，班固长于情理之说，（曹）子建、（王）仲宣以气质为体，并标能擅美，独映当时。降及（晋惠帝）元康，潘（岳）、陆（机）特秀，律异班（固）、贾（谊），体变曹、王。遗风余烈，事极江右（西晋）；有晋中兴，玄风独振，自建武暨乎（晋末）义熙，历载将百，爰逮宋氏，颜（延之）、谢（灵运）腾声，灵运之兴会标举，延年之体裁明密，并方轨前

---

① 刘师培：《中国中古文学史》，舒芜点校，人民文学出版社 1984 年版。我引鲁迅先生语，是转引舒芜所写点校后记中语。校记写于 1959 年 2 月。

② 胡国瑞：《魏晋南北朝文学史》，上海文艺出版社 1980 年版。

秀，垂范后昆。"① 这是非常具体说明汉宋间 600 余年的文体变化。《宋书》卷七三《颜延之传》言："延之与陈郡谢灵运俱以词彩齐名，自潘岳、陆机之后，文士莫及也。江左称颜、谢焉。"

作为观念形态的文史之学，在古代也同样是不能背离以社会为基础前提。东魏文士魏收便曾指出文学的发展脉络，"夫文之为用，其来日久……文质推移，与时俱化……汉之西京，马、扬为首称；东都之下，班、张为雄伯"②。他如此大力称赞两汉的司马迁、扬雄、班固与张衡很值得注意。司马迁、班固是《史记》和《汉书》的作者，都是文史兼长，主要以古体散文撰写名著。当然，二位的作品风格颇有异同。司马迁的散文不拘泥于对偶，文字生动。东汉班固的文体已经渐向对偶，文字古奥。若将二书的同一纪传文字进行对读，已是显然有别。西汉扬雄擅长诗赋，《汉书》本传分为上、下二卷详为记录。东汉张衡所写东、西二京赋与南都赋尤为有名。赋的文采已与西汉有别。刘勰《文心雕龙》第二十九《通变篇》云："序志述时，其揆一也……魏之策制，颇慕汉风，晋之辞章，瞻望魏采。"③ 又在第三十三《声律篇》说，"言语者，文章神明枢机"，表明语言是文章表达成功的关键。在我国，汉赋与唐诗、宋词、元曲并提，各有其时代的艺术特色。何谓赋，班固《两都赋序》云："赋者，古诗之流也。"④ 他在另一处说："不歌而诵谓之赋，登高能赋可以为大夫。"⑤ 刘勰曰："赋自诗出，分岐异派"⑥，所以，诗与赋存在密切联系。《艺文志》且引扬子云（雄）言："诗人之赋丽以创，辞人之赋丽以

---

① 《宋书》卷六七《谢灵运传》史臣曰，中华书局 1974 年版，第 1778 页。《文选》卷五〇沈休文《宋书·谢灵运传论》，上海古籍出版社 1986 年版，第 2218 页。括号中补语为本文作者所加，下同。

② 《魏书》卷八五《文苑传序》，中华书局 1974 年版，第 1869 页。

③ 《文心雕龙》第二十九《通变篇》，赵仲邑译注，桂林漓江出版社 1982 年版，第 265 页。按，《梁书》卷五〇《刘勰传》："勰撰《文心雕龙》五十篇，论古今文体，引而次之……其为文用，四十九篇而已。"中华书局 1973 年版，第 710 页。《南史》卷七二《刘勰传》："既成，未为时流所称。勰欲取定于沈约，无由自达，乃负书候约于车前，状若货鬻者。约取读大重之，谓深得文理，常陈诸几案。"中华书局 1975 年版，第 1782 页。

④ 《文选》卷一《两都赋序》，第 1 页。

⑤ 《汉书》卷三〇《艺文志》，中华书局 1962 年版，第 1755 页。

⑥ 《文心雕龙》第八《诠赋篇》，第 73 页。

淫。"按《史记》卷八四《屈原传》云："屈原既死之后，楚有宋玉、唐勒、景差之徒者，皆为辞而以赋见称。"表明赋与辞颇有异同。《文心雕龙》第九《颂赞篇》云："及迁史、固史书，托赞褒贬，约文以总录，颂体以论辞。"是知《史记》《汉书》以赞文进行褒扬贬抑，以颂作论述使用。《昭明文选》卷四五收汉武帝所作《秋风辞》，陶潜撰《归去来辞》自然都是诗歌。赋是从古代诗歌发展而成。类似散文形式的赋在东汉以后继续有大量写作，南朝昭明太子所编《文选》60 卷，开头 19 卷所收全部是赋，可见其时作者对赋非常重视。

《文心雕龙》第四十五《时序篇》云："自（汉）献帝播迁，文学蓬转，建安之末，区宇方辑……观其时文，雅好慷慨，良由世积乱离，风衰俗怨，并志深而笔长，故梗概而多气也。"曹丕《典论·论文》也说："文以气为主，气之清浊有体，不可力强而致。"[1] 说明社会现实生活对文学家的写作影响相当大，故其所作慷慨激昂，感情高亢愤激。刘勰说："子建（植）思捷而才俊，诗丽而表逸。子桓（丕）虑详而力缓……乐府清越，典论辨要。仲宣（王粲）溢才，捷而能密，文多兼善，辞少瑕累，摘以诗赋，则七子之冠冕乎！"[2] 应当说明，曹子建与兄曹丕是建安文学的大力提倡者，同是其时卓有成就的文学家，但他俩都并不属建安七子行列。曹丕《典论》云："今之文人，鲁国孔融，广陵陈琳，山阳王粲，北海徐干，陈留阮瑀，汝南应场，东平刘桢，斯七子者，于学无所遗，于辞无所假，咸自以骋骐骥于千里，仰齐足而并驰。"[3] 王粲的《登楼赋》记其怀念乡土之情，乃是建安七子中之杰作，刘勰因此赞许王粲为七子之首位。自西汉以至三国，文学以北方为盛。曹魏时，文学冠于吴越，那是很自然的。

就曹植而言，现存《曹植集》中，收赋44 篇，[4] 诗作数量更多。从《晋书》和《魏书》的某些传记中，可以看到南北朝时的一些士大夫乃至宫廷嫔妃，颇有些人能背诵曹植的诗句，说明植的诗作流传相当广泛。赵

---

① 《文选》卷五二《典论·论文》，第 2271 页。
② 《文心雕龙》第四七《才略篇》，第 384 页。
③ 《三国志》卷二一《王粲传》注引《典论》，中华书局 1959 年版，第 602 页。
④ 赵幼文：《曹植集校注》，人民文学出版社 1984 年版。

幼文先生说，曹植所写诗赋，较汉赋简短，"情韵不匮，和诗保持着千丝万缕的联系，自然与汉赋之铺陈堆砌，迥异其趣，而开六朝小赋之先声"①。陈寿品评曹植，"文才富艳，是以自通后叶"②。确是言之中的。《文心雕龙》第十八《论说篇》云："迄至正始，务欲守文，何晏之徒，始盛玄论，于是（老）聃、（庄）周让路，与尼父（孔子）争途矣。"曹魏晚期，文风自此有变，玄学开始大为盛行。

东魏魏收谈到汉末以后的魏晋文风，"曹植信魏世之英，陆机则晋朝之秀"。陆机、陆云兄弟之父祖陆逊、陆抗历任孙吴高官，陆机兄弟又都具有很高的文学才华。《晋书》卷五四陆机兄弟传末，唐太宗亲撰评论云："观夫陆机、陆云，实荆衡之杞梓，挺珪璋于秀实，驰英华于早年，风鉴澄爽，神情俊迈，文藻宏丽，独步当时，言论慷慨，冠乎终古……其词深而雅，其义博而显，故足远超枚、马，高蹑王、刘，百代文宗，一人而已……睹其文章之诫，何知易而行难……卒令覆宗绝祀，良可悲夫！"整篇文字排比对仗，惋惜二位作家误入政治歧途，未能充分发挥其文才。陆机所撰《文赋》是晋人的文论杰作，涉及了赋、诗、碑、诔、铭、箴、颂、论、奏、说诸端。他说："诗缘情而绮靡，赋体物而浏亮……暨音声之迭代，若五色之相宣。"③ 表明他已明确追求文辞繁富，讲究声律，使文过其质，辞藻华美。刘勰一再说："士衡（陆机）才优，而缀辞尤繁。""陆机才欲窥深，辞务学广，故思尤入巧，而不制繁。"④ 在他之前，曹丕《典论·论文》谈创作原则，"奏、议宜雅，书、论宜理，铭、诔尚实，诗、赋欲丽"⑤，似乎尚未对作品如此张扬，但已对诗赋追求华丽。他所作《典论》，行文典朴，明辨简要。《曹植集》所收赋文与表章，某些文字已存在由散体向骈体转化的倾向。严可均所辑《全晋文》的陆机诸文，其作品已有不少骈体，但他写给其弟陆云的数封家书，都依旧是散体。刘勰说

---

① 赵幼文：《曹植集校注》，第 594 页。
② 《三国志》卷一九《陈思王植传》，第 577 页。
③ 《文选》卷一七陆机《文赋》，第 766 页。《晋书》本传不载此赋。李善注引臧荣绪《晋书》曰："机与弟云俱入洛，司徒张华，素重其名，旧相识以文华呈天才绮练，当时独绝新声妙句，系踪张蔡，机妙解情理，心识文体，故作《文赋》。"
④ 分别见《文心雕龙》第三十四《熔裁篇》，第 284 页；又第四十七《才略篇》，第 385 页。
⑤ 《文选》卷五二曹丕《典论·论文》，第 2271 页。

得好，"物沿耳目，而辞令管其枢机"①。就是说，所有作品的构思，均须通过语言以表达。是以语言的运用决定了作品的风格与效果。上列诸例，似乎可以说，魏晋之世，对仗排偶文句已是逐渐增多，而行文整体仍以散体为主。隋朝大臣李谔上疏隋文帝称："魏之三祖，更尚文词，忽君人之大道，好雕虫之小艺。下之从上，有同影响，竞骋文华，遂成风俗。"② 所言颇为贴切真实。

到了晋代，有如刘勰所言："晋世群才，稍入轻绮……采缛于正始，力柔于建安……江左篇制，溺乎玄风……所以景纯仙篇，挺拔而为俊美。宋初文咏，体有因革，老庄告退，而山水方滋，俪采百字之偶，争价一句之奇，情必极貌以写物，辞必穷力而追新，此近世之所竞也。"③ 就是说，晋代诗人，作品已多绮丽，辞藻比以前丰富，气力却比建安时柔弱。东晋时，诗歌玄学风很盛，推崇空谈。文字重雕采，无人与之争雄，由是，郭璞的游仙诗，竟成为当时的杰作。南朝刘宋诗歌沿袭前代风格，但其内容颇有变化，吹捧老庄思想的作品大为衰退，描写山水的诗作大兴，表述方式是骈偶之风大盛，辞必新颖，形成近世的新风格。

刘宋临川王刘义庆撰《世说新语》，分列36门，历叙两汉三国及晋中朝江左事，记录汉晋间不少人物的言行和故事，而以三国及两晋时名士们的事迹居多，大量清谈玄言，如实反映了其时的学风和社会风向，通篇文字不长，诗句很少，诸文仍以散体居主导地位。

到了梁代，昭明太子所编《文选》，上起春秋战国之际，下至当代，共收录130余人作品，区分38类，其选文标准是"略其芜秽，集其精英。""事出于沉思，义归乎翰藻。"所称芜秽和精英，萧统自有其独特看法。通读《文选》，可知他所收作品已是相当重视骈俪的文篇了。李谔上书隋文帝请革文体称："江左齐梁，其弊弥甚，贵贱贤愚，唯务吟咏……竞一韵之奇，争一字之巧，连篇累牍，不出月露之形，积案盈箱，

---

① 《文心雕龙》第二十六《神思篇》，第248页。
② 《隋书》卷六六《李谔传》，中华书局1973年版，第1544页。
③ 《文心雕龙》第六《明诗篇》，第55页。按《世说新语》上卷下注引《璞别传》曰："文藻粲丽，其诗赋诔颂并传于世。"余嘉锡：《世说新语笺疏》，中华书局1983年版，第257页；徐震堮：《世说新语校笺》卷上《文学第四》，中华书局1984年版，第140页。

唯是风云之状，世俗以此相高，朝廷据兹擢士……指儒素为古拙，用词赋为君子。"① 概括相当得体，与上述刘勰之言一致。

需要指出，自两汉以至魏晋，历代社会均存在文学，官府却未为文学设科。直至南朝宋文帝时，始立文学馆，以与儒学、玄学、史学三馆并列。由是文翰之名始出。《宋书》卷五一《鲍照传》称："上（宋文帝）好为文章，自谓物不能及。照悟其旨，为文多鄙言累句，当时咸谓照才尽，实不然也。"值得注意的是刘宋时，东海何长瑜"尝于江陵寄书与宗人何勗，以韵语序义庆州府僚佐云：'陆展染鬓发，欲以媚侧室，青青不解久，星星行复出。'如此者五六句，而轻薄少年遂演而广之，凡厥人士，并为题目，皆加剧言苦句，其文流行。"② 可证明南朝刘宋初年，已有刻意骈俪的作品。为了骈偶，大量采用对句，并竞相评价每一文句之新奇。"齐永明中，文士王融、谢朓、沈约，文章始用四声，以为新变，至是转拘声韵，弥尚丽靡，复逾于往时。"③《南齐书》卷五二《陆厥传》也说："盛为文章，吴兴沈约、陈郡谢朓、琅邪王融，以气类相推毂，汝南周颙善识声韵。约等为文皆用宫商，以平上去入为四声，以此制韵……不可增减，世呼为永明体。"《南史》卷八《梁简文帝纪》云："辞藻艳发，博综群言"，"文伤于轻靡，时号宫体"。王仲荦先生品评为"辞藻更趋华靡，声律更加讲究"了。④ 南齐时，周颙"始著四声切韵行于时"⑤。王斌著《四声论》行于时。"斌博涉经籍，雅有才辩……抚机问难，辞理清举，四座皆属目。"⑥ 沈约撰《四声谱》，"自谓入神之作"⑦。刘师培说："音韵之学不自齐、梁始。封演《闻见记》谓'魏时有李登者，撰《声类》十卷，以五声命字'。⑧《魏书·江式传》亦谓'晋吕静仿吕登之法作《韵

---

① 《隋书》卷六六《李谔传》，第 1544 页。
② 《宋书》卷六七《谢灵运传》，中华书局 1974 年版，第 1775 页，《南史》卷一九，第 540 页。
③ 《梁书》卷四九《庾肩吾传》，第 690 页。《南史》卷四八，第 1195 页。
④ 王仲荦：《魏晋南北朝史》下册，上海人民出版社 1980 年版，第 970 页。
⑤ 《南史》卷三四《周颙传》，中华书局 1975 年版，第 985 页。
⑥ 《南史》卷四八《王斌传》，第 1197 页。
⑦ 《梁书》卷一三《沈约传》，第 243 页。
⑧ 赵贞信：《封氏闻见记校注》卷二《文字》，中华书局 1985 年版，第 6 页。

集》五卷，宫、商、角、徵、羽各为一篇'①。是宫羽之辨，严于魏晋之间，特文拘声韵，始于永明耳。考其原因，盖江左人士，喜言双声，衣冠之族，多解音律。故永明之际，周、沈之伦，文章皆用宫商，又以此秘为古人所未睹也。"②《后汉书》的作者范晔"善为文章，能隶书，晓音律"。他在狱中给甥侄写信云："性别宫商，识清浊，斯自然也。观古今文人，多不全了此处，纵有会此者，不必从根本中来，言之皆有实证，非为空谈。年少中，谢庄最有其分，手笔差异，文不拘韵故也。"③他如此高度推崇的这位谢庄，《文选》卷五七收录庄所撰《宋孝武宣贵妃诔》，文辞极为对仗工整。《南史》卷一一一《殷淑仪传》称："及薨，帝常思见之……谢庄作哀策文奏之，帝卧览读，起坐流涕曰：'不谓当今复有此才。'都下传写，纸墨为之贵。"由此可见，谢庄的文笔很受朝野珍视。《南史》卷三〇《谢庄传》记，宋"王玄谟问庄，何者为双声？何者为叠韵？（庄）答曰：（王）玄护（人名）为双声，碻磝（地名，今山东东阿北）为叠韵，其捷速若此"。可证他对声韵的了解精透深知。谢庄年轻，名声甚至震于华北，很可说明其时文士们对声律的广泛深入研究。

为《三国志》作注的裴松之是与范晔同时期人，他批评西晋令史郭颁所撰《魏晋世语》，"蹇乏全无工商，最为鄙劣，以时有异事，故颇行于世"④。这种博采广览以酌取其要的杂史，体制不经，了无韵律。裴松之仅因为它记有异事，才略予肯定。纵观上述诸纪事，可知南朝的文学乃至史学，也都很注重音律声韵了。

二

关于五胡诸国和北魏前期的文学创作不为学术界同人所注意，自有其深刻的社会原因。《魏书》卷八四《儒林传序》云："自晋永嘉之后，运

---

①　《魏书》卷九一《江式传》，第1963页。吕登作李登，刘师培引作"吕登"，应是笔误。

②　刘师培：《中国中古文学史》，人民文学出版社1984年版，第93页。

③　《宋书》卷六九《范晔传》，第1819、1830页。《南史》卷三三，第848、854页。

④　《三国志》卷四《魏少帝（曹髦）纪》，第133页。按《隋书》卷三三《经籍志》，"《魏晋世语》十卷，晋襄阳令郭颁撰"，中华书局1973年版，第960页。

钟丧乱，宇内分崩，群凶肆祸，生民不见俎豆之容，黔首唯睹戎马之迹，礼乐文章，扫地将尽。"同书卷八五《文苑传序》称："永嘉之后，天下分崩，夷狄交驰，文章殄灭。"《隋书》卷三五《经籍志》云，西晋末年以后，"其中原则具乱积年，文章道尽"。《周书》卷四一《王褒庾信传》末史臣曰："既而中州版荡，戎狄交侵，僭伪相属，士民涂炭，故文章黜焉。"如此众多学人的议论，已充分揭示了永嘉乱后，诸胡汉大众肉搏交争，致使社会残破，完全破坏了包括文学在内的整个文化兴旺的社会基础。

正视社会大变乱给文化带来的毁灭性打击，绝不能将它绝对化为"文章殄灭"或"文章道尽"与"文章黜焉"。《隋书》卷三五《经籍志》云："文者，所以明言也。"凡是人类生活地区，必有其相应之语言乃至文字。南朝人沈约说："歌咏所兴，宜自生民始也。"① 纵使非常落后的少数族人，也会存在着自己的口头文学。前引《周书》卷四一载史臣曰："原夫文章之作，本乎情性，覃思则变化无方，形言则条流遂广。虽诗赋与奏议异轸，铭诔与书论殊途，而撮其指要，举其大抵，莫若以气为主，以文传意。""其潜思于战争之间，挥翰于锋镝之下，亦往往而间出矣。若乃鲁徽、杜广、徐光、尹弼之畴，知名于二赵；宋谚、封奕、朱彤、梁说之属，见重于燕秦。然皆迫于仓卒，牵于战争。竟奏符檄，则粲然可观，体物缘情，则寂寥于世。"可见唐人对文学创作的源泉与特点及其与时代气息密切相关的分析是有道理的。它还按不同时代和地域，列举了较为突出的文学家代表人物。十分遗憾，它所开列的鲁徽、杜广、尹弼乃至宋谚诸人的文学生涯及其业绩，现存史策已找不出他们有任何著作踪影传世。

20 世纪 80 年代，中华书局出版的《文史》第 13 辑和第 14 辑，连续刊登了曹道衡先生所撰的《十六国文学家考略》长文，它是迄今为止我所读到唯一有关十六国文学家的著作。曹先生用功之勤，搜索书面之广，考订之细密，实为当代楷模。他总共考出诸国文学家共 69 位。今按其国别来划分，前赵 2 名，后赵 12 名，前燕 9 名，前秦 15 名，后秦 10 名，后燕 2 名，北燕 1 名，前凉 7 名，后凉 2 名，西凉 2 名，南凉 1 名，北凉 3 名，

---

① 《宋书》卷六七《谢灵运传》史臣曰条，第 1778 页。

成汉 1 名，夏 1 名，另有杜广 1 人，国别难明。在十六国中，南燕和西秦均无一名。按我的浅见，南燕之慕容德、韩绰、韩范、封孚四人似可从宽列入，西秦则确无一人。

由于现存资料之奇缺，曹先生所收众多文学家有些人仅能录其生平仕宦，缺乏任何著述名目，实在是无可奈何之事。因此，本文写作力求增补某些相关的材料以资说明。

其次，曹先生广泛搜集十六国文学家的个人资料。十六国中汉族人所建前凉、西凉、北燕，自然都包括在内。拙文只侧重五胡诸国而不涉及汉人所建前凉、西凉。其缘由我是采纳并尊重陈寅恪先生的意见。陈先生说："秦凉诸州西北一隅之地，其文化上续汉、魏、西晋之学风，下开魏齐、隋唐之制度，承前启后……然后始知北朝文化系统之中，其由江左发展变迁输入者之外，尚别有汉魏、西晋之遗传。""西晋永嘉之乱，中原魏晋以降之文化转移保存于凉州一隅，至北魏取凉州，而河西文化遂输入于北魏。其后，北魏孝文、宣武两代所制定之典章制度，遂深受其影响。"① 我认为陈说可以信从。《资治通鉴》卷一二三，元嘉十六年（439）十二月，"凉州自张氏以来，号为多士……魏之在凉州，皆礼而用之"。胡注云："永嘉之乱，中州之人士避地河西，张氏礼而用之，子孙相承，衣冠不坠，故凉州号为多士。"敦煌人刘昞，"弟子受业者五百余人"，为西凉李暠"儒林祭酒"，撰《凉书》十卷、《敦煌实录》二十卷、《方言》三卷……并行于世。太保崔光奏称："敦煌刘昞，著业凉城，遗文兹在，篇籍之美，颇足可观。"② 这个典型事例，正可证实陈先生的高见。顺便指出，通常所说五胡十六国，其实并不很确切，十六国中之成汉为賨人所建，賨人不属五胡之列。鲜卑人所建西燕，却并没有列入十六国行列。

需要指出，西晋末社会大动乱所建诸族国，那些少数民族的上层统治人物业已不同程度地有了汉化基础。氐族汉化程度最深，前秦的文化成就也就最为突出。鲜卑族人汉化较浅，建国后，汉化大为增进。羌人早在上古殷商时代已登上历史舞台，在汉代又曾经与之长期交争，西晋末正式建

---

① 陈寅恪：《隋唐制度渊源略论稿》，三联书店 1954 年版，第 2、41 页。
② 《魏书》卷五二《刘昞传》，中华书局 1974 年版，第 1160—1161 页。

国以后，该族的汉化进展大有长进。

十六国中最早立国的前赵，是匈奴族人。国主刘氏本是汉代南匈奴后裔。降汉以后，汉化大为增速，刘渊年轻时，喜读汉籍，"尤好《左氏春秋传》《孙吴兵法》。史、汉、诸子，无不综览。尝曰：吾观书传，常鄙随、陆无武，绛、灌无文"①。后嗣刘聪"究通经史，兼综百家之言，孙吴兵法，靡不诵之，工草隶，善属文。著《述怀诗》百余篇，赋颂五十余篇"②。刘曜"读书志于广览，不精思章句，善属文，工草隶"③。他们的作品虽然早已不存于世，虽能写作诗赋颂，文学作品质量可能不会高，但能做出来，已是实在不易。《史通》卷一二《古今正史》记"刘聪时，领左国史公师彧撰《高祖本纪》及功臣传二十人，甚得良史之体……刘曜时，和苞撰《汉赵记》十篇，事止当年，不终曜灭"。回顾两汉时，匈奴和鲜卑都曾先后称雄于华北大地，并曾独自建国，但都没有留下撰史的记录。进入十六国时代，各族国统治者分别撰写国史已成为时尚。当然，撰写史书和文学创作终究有别，在此提及它，实非要将二者混同。关于十六国史学，我已有专文讨论，④ 在此也就不再赘述了。

继前赵立国的后赵，是被称为小胡的羯人石勒所建。石勒本人的汉文化水平很低，却有着相当精辟的政治意识。当他比较稳定了在河北地区的政权统治后，即"立太学，简明经善书吏，署为文学掾，选将佐子弟三百余人教之"。此后未久，"勒增置宣文、宣教、崇儒、崇训十余小学于襄国（今河北邢台市东南）四门，简将佐豪右子弟百余人以教之，且备击柝之卫"⑤。石勒称赵王后，"命记室佐明楷、程机撰《上党国记》，中大夫傅彪等撰《大将军起居注》，参军石泰等撰《大单于志》"。北地人傅畅先为晋官，"没于石勒，勒以为大将军右司马，谙识朝仪，恒居枢密，作《晋诸公叙赞》二十二卷，又为《公卿故事》九卷"。《隋书·经籍志》记

---

① 《晋书》卷一〇一《刘元海载记》，第 2645 页。

② 《晋书》卷一〇二《刘聪载记》，第 2657 页。

③ 《晋书》卷一〇三《刘曜载记》，第 2683 页。

④ 张泽咸：《六朝史学发展与民族史的崛兴》，载《蒙文通先生诞辰 110 周年纪念文集》，线装书局 2005 年版。

⑤ 《晋书》卷一〇四《石勒载记》，第 2720、2729 页。

《晋秘书丞傅畅集》五卷，① 即其人也。

东汉名儒卢植玄孙卢谌，"善著文章，好老庄。石虎以为中书侍郎，国子祭酒、侍中、中书监"。隋唐之际，尚有"晋司空从事中郎《卢谌集》十卷"传世②。

上党人续咸好学，师事杜预，"博览群言，高才善文论"。仕石勒，"著《远游志》《异物志》《汲冢古文释》，皆十卷，行于世"③。

京兆人韦谋"雅好儒学，善著述，于群言秘要之义，无不综览"。他先后出仕前、后赵，"征为廷尉，识者拟之于（定国）、张（释之），前后四登九列，六在尚书，二为侍中……著《伏林》三千余言，遂演为《典林》二十三篇，凡所述作及集记世事数十万言，皆深博有才义"。终因直谏为石闵所杀，其著作未能传世。④

后赵时，佛教已在华北广为传播。著作郎王度疏请断佛，说佛是外国之神，不宜信仰，"今可断赵人悉不听诣寺烧香礼拜，以遵典礼，其百辟卿士下逮众隶，例皆禁之。其有犯者，与淫祀同罪。其赵人为沙门者，还服百姓，朝士多同度所奏"。斥佛之说自是政理文章，并非文学论著，但此疏说理通透，反映其说理深得众心。

综上所述，前、后赵统治者由于其汉化的深浅不同，前赵国主一般可亲自撰写汉文著作，后赵统治者例皆经由其臣僚以汉文处理政事，清楚地显示了二国文化政策的异同。另据《太平御览》引《后赵录》云："张楼为临水（今河北磁县）长，严政酷刑，残忍无惠。人谣之曰：'阳平（地名，今山东馆陶）张楼头如箱，见人切齿剧虎狼。'"同卷又引《赵书》曰："燕人庞世为光禄勋，奏案豪强，苛刻人物，咸惧疾之。及卒，门无吊客。时人为之谣曰：庞家之巷，车马鳞鳞，泥丸之地无吊宾，吊宾不来

---

① 《晋书》卷一〇五《石勒载记》，第2735—2736页，又卷四七《傅玄传附畅传》，第1333页，《隋书》卷三五《经籍志》，第1064页。

② 《晋书》卷四四《卢谌传》，第1259页；《隋书》卷三五《经籍志》，第1064页。

③ 《晋书》卷九一《儒林列传·续咸》，第2355页。

④ 《晋书》卷九一《儒林列传·韦谋》，第2361页，又卷一〇六《石季龙载记》，第2722页，又卷一〇七《石季龙载记》，第2794页。

何所因，由性苛剋寡所亲。"① 民谣内容充分反映了后赵官员的大失民心。

世居东北地区的鲜卑人，汉化程度浅，②《宋书》卷九六《吐谷浑传》记其长兄吐谷浑与弟若洛廆"二部俱牧马"。"浑西附阴山，遭晋乱，遂得上陇，后廆追思浑，作《阿干之歌》，鲜卑人呼兄为'阿干'，廆子孙窃号，以此歌为辇后大曲。"③ 这种以本族语言所作的歌曲，原始而又钟情，实是很宝贵的口头文学作品，可惜失传已久，今人只能约略窥知其梗概了。

曹道衡先生的论文还引用了《晋书·慕容廆载记》所录慕容廆《与陶侃笺》一文，"文辞华美，已带有骈文的气息"④，估计是汉族文人所作。这就说明，汉文学骈体化倾向在相当落后的鲜卑族人中已存在催生的性质。

无独有偶的是居于西南的賨人，善于歌舞。当初汉高祖定三秦，以賨人为前锋，立了大功。为此复賨为七姓。其俗善舞，所创《巴渝舞》，"舞曲有《矛渝本歌曲》《安弩渝本歌曲》《行辞本歌曲》《安台本歌曲》总四篇。其辞既古，莫能晓其句度"。后经魏晋一再加以改订，已失其本族人的原貌。⑤ 实是文学史的重大损失。

西晋大乱，二京和幽、冀陷没后，鲜卑"慕容廆以渤海封奕、平原宋该、安定皇甫岌、兰陵缪恺以文章才俊任居枢要……平原刘缵儒学该通，引为东庠祭酒"⑥，宋该有可能即是上引《周书》所云宋谌，是当时著名文人。封奕其人，《资治通鉴》卷九八，记永和五年（349），五材将军封

①　《晋书》卷九五《佛图澄传》，第 2487 页。《高僧传》卷九《佛图澄传》，中华书局 1990 年版，第 352 页。《广弘明集》卷六《列代王臣滞或解》，上海古籍出版社 1997 年版，第 131 页。

②　《太平御览》卷四六五《人事部·谣》，中华书局影印 1960 年版，第 2140 页。鲜卑是东胡支属，汉初为匈奴冒顿攻破，远徙辽东塞外。东汉和帝时，窦宪击败匈奴后，鲜卑迅速据有匈奴故地，势力增强。汉桓帝时，其酋豪檀石槐据今内蒙古大青山一带，建立单于庭，檀石槐帝国盛极一时，他死后，汗国迅速瓦解。仍以田畜、射猎为生，未见有任何文化建树。参见《后汉书》卷九〇《鲜卑传》，第 2985—2994 页。

③　《宋书》卷九六《鲜卑吐谷浑传》，第 2369—2370 页；《太平御览》卷五七〇《乐部》引《前燕录》，第 2579 页。

④　曹道衡：《十六国文学家考略》，《文史》第 13 辑，中华书局 1982 年版。

⑤　《晋书》卷二二《乐志》，第 693—694 页。

⑥　《晋书》卷一〇八《慕容廆载记》，第 2806 页；《资治通鉴》卷八八建兴元年，第 2797—2798 页。

奕上疏慕容廆，详细分析用兵之道，应当立即利用石虎身死，后赵国内大乱的良好时机，南取蓟城，次指邺都，怀抚遗民，以定大位。这篇大义凛然的奏章，《晋书》竟然失载，自然是更没有付诸实际行动的文字记载了。

其后，慕容廆称燕王，"立东庠于旧宫……觊雅好文籍，勤于讲授，学徒甚盛，至千余人，亲造《太上章》以代《急就》，又著《典诫》十五篇以教胄子"。他"亲临东庠考试学生，其经通秀异者，擢充近侍"①。前燕国王能自创《太上章》和《典诫》，以取代汉人的著作，反映鲜卑慕容氏的汉化进程远比后赵石氏大为超前。他还认定辽东内史宋该推举了坏人为孝廉，实是亏乱正典，决定对举者判处四岁刑，对被举者实施禁锢终身。② 很可以看出兴旺活跃的燕国有着正确的以才用人观念。其后，前燕亡国之君慕容暐时，"政以贿成，官非才举"，他无理拒绝采纳尚书中丞申绍的许多正确建议，遂至迅速亡国。③

历仕前燕政权数代的安定朝那（今宁夏彭阳）人皇甫真随燕军攻拔邺都后，"珍货充溢，真一无所取，惟存恤人物，收图籍而已……不营产业，雅好属文，凡著诗赋四十余篇"④。前秦国主苻坚曾为此深为感叹，秦人皇甫真，竟为燕所用，"鉴机识变"，人才真是难得啊！

在西南地区立国的成汉，也是同样重视人才。李雄在位时，"乃兴学校，置史官，听览之暇，手不释卷"⑤。巴西人龚壮，"研考经典，谭（？覃）思文章……壮每叹中夏多经学，而巴蜀鄙陋，兼遭李氏之难，无复学徒，乃著《迈德论》，文多不载"。仍是这位龚壮，"作诗七篇，托言应璩以讽（李）寿"⑥。可惜，诸诗与颂均早已佚失。

建立前秦的氐族人苻氏主要居住在甘肃南部地区。在先秦时，氐人业已存在于世。汉、魏以来，氐人已大多从事农作，汉化较为突出。西晋大

---

① 《晋书》卷一〇九《慕容廆载记》，第 2826 页。

② 《太平御览》卷六五一《刑法部·禁锢》引《前燕录》，第 2911 页。

③ 《资治通鉴》卷一〇二，太和四年（369），第 3225 页。

④ 《晋书》卷一一一《皇甫真传》，第 2861 页。

⑤ 《晋书》卷一二〇《李雄载记》，第 3040 页。

⑥ 《晋书》卷九四《龚壮传》，第 2442 页。又卷一二一《李寿载记》，第 3046 页。按 "谭思"，文义难解，《太平御览》卷五〇三《逸民部》引王隐《晋书》，"谭思"正作 "覃思"，是，应据以校改，第 2297 页。参见《资治通鉴》卷九六，咸康四年（338）八月条，第 3023—3024 页。

乱时，氐部落小帅苻洪积极参与了政治活动。至苻坚在位时，先后攻灭前燕、前凉，北灭代，基本上统一了北中国。苻坚本人，"博学多才艺，要结英豪，以图纬世之宜……广修学官，召郡国学生通一经以上充之，公卿已下子孙并遣受业，其有学为通儒，才堪干事，清修廉直，孝悌力田者皆旌表之。坚自是每月一临太学，诸生竞劝焉"①。"坚亲临太学，考学生经义，上第擢叙者八十三人。自永嘉之乱，庠序无闻，及（苻）坚之僭，颇留心儒学。王猛整齐风俗，政理称举，学校渐兴。"王猛"拔幽滞，显贤才，外修兵革，内崇儒学"②。《隋书》卷三五《经籍志》记"晋苻坚丞相《王猛集》九卷，录一卷"。今多佚失，《全晋文》卷一五二辑存王猛上书九篇，可资参考。《苻坚载记》记他任命苻融为冀州牧时，"坚祖于霸东，奏乐赋诗"。还有苻坚飨群臣于前殿，"奏乐赋诗"。《太平御览》卷一二二《偏霸部》引崔鸿《前秦录》曰："苻坚雅好文学，英儒毕集。"以此前秦盛世，"典章法物，靡不悉备"。

苻坚季弟融，"聪辩明慧，下笔成章……耳闻则诵，过目不忘，时人拟之王粲。尝著《浮图赋》，壮丽清赡，世咸珍之。未有升高不赋，临丧不诔，朱彤、赵整等推其妙速"。融曾上书，力劝苻坚不能重用鲜卑慕容氏，又曾上书面谏苻坚不应信重佛教徒道安等，皆未被苻坚接受。③

苻坚侄苻朗，"耽玩经籍，手不释卷。每谈虚与玄，不觉日之将夕……著《苻子》数十篇行于世，亦老庄之流也"④。隋、唐《志》记其书均为 30 卷，宋《志》已不见。严可均辑《全晋文》卷一五二从诸类书中辑录八十一事，文字通达，甚有文学价值。

关于赵整，《晋书》卷一一三《苻坚载记》云，苻坚分徙氐户于诸镇，"赵整因侍，援琴而歌曰：'……远徙种人留鲜卑，一旦缓急语阿谁？'"《资治通鉴》卷一〇四太元三年（378）九月，"秦王坚与群臣饮酒……人以极醉为限。秘书郎赵整作《酒德之歌》曰：'地列九泉，天垂

---

① 《晋书》卷一一三《苻坚载记》，第 2888 页。
② 《晋书》卷一一三《苻坚载记》，第 2895、2932 页。
③ 《晋书》卷一一四《苻坚载记》，第 2934—2936 页。徐震堮：《世说新语校笺》卷下《排调》，中华书局 1984 年版，第 438 页。
④ 《晋书》卷一一四《苻坚载记》，第 2936—2937 页。

酒池，杜康妙识，仪狄先知，纣丧殷郊，桀倾夏国，由此言之，前危后则。'坚令整书之以为酒戒"。这两首歌文辞对仗排偶，且有历史掌故，文字表现形式好，歌的内容，也足以发人深省。《高僧传》卷一《赵整传》直书苻坚"宠惑鲜卑，整因歌以谏之"，说得清楚简洁了当。

前引朱彤推荐苻融《浮图赋》，《前秦录》记录苻坚宴群臣于逍遥园，将军讲武，文臣赋诗。有位聪慧善属文的洛阳少年，"因朱彤上《逍遥戏马赋》一篇"。苻坚看后，认为"此文绮藻清丽，（司马）长卿俦也"①。它反映出前秦国主已对诗赋的骈俪化非常欣赏。同时，又可看出，其时民间存在能文善赋的青年，很可以反映文学在混乱时期的人民大众中，仍是根深叶茂。身为著作郎的梁谠，被称为"文史富赡，郁为文宗"。谠与其弟梁熙，"俱以文藻清丽，见重一时"②。那就不足为异了。

苻坚淝水被战败，慕容垂乘机叛秦。苻坚亲笔给垂书信云："朕以不德，忝承灵命，君临万邦，三十年矣。遐方幽裔，莫不来庭，惟东南一隅，敢违王命，朕爰奋六师，恭行天罚，而玄机不吊，王师败绩……方任卿以元相，爵卿以郡侯……何图伯夷忽毁冰操，柳惠倏为淫夫……卿既不容于本朝，匹马而投命，朕则宠卿以将位，礼卿以上宾，任同旧臣，爵齐勋辅，歃血断金，披心相付。谓卿食椹怀音，保之谐老。岂意畜水覆舟，养兽反害，悔之噬脐，将何所及……失笼之鸟，非罗所羁，脱网之鲸，岂罟所制……念卿垂老，老而为贼，生为叛臣，死为逆鬼，中原士女，何痛如之。"③ 苻坚在兵败后的极端恶劣环境下给慕容垂的复信，大量使用排句、运典和骈体，很可反映出北方混乱时期，文学素养好的作者也同样能写出相当出色的骈俪文。再看同书所记慕容垂主动给苻坚所写表章，也是使用了一些排句和运典。由此看来，魏晋文风的新变化并不局限于南朝使用，在汉化较好的华北地区少数族头领和华北汉民中也是大抵使用，这真是不可逆转的时代潮流使然。

---

① 《太平御览》卷五八七《文部·赋》引，第 2645 页。

② 分见《太平御览》卷四九五《人事部》引《前秦录》，第 2265 页；《晋书》卷一一二《苻生载记》，第 2875 页。

③ 《晋书》卷一二三《慕容垂载记》，第 3083—3084 页；《全晋文》卷一五一，第 2333 页，中华书局 1958 年版。

《晋书》卷九六《韦逞母宋氏传》云："家世以儒学称。"宋氏幼年丧母，又无兄弟。其父是"晋家世学《周官》，传业相继，此又周公所制，经纪典诰，百官品物，备于此矣"。他既无男可传，故令女儿学习，勿令绝世。女讽诵不辍，历经丧乱，宋氏子韦逞，仕苻坚为太常。苻坚尝去太学视察，"问博士经典，乃悯礼乐遗阙"。博士卢壶推荐韦逞母，"宋氏世学家女，传其父业，得《周官》音义。今年八十，视听无阙，自非此母无以传授后生。于是就宋氏家立讲堂，置生员百二十人。隔绛纱幔而受业，号宋氏为文宣君，赐侍婢十人。《周官》学复行于世"。她在家设讲堂教授百余人，年老虽无著述传世。就我所知，从战国时始置的"博士"称号，秦、汉以来学府中迭有设置，是为教授官。① 前秦时的文宣君，实为自秦汉以来所仅见的第一位女博士，宜为儒家经学文学的佼佼者。

上述《晋书》同卷，又记苻坚时，"秦州刺史窦滔被徙流沙"，其妻苏氏"善属文"，"织锦为回文旋图诗以赠滔，宛转循环以读之，词甚凄婉。凡八百四十字，文多不录"②。《文选》卷一七江淹《别赋》云："织锦曲兮泣已尽，回文诗兮影独伤。"李善注引《织锦回文诗序》云："窦滔秦州，被徙沙漠，其妻苏氏，秦州临去别苏，誓不更娶。至沙漠，便娶妇。苏氏织锦端中，作此回文诗以赠之。苻国时人也。"③ 此回文诗是地方基层百姓的深情之作。它一直完整保存至隋唐之际，《隋书·经籍志》仍有专条记载。

王子遗所作《拾遗记》颇富文学价值。《晋书》卷九五《王嘉传》记为陇西人，长期隐居，"弟子受业者数百人"。"苻坚屡征不起，公侯已下咸躬往参诣"。嘉屡言未来之事，著《拾遗录》十卷。前九卷记庖羲至东晋时事，末卷"诸名山"，记昆仑、蓬莱、方丈等名山。若就史料价值而言，乃是十无一真。书中录存了多种神话、传闻、谣、谚、诗歌，辞采艳

---

① 汉卫宏撰《汉旧仪》："博士，秦官。博者，通于古今，士者，辩于然否……武帝初，置博士，取学通行修，博学多艺，晓古文《尔雅》，能属文章皆为高第，朝贺位次中郎官史，称先生……其真弟子称门人。"载《汉官六种》（周天游点校本），中华书局1990年版，第89、57、128页。

② 《晋书》卷九六《列女·苏氏传》，第2523页。参逯钦立辑校《先秦汉魏晋南北朝诗》，《晋诗》卷一五苏若兰《璇玑图诗》，中华书局1983年版，第955—964页。

③ 《初学记》卷二七《锦》引"前秦苻坚秦州刺史窦滔妻苏氏织锦回文·七言诗"，计七言十六句，中华书局1962年版，第655—656页。

发，情致缠绵。例如卷五所写《李夫人》，记汉武帝思怀李夫人的许多具体情节。卷八记孙权赵夫人三绝，即"机绝""针绝""丝绝"，"四海皆传其妙"。卷九记石季伦爱婢翔风，善于视别四方之玉，极为受宠，及翔风年过三十，宠衰，怀怨作五言诗，"桂芳徒自蠹，失爱在娥眉，坐于芳时歇，憔悴空自嗤"。如此之类富有文采的志怪小说，实属六朝小说中的精品之作。①

综上所述，前秦时文学之盛，稳居五胡诸国之最。《隋书》卷三二《经籍志》云："中原则战争相寻，干戈是务，文教之盛，苻、姚而已。"说姚秦堪与苻秦相媲美，至少现存的史文颇难证实。

世居今陇西一带的南安赤亭羌人，经历了长期磨炼与奋斗，至姚苌在位时，击败前秦苻登，总结其成功经验，在于"策任群贤"。于是"下书令留台诸镇各置学官，勿有所废，考试优劣，随才擢叙"②。

姚苌长子姚兴镇长安，与其中书舍人梁喜、洗马范勖等讲论经籍，"不以兵难废业，时人咸化之"。可是，"兴好游田，颇损农要。京兆杜挺以仆射齐难无匡辅之益，著《丰草诗》以箴之，冯翊相云作《德猎赋》以讽焉。兴皆览而善之，终弗能改"③。姚兴"谓其黄门侍郎姚文祖曰：卿知宗敞乎？文祖曰：与臣州里，西方之英隽……兴因谓（吕）超曰：宗敞文才何如？可是谁辈？超曰：敞在西土，时论甚美，方敞魏之陈、徐，晋之潘、陆"④。由此看来，后秦统治者对自己部属之才学专长，知之不稔，难以让他们各尽其才。

姚兴当政，大崇佛教，他在逍遥园，"引诸沙门于澄玄堂听鸠摩罗什演说佛经。罗什通辩夏言，寻览旧经，多有乖谬，不与胡本相应。兴与罗什及沙门僧略……等八百余人，更出大品，罗什持胡本，兴执旧经，以相

---

① 《隋书》卷三三《经籍志》，将伪秦姚苌方士王子年撰《拾遗录》两卷，王子年《拾遗记》十卷，列入杂史类，第961页，两唐《志》所记亦同，南宋陈振孙《直斋书录解题》卷一一"《拾遗记》十卷，晋陇西王嘉子年撰，萧绮序录"（上海古籍出版社1987年版，第316页），始将它列入小说家类。以后《宋史·艺文志》亦同。齐治平校注《拾遗记》，题晋王嘉撰，梁萧绮录。中华书局1981年版，为当前《拾遗记》最佳刊本。
② 《晋书》卷一一六《姚苌载记》，第2971页。
③ 《晋书》卷一一七《姚兴载记》，第2975、2983—2985页。
④ 《晋书》卷一一七《姚兴载记》，第2988页。

考校，其新文异旧者皆会于理义……兴既托意于佛道，公卿以下莫不钦附，沙门自远而至者五千余人……州郡化之，事佛者十室而九矣"①。由此看来，晋代羌人与东汉时的羌人不同，写作诗赋与大兴佛教译经事业难以证明其时文学发展进程有多大密切联系。

姚兴长子姚泓，"博学善谈论，尤好诗咏。尚书王尚、黄门郎段章、尚书郎富允文以儒术侍讲，胡义周、夏侯稚以文章游集……泓受经于博士淳于岐，岐病，泓亲诣省疾，拜于床下，自是公侯见师傅皆拜焉"②。说明后秦君臣长期比较重视儒学，国君姚泓且好诗咏，比之姚苌、姚兴时，颇有进步。但其文学业绩实难与前秦相媲美。

十六国时期，河西地区除汉人所建前凉与西凉而外，尚建有后凉、南凉、北凉诸国。

前秦苻坚强盛时，派洛阳氐人吕光领兵远征西域。③ 他迅速攻克龟兹城，大飨将士，赋诗言志。见其宫室壮丽，命参军京兆段业著《龟兹宫赋》以讥之。吕光凯旋，抚宁西域，威恩甚著，乃回军在陇右建立后凉国。三年后，"著作郎段业以（吕）光未能扬清激浊，使贤愚殊贯，作表志诗《九叹》《七讽》十六篇以讽焉。光览而悦之"④。这些诗赋，业已全佚无存，其内涵今不可复知。

其时，鲜卑人秃发乌孤受后凉吕氏任命，自称武威王，徙乐都（青海乐都），以西州德望、中州才人、秦雍世门为其僚佐。嗣后，其弟利鹿孤继立，"建学校，开庠序，选者德硕儒以训胄子"。唐朝人赞许"鹿孤从史暠之言，建学而延胄子，遂能开拓河右，抗衡强国"。不久，其弟傉檀继位，接受宗敞建言，"农战并修，文教兼设"。由是，"承累捷之锐，借二昆之资，摧吕氏算无遗策，取姑臧（今武威市）兵不血刃"⑤。是知南凉立国，不仅拥有一定的武装实力，而且比较重视文教事业，因而在河西

---

① 《晋书》卷一一七《姚兴载记》，第2984—2985页。

② 《晋书》卷一一九《姚泓载记》，第3007页。

③ 吕光领兵远征，兵员有不同记载，《晋书》卷一二二《吕光载记》作"总兵七万，铁骑五千，以讨西域"（第3654页），而《晋书》卷五八《周虓传》作"戎士二十万，旌旗数百里"（第1584页），《晋书》卷一一四《苻坚载记》作"配兵七万，以讨定西域"（第2911页）。

④ 《晋书》卷一二二《吕光载记》，第3055、3059页。

⑤ 《晋书》卷一二六《秃发乌孤载记》，第3142、3146、3149、3158页。

能称雄一时。

《太平御览》卷六〇二《文部》引崔鸿《十六国春秋》曰："南凉秃发傉檀子归，年十三，命为《高昌殿赋》，援笔即成，影不移漏，傉檀览而异之，拟之曹子建。"可以设想，其赋文内容及其表现手法肯定是颇为高明。

段业其人，"博涉史传，有文牍之才"。显然具有一定的文学才能。曾任后凉吕光的建康太守。他不甘雌伏，迅速自称凉州牧、凉王，且任命李暠为敦煌太守，但他拥有的武装力量不强，在诸雄角逐中，被卢水胡沮渠蒙逊诛杀于张掖，蒙逊自称凉王，建国称北凉。

蒙逊博涉群史，颇晓天文。称凉王后，"以敦煌张穆博通经史，才藻清赡，擢拜中书侍郎，委以机密之任"。北凉曾屡次战败东方弱小的西秦。然后，转而向西进军，循海而西，"至盐池（居延泽），祀西王母寺，寺中有《玄石神图》，乃命中书侍郎张穆赋焉，铭之于寺前，遂如金山（阿尔泰山）而归"①。张穆其人实是北凉重要文臣，兼通经史，撰写辞赋，遂被委以机密之任。另一位敦煌人阚骃，"博通经传，聪敏过人……注王朗《易传》，学者借以通经，撰《十三州志》行于世，蒙逊甚重之……给文史三十人，典校经籍，刊定诸子三千余卷"②。他是一位对文学和经史很有贡献的学者，其残佚的辑本《十三州志》至今仍很有价值。另有金城（今兰州市）人宗钦，"少而好学，有儒者之风，博综群言，声著河右，仕沮渠蒙逊……上《东宫侍臣箴》"，利用历史掌故，力图敦劝太子要有所作为。还是这位大臣，"钦在河西，撰《蒙逊记》十卷，无足可称"③。说明东魏史臣对其书的评价不高。

另外，还有立国于现今内蒙、宁夏、陕北一带的夏国，建国首领赫连勃勃是匈奴族人的后裔。他为人极端残暴，曾征发夷夏十万人，强制修筑统万城。宫殿修成后，"刻石都南，颂其功德"，总共一千五六百字。说是"伟哉皇室，盛矣厥章，义高灵台，美隆未央……永世垂范，亿载弥光"。

---

① 《晋书》卷一二九《沮渠蒙逊载记》，第 3189、3195、3197 页。
② 《魏书》卷五二《阚骃传》，第 1159 页。按，《十三州志》完成于北凉，后散佚，清人张澍有辑本，见《丛书集成》本。
③ 《魏书》卷五二《宗钦传》，第 1154、1157 页。

它由秘书监胡义周所撰。《周书》卷四一记史臣曰:"胡义周之颂国都,足称宏丽。"① 可证其文确是写得典雅而又富有文采。

综上所述,自西晋永嘉大乱以迄北魏灭亡北凉的一百三四十年间,华北大地,频繁干戈云扰,岁无宁日,在极为不安定的岁月里,人们赖以生存的机缘尚无保障,文学创作的源泉是生活,处于极端恶劣环境下的人们,实是乏力从事独创别有生气与活力的文学作品,是以较长期限内,文学作品数量不一定少,却是极少传世名作,诚有如唐人史评所说是"寂寥于世"。

还应该指出,文学作为反映社会生活的观念形态,它自然与社会生活一样,存在着众多不同的表现方式。六朝时期分居各地的五胡诸族,由于各自所处的社会发展阶段不同,文化的表现也不会互相一致。游牧民的口头文学,质量并不一定低,与其生活相适应的高亢粗野精神,在作品中自是难以避免。那些早已习于农作、汉化水准较高的,如氐人,他们创作的文学水准自是技高一筹。前秦时出现的织锦诗与《拾遗记》之类,是与当时社会生活颇相适应的作品。在复杂的社会环境中,同时存在有石勒式的粗俗,他居然能对儒生谈史,提出了极为精辟的高见。其他如刘聪的《述怀诗》及其赋颂,苻融的《浮图赋》,吕光在龟兹盛会上的"赋诗言志",后秦亡国之君姚泓"尤好诗赋",前燕慕容僳"造《太上章》以代《急就》",慕容儁"著述四十余篇",这批以牧为生的慕容鲜卑进入中原内地后,加速务农,文化观念也相应大为改观。《晋书》卷一二三《慕容垂载记》所记淝水战败后,慕容垂与苻坚的交往信件,双方都使用了排句与韵语,骈文气息已是相当浓厚,反映出在胡人汉化已深的社会背景下,魏晋南朝所发展起来的文学新气息也同样在北方初展端倪。唐人针对汉末大乱后的社会状况给人们思想意识所带来的巨大变化,作出评论说:"中州版荡,戎狄交侵……其能潜思于战争之间,挥翰于锋镝之下,亦有时而间出

---

① 《晋书》卷一三〇《赫连勃勃载记》,第3210—3213页。《周书》卷四一史臣曰条,第743页。此铭的作者有异说。《魏书》卷五二《胡方回传》云:"安定临泾人,父义周,姚泓黄门侍郎。方回,赫连屈丐中书,辞彩可观。为屈丐《统万城铭》《蛇祠碑文》,颇行于世,世祖破赫连昌,方回入国,雅有才尚焉,为镇修表,有所称庆……既知方回,赐中书博士。"第1149页。《北史》卷三四,记事同《魏书》。

矣……然皆迫于仓卒，牵于战阵，章奏符檄，则粲然可观，体物缘情，则寂寥于世。非其才有优劣，时运然也。"① 五胡诸国的散文写作与诗赋辞颂诸多方面，也是有着若干并不脱俗的篇章，真实反映了诸国文学的现实性。惜因战乱而多湮灭，这是时代的不幸，也是人类精神文明的重大损失。长期以来，五胡诸国文学未能为文史学界所器重，有以夫！

三

继五胡诸国之后，在华北大地称雄的是拓跋魏。自道武帝复国以至孝文帝初的百余年间，北魏在文化文学方面，也没有多少值得称道的建树，因此长期以来的文学史著作，对它也很不看重。

鲜卑拓跋部在西晋末年中原大乱后，在晋北建立了小小的代国，旋被前秦攻灭，苻坚指令代王，"入太学，习礼"②，并分散其部落。其后，苻秦在淝水战败，北方再次迅速陷入大分裂局面。鲜卑拓跋珪乘机在塞北复国，结交后燕慕容垂，剪灭前秦在代国旧地所树立的刘库仁与刘卫辰二股势力，进而战败大漠南北的高车与柔然，征服了塞北诸族，实力大增。随后，着手进攻赫连夏和北燕，最终消灭北凉，完成统一华北的大业。定都平城（今山西大同），并借故诛杀了社会声望颇大的崔浩。同年，派遣大军南下攻宋，兵临长江，震惊江南，大有横扫南北的气势。

经历一次又一次的激烈战争，大批民众惨遭残杀，北魏政府按往例强制各地战败的人民进行迁徙，致使大批徙民流离失所，生计且无着落，何暇从事文学创作。北魏文明太后主政时，大臣高允奏称："自永嘉以来，旧章殄灭。乡闾芜没雅颂之声，京邑杜绝释奠之礼。道业陵夷，百五十载。"③ 东魏史臣魏收说："有魏始基代朔，廓平南夏，辟壤经世，咸以威武为业，文教之事，所未遑也。"④ 他又说："永嘉之后，天下分崩，夷狄交驰，文章殄灭。昭成、太祖之世，南收燕、赵，网罗俊义，逮高祖驭

① 《北史》卷八三《文苑传序》，第 2778 页。
② 《晋书》卷一一三《苻坚载记》，第 2899 页。
③ 《魏书》卷四八《高允传》，第 1077—1078 页。
④ 《魏书》卷七下《高祖纪》史臣曰，第 187 页。

天，锐情文学，盖以颉颃汉彻，掩踔曹丕，气韵高艳，才藻独构，衣冠仰止，咸慕新风。"[①] 他非常突出对比北魏初年和孝文帝时文学事业的巨大差异，高度赞许孝文帝时的文学业绩，足以与汉武帝和魏文帝时相抗衡，还大力赞扬了孝文帝时的新文风。《隋书》卷三二《经籍志》称："后魏始都燕代，南略中原，粗收经史，未能全具。孝文徙都洛邑，借书于齐，秘府之中，稍以充实。"此乃从另一角度说明北魏初以至孝文帝迁洛时，北魏国内文史书册从无至有的进展历程，由此也可说明，永嘉乱后，五胡诸国以至北魏前期的华北地区的文学事业是处于荒废颓败之中。

另一方面，我们要看到文学颓废局面，在北魏复国后是处于缓慢变化之中的。鉴于永嘉乱后，"礼乐文章，扫地而尽"。道武帝复国后，建都盛乐（今内蒙古和林格尔），"便以经术为先，立太学，置五经博士，生员千有余人。天兴二年（399）春，增国子太学生员至三千……为国之道，文武兼用……意在兹乎?"[②] 道武帝问博士李先，"天下何书最善？可以益人神智？先对曰：唯有经书……太祖于是颁制天下，经籍稍集"[③]。《儒林传》称："太宗（明元帝）世，改国子为中书学……显祖（献文帝）天安初（466），诏立乡学……太和中，改中书学为国子学……及迁都洛邑，诏立国子太学、四门小学……于是斯文郁然，比隆周、汉。"这段话大致讲明了北魏儒学在前期的发展历程。

《周书》卷四一《王褒庾信传》末，史臣评曰："洎乎有魏，定鼎沙朔，南包河淮，西吞关陇，当时之士，有许谦、崔宏、崔浩、高允、高闾、游雅等，先后之间，声实俱茂，词义典正，有永嘉之遗烈焉。"这是对北魏前朝文学发展代表人物的良好素描，还可说明其时文学发展的大致轮廓。

代人许谦，太武帝时，"与张衮等参赞初基"。后燕慕容宝入侵，谦受命写信向后秦将领扬佛嵩求救，言辞恳切，遂与佛嵩结盟而取胜。信与盟

---

　　① 《魏书》卷八五《文苑传序》，第 1869 页。
　　② 《魏书》卷八四《儒林传序》，第 1841 页。
　　③ 《魏书》卷二三《李先传》，第 789 页；《资治通鉴》卷一一一隆安三年（399），拓跋珪"命郡县大索书籍，悉送平城"（第 3488 页）。按，398 年 7 月，魏始迁都平城。

文都很简短，文字已运用排句，读来很感人。①

上谷沮阳人张衮"纯厚笃实，好学，有文才"。"常参大谋，决策帷幄，礼遇优厚。"他身患重病，仍给明元帝写信，纵谈国事。文字巧妙，运用排句，表露内心真情，言辞相当感人。②

清河人崔玄伯，"少有俊才，号曰冀州神童"。战事方酣，仍是励志笃学，"与张衮对总机要，草创制度"。与大臣们共议国名时，他力排众议，主张称大魏，深得太祖重视和采纳。他任吏部尚书，"命有司制官爵，撰朝仪，协音乐，定律令，申科禁"，都由他总而裁决，确定"以为永式"③。

崔玄伯长子浩，《魏书》卷三五本传云："博览经史，无不关综。""朝廷礼仪，优文策诏，军国书记，尽关于浩。""长为杂说，不长属文，性好老庄之学。"后因参与修国史事而被诛。《全后魏文》卷二二收崔浩撰《注易叙》《食经叙》《论诸葛武侯》等文，皆录自《魏书》本传。写作题材广泛，文辞平易朴实，长于说理，文采不强。

渤海人高允，"性好文学……博通经史、天文、术数，尤好《春秋》《公羊》"。居家教授，从他受业者千余人。"允曾作《塞上翁诗》，有混欣戚遗得丧之致。"他请求崇建学校，以厉风俗。撰《代都赋》，"因以规讽"。著《名字论》以释名字贵贱之惑。著《告老诗》，作《征士颂》，上《北伐颂》，"自高宗迄于显祖，军国书檄，多允文也"。作《酒训篇》力主节酒。他所制诗赋诔颂箴论表赞，左氏、公羊释等凡百余篇。④《全后魏文》卷二八收录他的现存文字 13 篇。诸文有散体，也有排句。逯钦立所辑的《北魏诗》卷一从《魏书·宗钦传》收录高允答宗钦诗十三章，皆为四言。另从《乐府诗集》录其诗二首，⑤《罗敷行》为五言诗，《王子乔诗》为长短句。其诗作古拙，韵味不强。这位在朝廷长期任高官、享年 98 岁的高龄老人，虽有《高允集》21 卷传世，但自隋代以后，已是全佚，

---

① 《魏书》卷二四《许谦传》，第 610—611 页。
② 《魏书》卷二四《张衮传》，第 612—614 页。
③ 《魏书》卷二四《崔玄伯传》，第 620—621 页。
④ 《魏书》卷四八《高允传》，第 1067、1076、1078、1086、1089—1090 页。
⑤ 《先秦汉魏晋南北朝诗》，《北魏诗》卷一，中华书局 1983 年版，第 2201—2203 页。

大浪淘沙，盖其作品质量其次使然也。

广平人游雅，少好学，奉诏作《太华殿赋》，未能传世，推知其水平不高。"高允重（游）雅文学，而雅轻薄允才。"[1]朝廷委以国史之任，"竟无所成"。是个"不勤著述"之人，名实不符。

渔阳人高闾，"少好学，博综经史，文才俊伟，下笔成章……显祖传位……谨上《至德颂》一篇……高允以闾文章富逸，举以自代，参论政治。命造《鹿苑颂》、《北伐碑》，显祖善之……文明太后甚重闾，诏令书檄碑铭赞颂皆其文也"[2]。所撰诸作品，文字质朴，殊乏文采，颇具有转型期文学的特色。

孝文帝正式执政后，太和十四年（490）秋，闾上表称："奉癸未诏书，以春夏少雨……令各上书，极陈损益。深恩被于苍生，厚惠流于后土……虑狱讼之未息，定刑书以理之；惧蒸民之奸宄，置邻党以穆之，究庶官之勤剧，班俸禄以优之，知劳逸之难均，分民土以齐之……虽王畿（平城）之内，颇为少雨，关外诸方，禾稼仍茂……一岁不收，未为大损……窃以北镇新徙，家业未就，思亲恋本，人有愁心，一朝有事，难以御敌。可宽其往来，颇使欣慰……可以免度凶年，不为患苦。"史臣对此表文的评价是："高闾发言有章句，下笔富文彩，亦一代之伟人。"[3]这篇政治性实用文，使用了不少有意思的排句，增加了文采，比之魏初以来诸人的作品，具有了不少新气息。史称"高祖初，（游）明根与高闾以儒老学业，特被礼遇"[4]。将高闾此表与北魏初期的许谦、张衮等人的作品相对比，不难看到，文采是有了明显较大的改进。

彭城人刘芳，16岁沦为平齐民。处身窘穷，仍笃志坟典，著《穷通论》以自慰。"芳才思深敏，特精经义，博闻强记，兼览《苍》《雅》，尤长音训，辨析无疑"，是一位当时华北地区罕有擅长音训的文士。王肃自南朝奔北，备受孝文帝的器重。在一次例行宴会上，王肃畅谈丧礼，谓男人不应有笄。刘芳立即举证反驳，除丧礼外，力主男亦有笄。宴会散后，

---

① 《魏书》卷五四《游雅传》，第1195—1196页。
② 《魏书》卷五四《高闾传》，第1196—1198页。
③ 同上书，第1205—1206、1211页。
④ 《魏书》卷五五《游明根传》，第1215页。

"肃执芳手曰：'吾少来留意《三礼》，在南诸儒，亟共讨论，皆谓此义如吾向言，今闻往释，顿袪平生之惑'"①。它表明在魏孝文帝开放和改革政策的感召下，文人的思考不再遭受禁锢，它对北南双方的文化交流和北方文风的变革，起了重大的推动作用。

范阳人祖莹年八岁，"能诵《诗》、《书》，十二，为中书学生。好学耽书，以昼继夜……尤好属文，中书监高允每叹曰：此子才器，非诸生所及，终当远至……莹与陈郡袁翻齐名秀出，时人为之语曰：'京师楚楚，袁与祖；洛中翩翩，祖与袁"。"尚书令王肃曾于省中咏《悲平城诗》云：'悲平城，驱马入云中，阴山常晦雪，荒松无罢风。'"彭城王（元）勰大为赞赏，请王肃更为《悲彭城诗》。王肃戏语云：《悲平城》怎么能是《悲彭城》呢？莹时在座，应声说，确是有《悲彭城》，但为王公所未见罢了。肃令莹诵读。"莹应声云：'悲彭城，楚歌四面起，尸积石梁亭，血流睢水里。'"② 如此活泼的诗风乃是北魏前期所缺乏而未能有的。我们注意到《魏书》卷八五《文苑传》没有收录一位北魏前期的文学家，所收袁跃以至温子昇九位文学家传记，都是北魏中后期的作者。由此亦可反证，北魏前期的文学确是不够活跃，写作表述也是相当呆板的。

《隋书》卷七六《文学传序》云："自汉、魏以来，迄乎晋、宋，其体屡变……暨永明、天监之际，太和、天保之间，洛阳、江左，文雅尤甚。于时作者，济阳江淹、吴郡沈约、乐安任昉、济阴温子昇、河间邢子才、钜鹿魏伯起等，并学穷书圃……英华秀发，波澜浩荡，笔有余力，词无竭源，方诸张、蔡、曹、王，亦各一时之选也。"这一概括是符合南北朝文学发展的总趋势。

众所周知，文学的内涵相当丰富。文字、乐舞等也应包括在内。《魏书》卷一〇九《乐志》云："凡乐者乐其所自生，礼不忘其本，掖庭中歌《真人代歌》，上叙祖宗开基所由，下及君臣废兴之迹，凡一百五十章，昏晨歌之，时与丝竹合奏。郊庙宴飨亦用之。"③ 将祖宗开国及君臣废兴之事

---

① 《魏书》卷五五《刘芳传》，第1219—1220页。按《苍》《雅》是指《三苍》《尔雅》，是有关文字训诂之书。

② 《魏书》卷八二《祖莹传》，第1799页。《北史》卷四七，第1734—1735页。

③ 《魏书》卷一〇九《乐志》，第2828页。

悉数入歌，自是国家的重要文学篇章。《隋书》称："后魏初定中原，军容号令皆以夷语。后染华俗，多不能通。故录其本言，相传教习，谓之'国语'。"同卷记《国语》二部，分别为十卷和十五卷。《鲜卑语》二种，分别是五卷和十卷。又记"魏氏迁洛，未达华语，孝文帝命侯伏侯可悉陵，以夷语译《孝经》之旨，教于国人，谓之《国语孝经》"，仅有一卷。这位侯伏侯可悉陵还分别撰有《国语物名》四卷和《国语杂物名》三卷。同卷还记有《国语真歌》十卷、《国语御歌》十一卷。[①] 所称国语应即鲜卑语，未知何以有此区分。从上述记事观之，也许用汉文所记鲜卑语乃是国语，从《孝经》夷译以及该译者对诸物的夷音撰著，很可显示孝文帝进行改革时对华夷语译的高度重视。

拓跋鲜卑作为少数族人，当他们从边陲进入了中原内地后，无形中陷入了众多汉人包围的汪洋大海之中，自觉不自觉渐渐沾染汉人的语言和习俗。最初，官府是力图挽回颓势，大力推行国语（鲜卑语）教育，但成效不大。《南齐书》记："佛狸（即魏太武帝）已来，稍僭华典，胡风国俗，杂相揉乱。"而北魏"诸曹府有仓库，悉置比官，皆使通虏汉语，以为传译"[②]，有了虏语的译传，便于双方的文化交流，前述魏孝文帝时的众多举措便是良好事例。

唐人杜佑说："后魏乐府始有北歌，即《魏真人歌》是也。代都时，命掖庭宫女晨夕歌之。……按今大角，即后魏代《簸罗回》是也。其曲亦多可汗之词……吐谷浑又慕容别种。如（知？）此歌是燕、魏之际鲜卑歌，其词虏音，不可晓。"[③] 魏孝文帝亲自执政后，大力推行改革，"诏不得以北俗之语言于朝廷，若有违者，免所居官"。他果敢地以政令强行推广使用汉语。他居帝位 29 年，33 岁亡故。史称其人"史传百家，无不该涉，善谈庄老，尤精释义。才藻富赡，好为文章，诗赋铭颂，任兴而作……自太和十四年（490）以后诏册，皆帝之文也"[④]。可证他对汉语、汉文的推广乃是竭尽毕生精力。他"锐情文学"，自是如实的写照。北魏前后期汉

---

① 《隋书》卷三二《经籍志》，第 947、945、935 页。
② 《南齐书》卷五七《魏虏传》，第 990、985 页。
③ 《通典》卷一四六《乐典》，中华书局校点本 1988 年版，第 3725 页。
④ 《魏书》卷七下《高祖纪》，第 177、187 页。

文学的创作与分野，是以孝文帝时期为界标，可谓洞若观火了。

北魏自道武帝复国后，据《魏书·官氏志》所载，它先后自创了众多的官制与律令制度，大有别于汉、魏以来的传统官制。拙撰《律令与晋令》一文，曾揭示孝文帝以来，北魏政府已是较多采用和推行了晋朝律令，① 从而使南北朝的律令已是日趋一致，使南北政令的壁垒处于日趋淡漠和消失之中。

如果我们将视野再向前移，当年北魏太武帝亲率大军南下攻打刘宋，兵锋直逼长江北岸。其时正是南朝宋文帝当政的元嘉盛世，当双方大军戒备森严时刻，太武帝竟意外地派尚书李孝伯为使，"访问（谢）庄及王微"②，这两位都不是南方军政界人物，只是善属文。特别是谢庄，前已介绍，他擅长排偶与韵律，曾撰文四百余首。长期疾患在身，拙于行政。王微也是"素无宦情"。两人都精于音韵诗赋。当南北大军遥相对峙的严峻时刻，军情紧急。魏太武帝所派使臣却是"访问"南朝文学的领军人物，实是十分蹊跷之举。我们深知，太武帝是孝文帝之前很注意推行汉化的一位皇帝。他活了 45 岁，是北魏 14 位帝皇中寿命最长的人。他和孝文帝均在帝位 29 年，所不同的是他长期亲政。居然派使奇异地"访问"南朝著名文士，我认为这种奇特相会，实可视为南学北传的嚆矢。

前引《隋书·文学传》具体列举了南北朝六位著名文学家，恰好是南、北朝各有三名。③ 很有意思的是北朝中的两位竟然都是公开抄袭南朝中另两位的文风。请看《北齐书》和《北史》二书的《魏收传》的相同记载。④

始（魏）收比温子昇、邢邵稍为后进，邵既被疏出，子昇以罪幽

① 《律令与晋令》，《中华文史论丛》2008 年第 1 期。
② 《宋书》卷八五《谢庄传》，第 2167 页；《南史》卷二〇，第 553 页。参见严可均辑《全宋文》卷三四至三六收谢庄撰赋二篇，诏敕三篇，章表策文等十六篇，中华书局 1958 年版，第 2625 页。又参见逯钦立辑《宋诗》卷六，收谢庄诗十六首，中华书局 1983 年版，第 1250—1256 页。《宋书》卷六二《王微传》，第 1664 页。《南史》卷二一，第 578 页。参见严辑《全宋文》卷一九收王微书信四篇、赞四篇，第 2538—2539 页。又参见逯钦立辑《宋诗》卷四收王微诗五首，第 1199—1200 页。
③ 南朝三位，江淹、沈约、任昉；北朝三位，温子昇、邢子才、魏伯起（收）。
④ 《北齐书》卷三七《魏收传》，第 491—492 页；《北史》卷五六，第 2034 页。

死，收遂大被任用……收每议陋邢邵文。邵又云：江南任昉，文体本疏，魏收非直模拟，亦大偷窃。收闻乃曰：伊常于《沈约集》中作贼，何意道我偷任昉。任、沈俱有重名，邢、魏各有所好。武平中（570—576），黄门侍郎颜之推以二公意问仆射祖珽，珽答曰：见邢、魏之臧否，即是任、沈之优劣。

这个发生在北朝后期的故事，时间上是晚了些，却是非常透彻地说明了北方著名文士仍在努力学习模仿南方的文学。旨哉：南学北传之实也。

综上所述，五胡诸国和北魏前期（以迁都洛阳为界标）的文学是长期处于发展的低谷期。这是客观存在的现实。因而长期没有受到文史学家们的注意。然而，不能否认，在为期近 200 年的长时期内，文学自是客观的存在，特别是前秦和北魏孝文帝时，众多文学作品中，有不少是使用排句、典故、韵律等骈文化倾向的，与魏晋南朝文学的发展趋势与导向是颇为一致的。这是客观现实的存在，是不能漠视的。

短暂统一了华北的苻坚，过高估算了自己的军政实力，低估了国内存在诸多严重社会矛盾，不听良言，独断独行，对国内的文教事业也缺乏长远的良好对策。随着政治统治的隳坏，文学的正常发展自然不再有可能。其他诸胡族所建列国的文学，比之苻秦，自是等而下之，但也存在有不可忽视的某些文学亮点。淝水战后复国的拓跋魏，在日趋拓广的统治区域内，较为长期地保持了社会的相对安定，并执行比较开明的统治政策。魏太武帝和魏孝文帝在任期间所推行的政治策略和文化政策，尤具鲜明特色。比较安定的社会环境为文学的创新提供了良好的便利条件，出现了若干文士注意吸收南方文学之所长，同时还保存北方文士豪放爽朗的原有风格和气概，为隋、唐统一后的文学发展提供了良好前提。

基于上述理由，我们对五胡诸国及北魏前期的文学家及其作品，切忌视而不见，予以抹杀。须知伴随汉末黄巾起义军失败后所掀起的军阀大混战，全国迅速处于大分裂状态。自此直到隋朝统一南北，前后长达 400 年。在此期间，北方五胡诸国和北魏前期将近 200 年（304—493），写魏晋南北朝 400 年文学史，竟然缺漏，如此长久地忽略而过，情理上也说不通。在此近 200 年间，文学并没有绝灭，既有人进行呆板式的古拙写作，

又存在口头文学的传播与改写，还有些文士通过自身刻苦努力，写作了富
有特色的小说，有人认真学习南方文学的绮丽特性进行写作。因此，这一
时期的北方文学呈现出作品的多样性，其艳丽、对仗、用典等方面确是稍
为逊色，但其表现已有很大改观。因此，坦率承认北方文学的真实存在及
其在文学发展长河中所具有的恰当地位，乃是不可或缺的。我们应该将这
一混乱长时期中的若干文学亮点和它所蓄积的底蕴充分发挥整理出来，以
与魏晋南朝和北朝后期的文化相比观，才能完整地体现出这 400 年间文学
发展的独特性和完整性。

（原载《中国史研究》2009 年第 4 期）

米田贤次郎：从应劭"火耕水耨"注所见后汉江淮的水稻耕作技术

两汉特别是东汉时，江淮之间是汉帝国的新开垦地。在这里，出现了新的大土地所有者。宇都宫清吉以南阳的豪族为例，生动地描绘了当时边区的开发状况。[①] 从而弄明白了当地主要农作物水稻的栽培技术，便成为理解当时社会与经济问题的重要课题。然而，直接说明这一问题的史料极少，只在《史记》、《汉书》和《盐铁论》中有着火耕而水耨之句，并在注释中提供了若干线索罢了。在所列诸家注释中，以应劭所言最为有名。今从其注释所言，进而索讨当时江淮的稻作技术状况。

一

元鼎二年（公元前 115），江南水灾，武帝为赈救灾民。"九月诏曰：仁不异远，义不辞难。今京师虽未为丰年，山林池泽之饶，与民共之。今水潦移于江南，迫隆冬至，朕惧其饥寒不活。江南之地，火耕水耨，方下巴蜀之粟，致之江陵，遣博士中等分循行，谕告所抵，无令重困，吏民有振救饥民免其厄者，具举以闻。"[②] 汉人应劭就火耕水耨作注说：

> 烧草下水种稻，草与稻并生，高七八寸，因悉芟去，复下水灌之，草死，稻独长，所谓火耕水耨。

---

① 宇都宫清吉：《刘秀与南阳》《僮约研究》，均收入《汉代经济史研究》。
② 《汉书》卷 6《武帝纪》。

　　这便是我要提出论证的应劭注，《史记·平准书》裴骃《集解》"江南火耕水耨"的一节以及《汉书》注中，都引用了应劭的这一注解。

　　火耕水耨的意义很难理解，在应劭之后，张守节、沈钦韩、中井积德、泷川龟太郎等人均加注释。[①]近来，西嶋定生、天野元之助又对应劭、张守节的注释开展了很有意义的讨论。

　　西嶋氏的论文以陂的扩延为媒介，谈到了汉至南北朝江南的稻作技术（其中包括江淮），还谈到了当时农村的社会问题，为研究这一时期农业的困难问题引起了人们广泛的关注。他解释应劭注说：

　　（1）烧草莱播种灌溉者，一年休闲。

　　（2）播种后，稻与草俱生，高达七八寸时，刈去杂草，再灌溉之，这是腐烂杂草使稻生长的办法。

　　（3）直播，移植农法，不能实行。

　　西嶋氏说明他重视应劭注的理由：（1）劭为汉末人，与其时代最近。（2）应劭以后三百年，贾思勰撰《齐民要术》，谈到"岁易为良"，明确表示休闲农法与上举二点一致，不休闲一年，草不会涨至要烧那样的程度。不过，我对原注的解释，颇有些疑义。

　　首先，稻生长至七八寸时，"复下水灌之"一句与"烧草下水种熘"相比较，说明灌入足够的水量，使禾本植物成长过程中不断进行同化作用与呼吸作用。叶不能接触空气，呼吸便困难，杂草枯死时，稻也会枯死，很难说，"草死，稻独长"，即使稻之成长有可能，也将无法分出蘖，何况稗子与稻同为禾本科植物，生产力很强，成长期很早，那是很难枯死的。如果是草、稻"悉芟去"，那只能有损于稻的成长。因此，西山氏断言，"应劭的草与苗悉刈去者，正将如训诂家之空言"，难以凭信。

二

　　如果前述解释只是训诂家之空言，那么，读应劭注时，必须舍去这种

---

　　①　此等注，见《和田博士还历记》刊《东洋史论丛》，西嶋定生《关于火耕水耨》以及天野元之助《火耕水耨之辨——中国古代江南水稻作技术》，刊《史学杂志》61卷4号。

念法。西嶋氏把"因悉芟去"之"悉"，读为稻草都被芟去，我认为该注第二句有"草与稻并生"，草乃主语，第六句"草死"，第四句的"悉"，就应该只指草而已。如此句读，使文章的意义明白，在技术上说得通顺。由是，我的读法是：

烧草下水种稻。草与稻并生，高七八寸，遂悉芟去草，又下水灌溉之，这样，草即死，独稻长，这就是所谓火耕水耨。

下面，我将对此作些技术性的解说。

首先，烧掉去年长的草，然后下水种稻，烧草具有两大作用：（1）草灰被用作肥料。（2）因为烧土，除了田中杂草（特别是脱粒的稗）的种子与害虫，发挥了除草与除害虫的功效。"下水"的水量比较不易明白，但与第五句"下水灌之"对比，可知下水的量不能超过稻的发芽所必要的程度。残存之杂草虽不禁与稻成长，长至七八寸时就要除草，注入充分的水量使被除之草不能进行呼吸作用而死去，只有稻能生育顺调，在空中发叶，草死，稻便独长了，这就是火耕水耨的方法。如此解释应劭注在技术上说得通，注意又很周到。"高七八寸"是指特定灌水的时期，对"烧草下水"而"下水灌之"使相差别，表示水量甚为合理。据《齐民要术》，火耕在二三月，水耨大体是五六月，一年休闲，就没有必要性。

由此说明，除北土高原而外，东汉种植水稻，要清除杂草，巧妙地多次灌水，不使土壤休闲，乃是非常明白的事实。

三

本节拟将《周礼·稻人》条与《齐民要术》所记水稻的技术作一比较，进一步检查上述说法是否妥当。

稻人掌稼下地，以潴畜水，以防止水，以沟荡水，以遂均水，以列舍水。以浍写水，以涉扬其芟，作田。凡稼泽，夏以水殄草而芟夷之。

"以涉扬其芟作田"和"夏以水殄草而芟夷之"二句与应劭注有直接

关系。郑玄注释"以涉扬其芟作田"句云："因涉之扬，去前年所芟之草，而治田种稻"，清楚表明乃是一年休闲的。所谓"前年所芟之草"与后一句"芟夷之草"乃是同一的。郑玄注释云："玄谓将以泽地为稼者，必于夏六月之时，大雨时行，以水病绝草之后生者，至秋水涸芟之。明年乃稼。"这就是说，"想要以泽地种稻之人，夏六月时以水绝草（相当应劭说的'复下水灌之'）之后生长者，至秋季落水之后而刈除之"。此意味着不必要一年的休闲。假如治田种稻时，介在前述绝草之时与正月之间，那就意味着与去年是连作的。

以《周礼》与应劭《注》作比较，火耕并不多见，《礼记·月令》："（季夏之月）大雨时行，烧薙行水，利以杀草，如以热汤。"郑玄注云："薙，谓迫地芟草也，此谓欲稼莱地，先薙其草，草干烧之，至此月大雨，流水潦，畜于其中，则草死不复生，而地美可稼也。"将二者合并考察，汉儒认为先秦时有火耕，不刈草，这点是不同的。

其次，与《齐民要术》所说作一比较。

"稻无所缘，唯岁易为良。选地欲近上流（注云：地无良薄，水清则稻美也）。三月种者为上时；四月上旬为中时，中旬唯下时。先放水，十日后，曳辘轴十遍（注：遍数唯多为良）。地既熟，净淘种子（注：浮者不去，秋则生稗），渍经三（五）宿，漉出，内草篅中裛之，复经三宿，芽生，长二分，一亩三升，掷。三日之中，令人驱鸟。稻苗长七八寸，陈草复起，以镰侵水芟之，草悉脓死，稻苗渐长，复须薅之（注：拔草曰薅）。薅讫，决去水，曝根令坚，量时水旱而溉之，将熟，又去水。霜降穫之（注：早刈，米青而不坚；晚刈，零落而损收）。北土高原，本无陂泽，随逐隈曲而田者，二月，冰解地干，烧而耕之，仍即下水，十日，块既散液，持木斫平之。纳种如前法。既生七八寸，拔而栽之（注：既非岁易，草。稗俱生，芟亦不死。故须栽而薅之）。溉溉，收刈，一如前法。"①

这是谈江淮以及北土高原的稻作，除北土高原的稻作外，以之与应劭注相关考察。江淮种稻，火耕没有相应的记述，水薅部分，有"稻苗长七

---

① 《齐民要术》卷二《水稻》。

八寸"以下六句，其意义是"稻长至七八寸时，陈草又生出来了，以镰侵水而芟除其草，这样，草便会完全被胀死，稻因而成长，又必须去薅"。稻的播种，《要术》在三月中，它所记江淮水稻栽培，因其农具之发达，乃是很进步的管理方法。将应劭注所言与之相比，两者显著地存在着粗密的差异。

种稻为什么要特别重视除草呢？草主要是指稗子。上引《齐民要术》文，记叙了播种前的除稗方法，清楚地表达了稗子的害处。它还引用了《淮南子》云："篱，先稻熟，而农夫薅之者，不以小利害大穫。"注引"高诱曰：篱，水稗草。"小利指稗之利。大穫是指水稻收成。《淮南子》所说，在水田中稗先于稻谷成熟，农夫为了稻谷而除稗，否则，必将有害于稻谷收成。《淮南子》所述，正是谈论江淮地域的农作。

汉代，既已有了如此高度的耕作技术，便不需要在栽培稻谷过程中进行休闲。《齐民要术》所说："稻无所缘，惟岁易为良"，应作如何理解呢？西山氏把火耕水耨及淮域的稻作技术视为一年休闲的重要证据，我们有必要对此作些分析。

先从"稻无所缘"开始。《要术》叙事，一般是对各个作物。夹注则说明在各地栽培之品种及其珍贵者，还记栽了播种时对土地的选定方法。包括选用哪一种作物的底土为好，土地的良薄，使用高田还是下田为好等等，并谈到了种子的使用量，播种时期以及耕作顺序等，"稻无所缘"正是为了解释使用"怎样的土地良好"的问题，所以便有"选土地欲近上流"之句。由此可见，此句的意义是："稻子用怎样的底地为好呢？是以岁易为良"。至于"岁易"的含义，《要术》中，水稻而外，还有谷（粟）、麻二种。

《齐民要术》《种谷第三》："谷田必须岁易。"

《齐民要术》《种麻第八》："麻田欲岁易。"

今以"谷田"为例，考察"岁易"是怎么回事。汉代以粟为主食，这是西嶋氏名著《碾硙之彼方》以来的定说。我们不能想象，当时会选择须要一年休闲、土地利用程度很低的谷物来作为主要食料。汉代，农家一般有地百亩，亩收三四石，计收三四百石，从李悝、晁错、仲长统诸人之说看来是不要休闲的。天野博士也主张粟在汉代已不休闲，[①] 这是很正确的。

如何解释"岁易"呢？我认为这是"变更年年种植的场所"，换言之，即不连作。假定有 A、B 二田，今年在 A 田种稻，B 田种麦，明年则稻麦同时岁易。A、B 二田是一年一收之田而不是休闲田，岁易是以作物为主体，是土地利用休闲的用语。

稻作用地，盖无所缘。《要术》并不强烈要求耕地岁易。它不讲究以何种作物的底地来生长，而只是要求不重茬，防止连作就行。稻田选地最好选定上流的土地，水清则稻谷美好，这是水稻栽培的土地选定法。水田农法的岁易，使自体能除草，"岁易为良"意味着其时生产技术水平较低。

四

本节拟就稻作的技术发展，联系其时社会经济背景，从农作与水陂的关系作些讨论。西山、西嶋二位先生早已指出，那时种稻常筑水陂以用之。今将东汉时江淮地区筑陂营水稻事例列表 1 如下。

表1　　　　　　　东汉江淮地区筑陂营水稻事例

姓名	身份	地理位置	时期	出处	附注
樊重	庄园主	河南南阳	光武帝时	《后汉书》卷六二	
张禹	下邳相	江苏邳县	元和五年	《后汉书》卷七四	熟田
鲍昱	汝南太守	河南汝南	永平五—十七年	《后汉书》卷五九	溉田
张堪	渔阳太守	北京市顺义		《后汉书》卷六一	
秦彭	山阳太守	山东金乡	建初元年	《后汉书》卷一○六	
崔瑗	汲令	河南汲县		《后汉书》卷八二	

从事水田农作，完成水利网是开发新田的先决条件，因此，对水田的投资比开发陆田要多。大地主不假借官权力往往并不容易，这就是水田开发的特殊性。其次，江淮地带，《晋志》记杜预所言，已是麦作陆田区，

---

① ［日］天野元之助：《评中国古代史家诸说》，《历史学研究》第 180 期。

在此地区开始种稻，是比陆田能得到更多的利益，也表明稻田的开展是地方官的善政。其时，江淮之间是汉代新垦发区，它吸收大批北来流民，在大土地所有者（豪族）控制下进行开垦，陆田得到水利化，极大提高了生产。那时候，豪族的大土地经营为了确保得到各种生活物质，在栽培技术上，在高度利用土地方面，都带来了巨大的进步。我认定后汉时江淮众多大土地所有者已有较高的农业技术，表明应劭型和《要术》型技术是广泛存在的，豪族们在空间上扩大其所有地，耕作技术仍是原始的一年休闲农法，为了开发水田，欢迎拥有高度农耕技术的北人南下帮助改进农作，今汇总前述论点罗列如下：

（1）应劭注悉除去之"悉"，仅指除草。

（2）东汉种植水稻并非和《齐民要术》时期同样高度的一年休闲，它不是原始农法。

（3）每年变更的播种土地，并不意味着土地的休闲。

（4）这种技术以豪族的大土地所有者为背景，在江淮地方已是普遍化了。

五

从火耕水耨及其注出发，本节想谈谈在其前后时代的水稻耕作问题。

《史记》卷三十《平准书》："是时山东被河菑，及岁不登数年，人或相食，方一二千里，天子怜之，诏曰：江南火耕水耨，今饥民得流就食江淮间，欲留之处，遣使冠盖上属于道，护之，下巴蜀粟以振之。"

《史记》卷一二九《货殖列传》："吴越之地，地广人稀，饭稻羹鱼，或火耕而水耨，果隋蠃蛤，不待贾而足，地势饶食，无饥馑之患，以故呰窳偷生，无积聚而多贫，是故江淮以南，无冻饿之人，亦无千金之家。"

西嶋氏认为这是阶级没有分化前的原始技术。天野博士据张守节的说法，认为是不知道不（用农具）除草的水稻栽培，[①]应劭注是指较低的农

---

① 天野氏：《火耕水耨之辨》。

法。《史记》所记火耕水耨是原始阶段的解释颇为适当。司马迁与应劭相距 200 年，在这期间，江淮一带因北人南下显著的开发进步了，因而稻作技术有差距，决不是可笑的。

应劭以后汉的稻作注解《史记》，在江南，从古代起推行除草的应劭外，还有别人。《周礼·考工记》称："粤之无镈也，非无镈也，夫人而能为镈也。"郑玄注曰："言其丈夫人，人皆能作是器，不须国工，粤地涂泥，多草秽，而山出金锡，铸治之业，田器尤多。"

这是暗示在江南涂泥多草秽，各个人要作田器。间接表明，除草是农业的大事。前述《淮南子》记除稗是叙述汉初江淮的农业状况。《汉书》卷二九《沟洫志》："武帝引汾河之水，开汾阴蒲坂之地五千顷，得稻田二百万石。数年之后，河道移徙，耕者不足以偿种。不久，渠田荒废，选越人耕作其地，要少府渐次收取其租。"特意选取越人，如颜师古所注，不外是他们对水田耕作有实际经验罢了。①

由此可见，当时的稻作有两种技术（古旧技术与新的技术）并存，地方特色甚强。这两种农业技术，一是江淮的，② 另一是江南的，江淮的技术最足以代表汉代的稻作技术。汉代的江南还没有真正走上历史的舞台。

其次，考察晋代杜预上奏所谈的情况。

《晋书》卷二六《食货志》云："预又言，诸欲修水田者，皆以火耕水耨为便，非不尔也。然此事施于新田草莱，与百姓居相绝离者耳。往者东南草创人稀。故得火田之利，自顷户口日增，而陂堨岁决，良田变生蒲草，人民沮泽之际，水陆失宜，放牧绝种，树木立枯，皆陂之害也。陂多则土薄，水浅潦不下润，故每有水雨，辄复横流，延及陆田，言者不思其故，因云此土不可陆种。"

冈崎博士据此断定"火耕水耨，已成为过去之农法了"③。拙意火耕

---

① 译者按：此引《汉志》并非全文，颜注原文是："越人习于水田，又新至未有业，故与之也。稍，渐也，其入未多，故谓之稍也。"

② 李文信：《古代的铁农具》，《文物参考资料》1954 年第 9 期。他把战国至汉的铁工具 46 件分类，除草之铁钽 5 件，收割铁镰 5 件。说铁农具分布，南起长沙、北至渔阳，没有明言这些农具在江淮水稻作的出土地带。

③ 冈崎：《支那古代的稻米稻作考》，《南北朝社会经济制度》。

水耨在晋代江淮间，在新田草莱之地仍是适用的。这种人烟稀少时的农法适用于旷废地多的晋代。东晋时，《晋书》卷二六《食货志》载应詹在东晋元帝时上奏说：

> 间者流人奔东吴，东吴今俭，皆已还返江西，良田旷废未久，火耕水耨，为巧差易，宜简流人，兴复农官，功劳报赏，皆如魏氏故事。

他所说与杜预上奏相同。东晋初，江南三吴地带火耕水耨是在普遍的土地上施用的农业，因之我认为冈崎博士的见解不充分，但仍不失为他的卓见。①

如何对待水害，在那时是很现实的问题，《晋书·食货志》称："预又言"，在此之前已记有他的上疏。《杜预传》说："咸宁四年（278 年）秋，大霖雨，蝗虫起，预上疏，多陈农要，事在《食货志》。"他主张决坏兖、豫诸陂，而残存陆田，其言曰："臣辄思维，今者水灾，东南特剧，非但五稼不收，居业并损……今者宜大坏兖豫州东界诸陂，随其所归，而宜导之。……"针对这一问题，反对派认为江南地不可能陆种，仍应修水陂。水害以后的旷废，宜用火耕水耨法开拓。杜预在另一次疏中指出，"言者不思其故，因云此土不可陆种"。他对此予以反驳说：

> 许多主张修水田之人都说以火耕水耨为便利，这不是不对的。但此法仅仅对于新田之草和百姓之家距离甚远的耕地才用之。以前在东南开始拓殖的土地（下田为耕地，高地为住家）得到了火田之利，但近来此地区户口日增，而陂塘每年有块坏，良田转为蒲苇之地，人们密集于沮泽之旁，这种情况，再不宜转为火耕水耨了。地势高下，仍不失其本来之态，放牧的牛、马消失了，树木被暴晒枯槁了，这都是陂之为害。如果陂多了，取去表土，则耕地之表土稍薄，积水难以漫入地下，如果

---

① 杨联陞解释火耕水耨为原始农法，又是处女地的开垦法。吉田光郎说，"火耕水耨，比较说，仅是古时代的农法，适用于开垦土地的农法，不一定有时代的区别"，可见冈崎之说，不是十分确切。

遇雨，水便恣意横流，延害于陆田，那些水田论者，不发掘这些深层次原因，只空说不应该陆种。

总之，西晋时的江淮一带是把火耕水耨视为开垦农法的另一种稻作技术。江南之地（三吴、江西），晋南渡后，也采用这种开垦地的特殊农法——火耕水耨。前述汉代的江淮农法也可从旁证实了成为《要术》型，因而有必要再检讨汉至南北朝水稻种植火耕水耨的技术内容，[①] 它的意义，西山氏认为必须把火耕水耨与淮域农法之间划一界限，我认为这是正确的。

六

本文以应劭注说明东汉江淮的稻作技术为核心，并对西汉和西晋的稻作也有所涉及，所用史料除了《齐民要术》，主要是有关火耕水耨文字及其解释，但要了解火耕水耨的技术内容，判断谁的注释正确并不是很容易的。要注意下列两个理由：

一、火耕水耨在满足两个条件后，可以和相当差的技术条件共存，因而不必拘泥谁的注释是正确的见解。

二、历史记载火耕而水耨，训诂学者认为是水稻栽培的技术。他们的注释集中于水耨的问题。火耕仅仅理解为烧土。其实，烧土不一定是原始农法，因而，仅以水耨作为原始型的理由是不对的。火耕而水耨有"而"字，应将二者划开。说火耕水耨即水田农法的前提，很有再检讨的必要。

---

① 《隋书·食货志》"晋自中原丧乱，元帝寓居江左……而江南之俗，火耕水耨，土地卑湿，无有蓄积之资"，联系杜预、应詹之上奏，这是把江南农法估价很低，但这是指的南渡之际的江南状态，而非通指整个南朝时期，因而与晋南渡后江南火耕水耨已成为过去之说是并不矛盾的。《水经注》卷三六云："九真太守任延始教耕犁……知耕以来六百余年，火耨耕耘，法与华同，名白田种百谷，七月火作，十月登熟，名赤田种赤谷，十二月作，四月登熟，所谓两熟之稻也"。有人主张这是说明南北朝时代江南普遍进行火耨之证据，但这里火耨耕耘与水耨火耕不同，它没有水耨，种白谷是火作，而不是水，又云耕耘，都说明与烧水燎耕耨不同，而且，火耨耕耘是在600年前九真太守任延使教耕犁，知道耕种作为前提的。可见火耕水耨的技术内容是有差别的，这种技术，是在600年前，由东汉的九真太守任延所教。此例可以知道后汉水稻耕作技术的一个线索。

《盐铁论》卷 1 《通有篇》说：

> 荆阳（扬？）南有桂林之饶，内有江湖之利，左陵阳之金，右蜀汉之材，伐木而树谷，燔莱而播粟，火耕而水耨，地广而饶财。

可见，火耕水耨乃是高田的开拓农法，认为仅仅是水田农法，不是更加困难了吗？

（原载日本《史林》38 卷 5 号　1955 年 9 月，

译于 1973 年 8 月）

天野元之助：魏晋南北朝农业生产力的发展

一

东汉时，北方塞外民族向中国内地迁徙。魏晋南北朝时期的民族大移徙，引致了汉族民众的大批南下。那时候，经历了长年战乱，杀人、劫掠、焚烧，出现了广泛性的饥馑和恶疾等，招来了华北人口的大量锐减，田土荒废，农业生产为此显著减退。官府虽通过屯田、课田、均田和庄园制，力求恢复和发展生产。鉴于当时农业劳动力的缺乏，只在军官、贵族、豪族们所控扼的大土地经营内部出现了农业生产力的创新发展，农具制造的发达，牛耕普遍使用，农业技术有进步，这些都是我密切注意的。

二

地犁在很大程度上，是决定农业生产进步的重要耕具，曹魏时的镵①，装置了犁耳（鐴——拨土板），成为耕犁②。

耙平土坏所用的耙和耢都是畜力用农具，也随之应时产生。秋耕欲深，春夏耕浅。春耕后立即耙耢，开始树立起与近代华北旱地相适应的整

---

① 前代的镵，郭璞《尔雅注》《释乐》第七，大磬谓之馨，"馨形似犁辖"。地下出土之汉犁实证其样为三角形。三国时，据《应仓学斋丛书》乙类第二集《金泥石屑》卷上第五、六页，可看到出现了有形的镵。

② 魏张揖《埤苍》："鐴，大犁耳也。"《齐民要术》（532—549 年撰）《耕田》第一，有辽东"耕犁"，它与耧犁（无床，作条播犁）有区别的耕犁（有床，反转为耕犁），它装在上述盾形的镵之上。

地方法——平畦栽培法①。

播种时，常使用耧犁。②

通过耢、挞，以穄土镇压，利用畜力进行耕作的一贯作业于是正式成立了。这种耕作方式标志着近代华北旱地农法的古典耕作方式正式完成。

与此同时，收获后的加工调制，利用水力的碓、辗、磨（砲）盛行起来，谷粟加工精细成为可能。③

这种新式大农具开始被利用经营起来。

我认为三国时的屯田、晋代占田制下之农业经营和北朝豪族们的大土地经营，都是使用大农具。劳动者，三国时是田客、田兵。西晋占田法时是佃客。北魏均田制下，奴婢给田，他成为主要劳动力。《魏书》中，经常出现奴婢、童仆、隶户，而几乎没有"（佃）客"、"部曲"之名。李亚农说："佃客的制度，本来肇始于北方之曹魏，在晋室东渡之后，佃客这一名词跟着南迁，在北方则为隶户所代替。""部曲，在北魏同样地为营户所代替"（《周族的氏族制与拓跋族的前封建制》，1954 年版，第 113—114 页），其言当否暂且不说。《魏书》卷三四《王洛儿传》赐童隶五十户，卷三七《司马楚之传》赐隶户一百，卷三〇《王建传》建有童隶五千户，卷二一上《咸阳王僖传》："奴婢数千，田业盐铁，遍于远近，臣

---

① 耙耢初见于《齐民要术》，它用以搞碎耕犁反转之土坂，均平土地，使便于播种，且由其翻动地表之转土层，通过毛细管防止土壤水分蒸发，现代汉语称"保墒"，即是称扬其效果。《齐民要术》《耕田第二第一》说："再劳，地熟，旱亦保泽也。"关于秋耕（冬耕），据山东省农业科学研究所在济南附近的调查，冬耕地的土壤含水量是 11.6%，春耕地则为 9.04%，其结果，冬耕地粮产一般比春耕地增加 3%—5%，见《人民日报》1955 年 11 月 4 日。

② 耧犁，即种时机。东汉崔寔称之为"三犁"，曹魏嘉平中，敦煌太守皇甫隆教民作耧犁。《齐民要术》《耕田》第一记北魏时，已分化为一脚耧，二脚耧，三脚耧，在播种时使用。还有记载，修造播种沟，使用耕犁，对"瓠种"（点葫芦）容纳种子的条播法，即用耕犁条播，摘下犁耳，换以狭的镵。

③ 水碓制于东汉，见桓谭《新论》，服虔《通俗文》，孔融《肉刑论》。《后汉书》卷一一七《西羌传》，从东汉至三国，在华北、西北扩展，见《魏志》一五《张既传》、《御览》卷七六二《器物部》七引鱼豢《魏略》。西晋石崇有水碓三十余区（《晋书》卷三三《石苞传》），王戎水碓周遍天下（《晋书》卷四三《王戎传》）。相传杜预曾制作连机碓（《御览》卷七六二引傅畅《晋诸公赞》）。应该指出，当时安装的水碓，为权门势家所独占，妨碍灌溉。晋初，禁止在洛阳百余里内造水碓（《御览》表七六二王浑表），关于水碾磨，北魏时，崔亮在洛阳张方桥东，堰谷水造水碾磨数十区，"其利十倍，国用便之"，使食用谷粟加工精白（《魏书》卷六六崔亮传），《北齐书》卷一八《高隆之传》记凿渠引漳水，选冶碾砲。我们知道，碾砲至唐代仍很盛行。

吏童隶，相继经营。"卷六八，记甄琛"躬亲农圃"。卷六一，记毕元宾"善持家业，尤能督课田产，大致储积"。自己关心经营，又使用"典师""家丞""总统群隶"。可见贵族夸张式的巨大经营（卷一一三《官氏志》）。谚言："耕则问田奴，绢则问织婢"（卷六五《邢峦传》），指明了当时大土地经营的情况。那时荒废田增多，劳动力不足，由前代劳动集约式的耕种，转为发展以增大劳动生产力的经营方法。

三

关于役畜的使用，魏晋以来比以往有更新的发展。

魏晋屯田，利用官牛、私牛（《晋书》卷四七《傅玄传》）；又卷一〇九《慕容皝》载记：魏末给公卿以下租牛客户；晋书卷九三《王恂传》记，卫觊监卖食盐于关中，得金买牛，给予归来之农民；《魏志》卷二一本传云：北魏（439）曾对畿内民，实行"使无牛家以人牛力相贸，垦殖锄耨，其有牛家与无牛家一人，种田二十二亩，偿以耘锄功七亩"（《魏书》卷四下《恭宗纪》，"私"字从《册府元龟》卷四九五改"耘"）。对于无牛者，课之以垦耕。高祖又下令（473），"牧守令长，勤率百姓，无令失时，同部之内，贫富相通。家有兼牛，通借无者，若不从诏，一门之内终身不仕，守宰不督察，免所居官"（《魏书》卷七上《高祖纪》），由此可推测，当时北方农业利用畜力很盛行。

此外，西晋泰始四年（268），傅玄上奏云："魏初课田，不务多其顷亩，但务修其功力……自顷以来，日增田亩之课，而田兵益甚，功不能修理"（《晋书》卷四七），此可视为军屯的特殊事例，表明田兵一人的耕田负担量是增大的。

魏晋南北朝时期，对休闲地的农耕形式也有所改变。

这种休闲法，从后魏均田制可以看到"倍田""三易之田"以供耕休（《通典》卷一《田制》），从《齐民要术》又可看到休耕田对绿肥作物的栽培。

农业技术之进步，可以列举绿肥作物之栽培为例。《齐民要术·耕田节一》："凡美田之法，绿豆为上，小豆、胡麻次之，悉皆五六月穬种，七月八月犁掩杀之，为春谷田，则亩收十石，其美与蚕矢、熟类粪同。"同书《种葵》第十七、《种瓜》第十四可以看到作为绿肥、绿豆之播种，其外，还记有"谷田为绿豆、小豆底为上"（《种谷》第三），"黍穄田，又豆底为田"（《黍穄》第四），更有甚者，"秋耕掩青者为上"（《耕田第一》），这实际就是今天西北地区实行的掩埋青草的"压青法"，即由豆科植物根瘤菌之共生，为土壤增加绿肥养分。此外，增大了腐殖土成为植物的营养成分，还改善了土壤的物理性质，提高了土壤含水力保墒，对北方耕地的改良，有着很大意义。

对前代的生产模式，此时发生了如此重大的变化，因此，作为社会经济构造的变革必须进行新的探讨。

四

魏晋南北朝时，华北的粮食作物以粟为主。《齐民要术》卷一、二，详细叙述了谷（稷粟 86 种）、黍（12 种）、穄（6 种）、粱（4 种）、秫（6 种）、大小麦（8 种）、水稻（粳 25 种、糯 11 种）旱稻等，卷首之《杂说》还谈到了荞麦。丁颖说："……甜荞……在南北朝以前已开始栽培，至唐宋而中州之培栽极盛，及于南方。"（《农声》116，1928 年，孙醒东《中国食用作物》上册，1941 年版，第 383 页所引）或者这是从《杂税》录找起源，但《杂说》（1144 字）不是贾思勰撰，乃后人所添加，但唐初孙思邈的《千金方》中已记有荞麦。白居易诗说："独出门前望野田，月明荞麦花如雪"，温庭筠诗云："日暮鸟飞散，满山荞麦花"，可见，至少在唐代荞麦已经栽培很多了。

孙宪《北梦琐言》卷十六说：五代"梁祖亲征郓州……为朱瑄军所迫……前有沟坑……忽见沟内蜀黍杆积以为道……遂腾跃而过"。可知五代后梁时，山东郓州已栽培蜀黍。近年来从洛阳汉墓出土之"粱米"乃是仓中的原物高粱。1956 年 8 月 9 日，翦伯赞来信说："出土的粱米是已经腐化了的残壳，无肯定的答案。"从去年辽阳三道沟的西汉村落遗址中，又发现了高粱。根据报告，这里发见的高粱，与现在我国东北栽培中之高粱，没有任何区别。本来，蜀黍应以蜀地为最早栽培。传来华北已相当古，只是由于不好吃，栽培一直没有扩大，其栽培法在农书中，初见于元代农司所撰《农桑辑要》卷二《蜀黍》，它从《务本新书》（作者及年代不详）中引用，大概至元代作为"济世之一谷"而被奖励。王祯《农书》《百谷谱》蜀黍条称，"按蜀黍一名高粱"，这是关于高粱的最早说明。

《齐民要术》说：谷物是避免连作的。"谷田，必须岁易。"（《种谷第三》）

豆类与黍穄介居其间（《种谷》第三，《黍穄》第四），在谷之后耕种小麦、蔓菁是有选择的。这说明了耕种的顺序。

万国鼎和石声汉说，这个正表明了轮作法（《论齐民要术》，《历史研究》1956 年第 1 期，89 页；《从齐民要术看中国古代的农业科学知识》，1957 年版，第 40—41 页）。但研究《齐民要术》有素的熊代英雄教授说，"底为良"。仅有前后关系，而不是轮作周期（《农业经营多角化与部门间的结合关系》，载宇都宫大学农经教室研究室资料 17 号，1954 年版，第 8 页）。我认为中国的古农书里，并不明确轮作周期。

可是，现在遇到了二年三作型的农业发展问题。后汉郑司农（郑众，明帝时，河南开封人）注《周礼·地官稻人》说："今时谓禾下麦为黄下麦，言芟刈其禾，于下种麦也。"又注《周礼·秋官司薙氏》说："薙氏，郑司农云：掌杀草，故《春秋传》曰：'如农夫之务去草'，今俗间谓麦下为夷下，言芟夷其麦，以其下种禾、豆也。"可见，一世纪后期，在部分地方（河南），已有二年三作型农业原型的存在。准此，则其耕作顺序为禾→麦，与麦→禾又豆，但尚难确定其连续性之原因，故称之为"原型"。

《齐民要术》卷二《大豆》第六说："种荏者用麦底，一亩用子三升。先漫散讫，犁细浅唯而劳之。若泽多者，先深耕讫，遂垡掷豆，然后劳之。九月中，候近地叶有黄落者速刈之。"同书卷首《杂说》："其所粪种黍地，亦刈黍了，即耕两遍，熟盖，下穬（穬）麦。至春，锄三遍止。"刈黍后，立刻整地（耕盖）而种穬麦，可以想见，在《杂说》的著作年代，已有黍—穬麦—荏组合的二年三作型的农业经营出现了。

《齐民要术》之《种谷》第三说："按今世粟名，多以人姓字为目，亦有观形立名，亦有会义为称，聊复载之耳。"其中列举"早熟"耐旱性的粟 14 种（其中有名为"麦争场"的品种），"晚熟"性粟 10 种，其他品种共计 86 种粟。又说："二月、三月种者为稙禾，四月、五月种者为穉禾……凡春种欲深，宜曳重挞。夏种欲浅，直置自生。"并且说："凡田欲早晚相杂"，经营农业应该同时栽培早粟、晚粟，当然，那时劳动力少，土地有余，并非推进二年三作型农法的契机。在早粟之后种麦，麦后再种豆类，准备好作物的生长条件，且在收获至播种时，必须充分利用畜力等迅速地进行整地。

华北地区的小麦栽培，可以说不推行半耕型、不整地型、不耕型的。秋收后立刻耕种、耙平、实行条播小麦，全耕式栽培法，秋播小麦之收获量与播种期保持有密切关系。春作物的秋收与秋时小麦的播种，受到明显的时间早晚的制约。因而，为了适时播种，必须利用畜力等用具迅速整地，这是重要前提。至于麦收后的夏播，不一定采用全耕式的栽培法，秋耕时，农业劳动的集中，不是很盛的（村上舍己《关于北支那农业生产力若干考察的发展史》，载《北支那农业经济论》，1942 年版，第 55 页）。

为了适应人们对于小麦粉增长的需要（参见西嶋定生《碾砀的彼方》），至迟到隋唐之间，已有持多数役畜，大土地所有者的豪族、官人们，推进了二年三作形式的农业经营。

《魏书》卷八《世宗纪》载，正始元年（504）九月"诏缘淮南北所在徭戍，皆令及秋播麦，春种粟稻，随其土宜，水陆兼用，必使地无遗利，兵无余力，比及来稔，令公私俱济也"。说明在淮南北地区已大力提倡二年三作（粟→麦→粟）或一年二作（稻—麦）型的农业经营。

五

上述旱地农作是华北无灌溉地区的先进农法，为了提高农业生产，人工灌溉被提到日程上。北方自战国以来，兴筑了巨大的水利灌溉工程，到汉代更有新发展。魏晋以来，虽因不断战乱，为了强化其军事力量和确保军饷，三国政府实施屯田制，兴修了水利。其后，不断兴修陂塘、沟渠、堰堨，促进了淮河流域农业的显著发展。

建安初（196）广陵太守陈登筑五塘，灌田万顷。[①]

建安初，陈留、济阴二郡太守夏侯惇筑太寿陂，劝种稻（《魏志》卷九《夏侯惇传》）。

建安五年（200），扬州刺史刘馥，兴治七门堰，灌田千五百顷（《太平寰宇记》卷一二六）。

魏文帝时（220—226），沛郡太守郑浑在与萧、相二县界兴修陂塌，开稻田（《魏志》卷一六《郑浑传》）。

文帝时，豫州刺史贾逵遏鄢陵，造新陂，又断山溜长溪水，造小弋阳陂，又通运渠二百里（《魏志》卷一五《贾逵传》）。

正始四年（243），邓艾在颍南北凿渠三百里，灌田二万顷（《晋书》卷二六《食货志》；《通典》卷二《屯田》作三万顷）。

太康年间，镇南将军杜预修邵信臣之遗迹，引滍、淯诸水，灌原田万余顷（《晋书》卷三四《杜预传》）。

宋元嘉七年（430）荆州刺史刘义欣修理芍陂，因旧沟引湸水入陂（《通典》卷二水利田）。

梁中大通六年（534）豫州刺史夏侯夔帅军人立堰于苍陵（安徽寿州）溉田千余顷，岁收谷百余万石（《梁书》卷二八〇《夏侯夔传》）。

上述诸地属于内战中的中心地域，特意进行水利设施，免除了被荒废的命运。

在华北地区的水利设施，虽不及汉代兴修之盛，但也留下了不少兴修水利的记载。

魏明帝太和时（227—232），凉州刺史徐邈广开水田，募贫民佃之，其后敦煌太守皇甫隆教当地人灌溉（《晋书》卷二六）。

青龙元年（233）曹叡开成国渠，从陈仓（今宝鸡）至槐里筑临晋陂，引汧洛溉卤地三千余亩（《晋书》卷二六）。

野王（河南沁阳）典农中郎将司马孚遏沁水造石门以代木门枋（《水经注》九《沁水》）。

嘉平二年（250）征北将军刘靖，导河北之高梁河，造戾陵遏，开车

---

① 按《魏志》卷七《陈登传》注引《先贤行状》不记在广陵筑城灌田事，此条疑有误。

箱渠，灌蓟南北田二千顷（《水经注》一四鲍丘水）。

北齐天统元年（565），幽州刺史斛律羡导高梁河，因以溉田（《北齐书》一七《斛律羡传》）。

泰始十年（274）光禄勋夏侯和修新渠、富寿、游陂三渠，凡溉田千五百顷（《晋书》卷二六）。

咸宁三年（277）杜预上疏，修筑汉以来旧陂、旧堨及山谷私家小陂（《晋书》卷二六）。

北魏薄谷律镇将刁雍，幽州刺史裴延儁，各因旧渠兴修新渠（《通典》二《水利田》）。

前秦苻坚因郑白故事，发王侯以下及豪望富室僮隶三万人，在泾水上流，通渠引渎溉卤田（《晋书》卷一一三）。

魏晋南北朝时期，新出现了灌溉用具"戽斗"[1] 王祯《农书》说："用戽斗，控以双绠，两人掣之，抒水上岸，以溉田稼，其斗或柳筲，或木罂。"

又《魏志》卷二九《杜夔传》注引《魏略》，叙述扶风（陕西凤翔）人马钧改良织机，制造指南针时，"居京都城内，有坡可为圃，患无水以灌之，乃作翻车，令童儿转之，而灌水自出，更入更出，其巧百倍于常"。应该指出，翻车已见于《后汉书》卷一〇八《张让传》，那时用以洒道，三国时，马钧始用以灌园，但其构造今已不可知。晚至元代，王祯《农书》有较多记载，翻车的普及使用大概是在唐代以后的事。

六

水利灌溉稳定了农业的经营，必然要显著地提高单位面积产量。但现在所知当时土地生产力的史料非常少，魏嵇康（字叔夜）谯郡铚人（223—262）之《养生论》说："夫田种者，一亩十斛，谓之良田，此天下之通称也。"[2] 是说良田一亩一般收粟十石。泰始四年（268），傅玄上

---

① （魏）张揖：《广雅》，（宋）何承天：《纂文》。
② 《嵇中散集》卷三，《四部丛刊》本。

奏云："古以步百为亩，今以 240 步为一亩，所觉过倍。近魏初课田，不务多其顷亩，但务修其功力，故白田收至十余斛，水田收数十斛。自顷以来，日增田顷亩之课，而田兵益甚，功不能修理，至亩数斛已还，或不足以偿种。"①《齐民要术》《耕田》第一云："凡美田之法，绿豆为上，小豆、胡麻次之，悉皆五六月中穊种，七月八月犁掩杀之，为春谷田，则亩收十石，其美与蚕矢、熟粪同。"

上述三例，除"水田收数十斛"外，都是亩收十斛（石），而其土地是良田、白田、绿肥田。

要之，绿肥田、良田亩收粟十斛，北方旱地（非灌水田）的一般收成自然应比它少。我推想，充其量常年亩收四五斛或五六斛。

然而，这时华中水稻田在显著增大，江南和四川一带成为稻谷生产中心。当时的稻作技术，《隋书·食货志》说，晋南渡时（318），"江南之俗，火耕水耨，土地卑湿，无有蓄积之资，诸蛮陬俚洞，霑沐王化者多随轻重，收其赇物，以裨国用。"这是在《史记·平准书》、《货殖列传》、《汉书·武帝纪》、《地理志》下、《盐铁论·通有》第三中可以看到的火耕水耨之事，尚在六朝时"诸蛮陬俚洞"间残存。

汉人南下带来了北方发达的水稻耕作技术，《齐民要术》卷二《水稻》第十一，残存记载了当时两个稻的耕作法。其一是"稻无所缘，唯岁易为良"（稻在什么作物后播种都可以，但须防止连作），选地欲近上流，农历三月中为上时，四月上旬为中时，中旬以后为下时；先放水入田，十日后，曳陆轴十遍，使地熟，把种子淘洗洁净，渍水三宿，再把它放在草篅上，经三宿，芽生达二分长，用手播，一亩三升（斗？），三日内要逐鸟，苗长至七八寸时，陈草又起，以镰浸水芟之使胅死，稻苗再长些后，又要拔除杂草，然后落水曝根使坚，量水旱之状态而溉水，在成熟之前再去水，在霜降（十月二十三日）时刈割，此法适用于淮河流域。在北土高原无陂泽地区，随逐河川之隈曲而开拓稻田，当旧历二月冰融化而地干之时，烧而耕之，立即入水，十日而土块散开融化，用木斫平之。种子的预先措置方法与前述相同，苗长至七八寸时，拔而栽之，既不是岁易，草稗

---

① 《晋书》卷四七《傅玄传》，白田，英译为 dry fields，释为畑地，指前年休闲的畑地。

俱生，芟除也不能绝灭，所以要用手移栽，灌溉、收获之法均与前同。

这种进步的稻作法当时并没有普及，但确在努力推广。回顾华中地区，东汉、孙吴以来所开垦的水田虽很少记载，但晋室南渡时，北方各族南迁，招徕北方人口，南方垦殖急速发展，薮泽之地与号称泽国的江南水田都在开发。由于劳动力不足，必须课以水利田的扩大与水稻栽培两个任务。《晋书》卷二六《食货志》记晋武帝时，杜预上奏，首先对此加以肯定。他说："诸欲修水田者，皆以火耕水耨为便。"

晋元帝时，应詹上奏说：向者流人奔东吴，东吴今俭，皆已还返江西，其结果良田旷废日久，火耕水耨，为功差易，宜简流人，兴修农官，功劳报赏，皆如魏氏故事。

《全晋文》卷一○三陆云《答车茂安书》，说到鄮县（今鄞县）之稻作，"遏长川以为陂，燔茂草以为田，火耕水耨，不烦人力，决泄任意，高下在心"。北齐《颜氏家训》《涉务篇》第一一："江南朝士，至今七八世，还为羁旅，不事力田，皆信僮仆为之。"可以想定，当时实施粗放的稻作耕种。

然而，杜预奏文说，火耕水耨者，"施于新田草莱与百姓居相绝离者耳，往者东南草创人稀，故得火田之利，自顷户口日增，而陂塌多决，良田变生蒲苇，人居沮泽之际"。对陂塌问题，"其汉氏旧陂旧塌，及山居私家小陂"，皆修缮之，其他新陂皆决沥之，安定水田陆田，整备再建农业。可知杜预所云"自顷户口日增"，"人居沮泽之际"，火耕水耨的原始阶段，一度是很发达的。

华中水稻田的单位面积产量是多少呢？前述傅玄说"水田收数十斛"乃是"魏初课田，不务多其顷亩，但务修其功力"的劳动集约方法的丰年收成。《华阳国志》卷三《蜀志》云："绵竹县，刘焉初所治，绵与雒各出稻稼，亩收三十斛，有至十五斛。"（据《四部丛刊》本）①

---

① 按《四部丛刊》本乃影印刘氏嘉业堂所藏明钱叔宝之写本，其章句与明吴琯辑《古今逸史》本、清王谟辑《汉魏丛书》本相同。然而，清嘉庆十九年，邻水廖氏题襟馆刊本，还有在其前李调元所辑《函海》本，作"亩收三十斛有至五十斛"，可是，后者是"亩收三十斛有至十五斛"，其文字是可疑的，这里改写为"有至五十斛"，我想是不可能的。我认为宁可说"亩收三十斛"一点是错误的。

这里的"亩收三十斛"之"三"字疑衍，其地稻谷畂产通常是十斛以至十五斛的。又《吴志》卷十《钟离牧传》说，"少爱居永兴（浙江萧山），躬自垦田，种稻二十余亩……春所取稻得六十斛"，其地，"本以田荒，故垦之"，当是新开田，60斛米相当120斛稻谷，即一亩约收五六斛。又《梁书》卷二八《夏侯夔传》，他为豫州刺史，率军人在苍陵（安徽寿州）立堰，灌溉千余顷田，岁收谷百余万石，每亩计收谷十石左右。

七

关于度量衡的换算，历代颇有些相应规定。由于地域、对象之不同，以及个人的主观性，差错是会严重存在的。

关于地积的单位亩制，"六尺为步，步百为畮"[①]，乃是出于周制；秦汉时，改为240（方）步为一亩，原则上行用至今。但《礼记》卷五《王制》说："古者百亩，当今东田一四六亩三（六）十步"。汉文帝时，"洛滨以东，河北燕赵及南方旧井地"即是六国，也继续推行以百步为亩的制度，与秦田对称，而有东田之名，[②]这是汉初例子。《齐民要术》卷首《杂说》[③]称："凡人家营田，须量己力，宁可少好，不可多恶，假如一具牛（二牛）总营得小亩三顷，据齐地大亩一顷三（二）十五亩也。"可知，小亩（百步为亩）与大亩（二四〇步为亩）是实际存在的，且可确定齐地是大亩。但是，周显德四年（957）中书舍人窦俨上奏云："小亩步百，周之制也。中亩二四〇，汉之制也，大亩三六〇，齐、鲁之制也。"[④]可见，至少在山东有小亩—中亩—大亩三变。但不知大亩三六〇步之说，在齐、鲁始于何时？因而《齐民要术》中的"亩"制，未知是大、中、小亩，今一律以中亩视之。

战前，我（天野氏）沿胶济线诸城市，调查过诸地的方亩制，以下所称大中小亩，是与过去显然不同。

---

① 《汉书》卷二四上《食货志》。

② 俞正燮：《癸巳类稿》卷三《王制东田名制解义》，载《安徽丛书》第3期。

③ 《杂说》非贾思勰作，为唐宋以前作品。

④ 《册府元龟》卷四七六《台省部·奏议》。

720 步（大亩）：昌邑、潍县、坊子、青州、泰安、兖州、博山、黄县等。

540 步：高密。

480 步（中亩）：周村平度、即墨等。

360 步：即墨、胶州、高密等。

240 步（小亩）：潍县、坊子、德州、临城、济宁、临清、清平、东昌等。

如何计算"亩"呢？以步为例，"六尺为步，弓之古制六尺与步相应"，[1]《旧唐书》卷四八记自唐开始，改为一步五尺，原则上，一直及于今日。

唐之改制，使古尺逐渐增长，古代六尺，大体相当于唐之大尺五尺。清冯桂芬《校邠庐抗议》下《均赋税议》说："乾隆十五年（1750）申弓步盈缩之禁，部议惟直隶、奉天遵部弓尺，并无参差，至山东、河南、山西、江西、福建、浙江、湖北、西安等省或以三尺二三寸，四尺五寸至七尺五寸为一弓、……长芦圤场三尺八寸才为一弓。"顾炎武《日知录》卷十，《斗斛丈尺》说："其步弓有以五尺为步，有以六尺、七尺、八尺为步"者，可见长短参差，不能一一细检。大体说，"地籍"往往是清丈或陈报而出现的。登记于国家地籍簿之亩，要求一一订正其尺制，那是很有困难的。要计算地亩大小，必须换算。现今的问题是要考虑时代条件，考虑各个王朝之尺制和亩的大小，以公布的量斛为标准作出换算。狩谷掖斋认为隋唐同以五尺为步，推定《隋书·地理志》所记雍州城之面积与《唐六典》工部注大兴城之面积相同，但实际是否如此，有待具体讨论。

（原载《史学杂志》第 66 卷 1957 年 10 月第 10 期，1974 年 7 月译，原文末谈民国时地积等，删节未译）

---

[1]　《仪礼》卷五《乡射礼》贾公彦疏。

堀敏一：关于均田制实施情况的讨论要点

一

　　均田制是否在中国5—8世纪实行了，如已实行，达到了怎样的程度？这些都是早已成为问题的。在日本，近年来，随着对大谷文书研究的进展，至少可以说明，在唐代吐鲁番地区虽有着若干特殊形态，但确是实行了土地还受。为此，我把讨论均田制实施情况的一些对立观点整理出来，也许不是徒劳的。

　　关于均田制实施情况的讨论，主要分歧有三点。（1）是否实施了土地还受？（2）均田制与租佃制的关系？（3）与上述相关联的是均田的地域性问题。以下顺次列举不同的意见，并间或参加我本人若干的看法。

　　关于土地还受，最初引为讨论根据的是敦煌等地所发现的唐代户籍。昭和初，介绍和研究这批资料时，玉井是博《关于敦煌户籍残简》一文[①]说，永业田、园宅地，有的按规定授予，也有的不按规定授予，口分田则完全没有按规定授予。授田时，虽云按规定不定期的制度不变，实际上，却往往根据各种不同情况来授予。

　　铃木俊是第一个从关于户籍的土地记载中发现有一定规律的人，他撰写了《唐代均田制和租庸调的关系》和《敦煌发现唐代户籍和均田制》二文。[②] 后一文中所谈意见比较详细，也更集中，提出了敦煌户籍中全部

---

① 1927年，收入《支那社会经济研究》。
② 分别载《东亚》第8卷第4期，1935年，又《史学杂志》第47卷1936年第7期。

已受田额少于应受田额，① 如已受田多于规定的永业田时，乃在按规定应受永业田之外，将其余的田地作为口分田；如果已受田额少于规定的永业田时，则全部只有永业田而没有口分田了。

铃木氏由此推论，否定了均田实施了还受，他认为户籍中所看到的土地关系只不过是将农民现有土地按均田法令条文进行登记，而以永业田为基础，进行永业、口分田的划分。按规定的田额为永业田外，如仍有剩余，才称之为口分田。他如此否认均田有还受的意见，便成为尔后热烈讨论的焦点。

可是，铃木俊并没有认为均田制是完全没有意义的，租庸调是按规定征收。② 农民被束缚在土地上，以便向他们征收租庸调和征集府兵，并以一丁百亩的最高额作为土地所有的限制政策，除此而外，别无其他意义了。③

铃木氏否认土地还受的意见，首先受到了仁井田陞提出的批评，④ 仁井田氏认为：（1）敦煌和吐鲁番文书所记户籍的田土中记载有"退田""还公"等字样，而且，吐鲁番开元四年（716）籍明确载有"其口分田，先被官收讫"等语。（2）旅顺博物馆藏大谷探险队在吐鲁番发现的天盖状遗品中，有数种文书都记有"还公""收授""剩退""死退"等字样。

---

① 已受田多于应受田的有三户，大历四年籍之索思礼、令狐进尧、李大娘。铃木氏提到索思礼户，其余二户是由池田温在战后介绍的。索和令狐二户应受勋田甚多，实际已授很少；因此，如果将勋田计入，则已受田，李大娘寡户应授田 51 亩，实际包括"买田"。总共 59 亩，说"合应受田 59 亩，并已受"。它清楚说明，户籍的土地记载，是依存已受田额，所以，不但与铃木氏的结论无妨碍，且增强了他的论点。参见池田温《敦煌发现大历四年手实残卷》，见《东洋学报》第 46 卷 1957 年 2、3 号。

② 关于租庸调征收，铃木氏列举天宝六载敦煌户籍中女子较多的情况作为已经实施减免课税的证据。并列举那波利贞氏介绍年代不明户主王万寿的类似计帐文书（第 2684 页）中有"计租二石"之例，关于天宝六载籍女子多的问题，包括铃木在内，一般解释为男口为了免避役，故以女口呈报但池田温氏提出了疑问，"计租二石"一语见山本达郎书第 3877 页，开元四年文书第 3877 页。开元四年文书（1960 年唐史学会大会东泽洋史部会报告）中，同样发现了这种类型文书，仁井田氏、铃木氏都称为"计帐"，曾我部静雄、山本氏则称为"户籍"。

③ 铃木氏早年论文中，与其说他把均田制作为限制土地私有的政策，不如说他是把重点放在租庸调的收夺上。但他在战后撰《唐代均田制实施的意义》（《史渊》50 辑，1951 年）论文中，认为农民实际上在百亩以下才能生活，租庸调是考虑到农民负担课税的能力，因而更为强调均田的限田意义了。

④ ［日］仁井田陞：《唐宋法律文书的研究》，1937 年。

（3）《金石萃编》所收内地洛州少林寺赐田敕，也有"口分田"等字样。关于天盖状遗品文书，由于近年对大谷文书的研究，判明它是直接记载给田、退田手续文书，这在当时还是不清楚的。[①] 而且，仅仅以这些片断证据来否定铃木氏的结论，还是缺乏充分说服力的。[②]

战后，仍然沿着土地还受否定论的线索进行了认真的研究，已经发表了一些论著。

（1）日野开三郎《大唐租调惑疑》（《东洋史学》9—11，1954），《以玄宗时代为中心所见到的唐代华北禾田地区的八、九两等户——主要以土地关系为中心》（《社会经济史学》21—56，1955）这是以天宝六载（747）为中心，对农民的土地关系以及租税负担进行了多方面的分析，它谈到了关于均田法的还受，指明了户籍中已受田额和户等相对应（另一方面，在应受、已受、未受额之间，没有一定的基准）。在已受田外，农民家庭还有相当的租佃能力。如从这种租佃的存在来看，他们能够充分负担租税和自己的生活需要，那么，均田制就成为租庸调等征收不可或缺的前提了。[③]

（2）池田温《敦煌发现唐大历四手实残卷》，初次介绍了大历四年籍的全貌，并和天宝六载籍作了详细的比较和探讨，发现了天宝、大历两籍中已受土地的比率都很低，而且各户之间已受田额和已受土地的比率，也是多种多样，由此，可以看到土地所有制的发展倾向。至于已受田额和各地段面积的差别，大历籍比天宝籍更为增大了，它显示了贫富阶级分化剧烈的进行。由是，池田氏在土地还受的实施上，提出了怀疑的意见。

---

①　参看仁井田氏《吐鲁番发现的唐代土地法关系文书》，载《中国法制史研究》，《土地法、交易法》。

②　例如金井之忠《唐均田论》（《文化》10—5，1943年），依据铃木氏的意见，认为法令上的永业、口分之别，在现实中不只是户口的田亩登记形式，而均田法的意义在于限田。在户籍上进行田亩的登记，在兼并极为盛行的开天时代，国家名义上管理的土地增加了，这也正是当时均田法规完备的时代。

③　日野氏还认为户籍中地段划分很细，相互间错综纷繁是由于土地买卖等原因而被自然地进行变动之证据。他解释天宝六载籍女子较多的原因，认为税役的对象是丁男、中男，因此，相反地，像法规那样的受田是没有实施的。地段之零散和错综，乃由于反复进行严密还受的结果，吐鲁番便是这样的情况，户籍已受田记载，明白说明没有实行按法规那样受田，此事与女口众多有无关系，并不清楚。

（3）西川正夫《敦煌发现唐代户籍残简中的"自田"》（《史学杂志》64—10，1955）探讨了在户籍记载上的田土四至中所看到的"自田"，指出这种"自田"不见于户籍所记载的已受田中，说明各户在户籍中所载的已受田外，尚存在颇多均田范围以外的土地。

上述诸论点中，关于已受田额和户等相应的问题，从天宝户籍少数不多例子中得出结论，还是有问题的。山本达郎在 1960 年度史学会大会上，根据伯希和文书中开元籍对此作了批判（《史学杂志》69—12，参见大会纪事）。而大历户籍除一户而外，全部是九等户，户籍中有关已受田额和已受田率是多种多样的，阶级分化是毫无疑问的。关于上述田土记载的形式，包括铃木氏在内都是非常注意的。其次，除已受田外，是否有能够耕种的其他土地，对户籍中"自田"的解释，如后所述，西嶋定生的意见和西川完全相反。池田氏从当时的诸文书中发现各户的土地面积，在户籍记载中除已受田外，还有相当多的土地。在敦煌便有很多的佃种土地，不过，这只是一个假定。[①] 我们知道，租佃制度在吐鲁番是普遍存在的，但这不能成为与还受实施有密切关系的否定论者的论据。

战后，新中国邓广铭的《唐代租庸调法研究》，[②] 否定了均田制之实行，主张租庸调与均田制无关。随后，岑仲勉、韩国磐、胡如雷（文均刊《历史研究》1955 年第 5 期），李必忠（《川大学报》1955 年第 2 期），乌廷玉（《东北人大学报》1955 年第 1 期）等加以反对。陈质《关于唐代均田制与租庸调法问题的讨论》，[③] 总结了诸人的论点。铃木氏也为此写了《从唐令所见均田制与租庸调的关系》[④] 作了反批评。邓广铭否认均田制最重要的根据是敦煌户籍，完全是参照了铃木氏的意见。岑仲勉从户籍的记载，持不赞成的否定态度，自是很有见地。铃木氏虽否定还受，却重复均田制有限田的重要意义。租庸调与均田的关系问题，邓氏认为武德二年已实行赋役令，武德七年才颁布均田令。岑氏认为唐初全国未统一，武德

---

① 池田氏认为职田、公廨田是租佃的，现存大谷文书，记有佃耕敦煌县平康乡阙职官人土地的例子，但仅存此一例，参看周藤吉之《佃人文书的研究》第 190 页。

② 《历史研究》1954 年第 4 期。

③ 《历史研究》1956 年第 11 期。

④ 《中央大学文学纪要》1956 年第 6 期。

七年的均田法使租庸调法顺利实行。铃木氏认为武德二年发布赋役令背后因有隋代的均田制。铃木氏批评邓、岑二人对令文多有误解。关于史籍中的受田记载，主张均田已实行的人都非常重视，邓氏等认为救济贫户是个别行动，而其背后却是兼并的进行，这两种情况是有区别的。

二

近年对大谷文书的研究，特别值得关注的是研究土地法关系中有关田亩还受的两篇文章，即西嶋氏《从吐鲁番出土文书看均田制之施行状态——以给田、退田文书为中心》、西村元佑《唐代吐鲁番地区均田制的意义——以大谷探险队带来欠田文书为中心》。① 这些文书是直接记载还受手续的欠田文书、退田文书，［户主别］田籍文书等。② 退田文书、欠田文书是通过里正之手将应退的地段以及各户欠田额记录下来，这些文书以乡为单位进行汇总，然后由乡向县呈报，由县参照欠田文书决定给田者，并且在退田文书的行间，写上给田者的名字，这便形成给田文书。诸给田文书从县下达乡里，使被给田的土地和户主统一起来，称之为田籍文书。西嶋氏肯定是开元二十九年（741）西州高昌县（今吐鲁番）的文书。西村氏认为虽明确记为开元二十九年，却不宜狭隘看待，它大体是以开元时代为中心的。

这些文书的出现，至少证明了在唐代的吐鲁番地区，土地还受是事实。那些文书是作为均田令的一般规定，还是具有不同特征的。

（1）田额零碎。吐鲁番是狭乡，唐令规定狭乡一丁男给田60亩，吐鲁番有着更低的独自标准。据西嶋和西村二氏的推测，大约一丁男十亩。准此执行，实际上被还受地段，据给田文书，田籍文书平均是一亩余。欠田文书的欠田额平均是一丁三亩余。给田没有超过欠田额，但在零碎的土地上，给田与丁、中、老小的相应关系，乃是较为严格执行的。

---

① 以上二文，均载龙谷大学西域文化研究会编《西域研究文化第二》，敦、吐社会经济资料（上），1959 年。

② 宫崎市定《吐鲁番发现土地文书之性质》以为这些文书是关于屯田的。但池田温在《西域研究文化第二》的书评中，指出这种论点是不对的。

（2）永业田的还受问题。吐鲁番被还受的土地都是永业田或赐田。如前述，开元四年籍，通常不用口分或口分田一语。将这些土地作为户籍的已受田和退田文书的田种记载时，完全是作为正式的永业田，只是在实际还受的意义上，在被称为口分田的情况下，才有可能被授予的。

（3）受田的地段分散，距离很远。一户受田的地段往往相距 20 里（9000 米）以上者达 53％，甚至有的是在邻县受田。

具有这些特征的吐鲁番均田制是由于当地的特殊性还是同时具有某种程度的一般性呢？池田氏是前者的代表，[①] 西嶋氏则是后者的代表。

关于标准田额，西嶋氏和西村氏认为可能是令式（或格）的规定。仁井田氏也支持这一意见。池田氏以为吐鲁番户籍的应受田额是记载了根据法令狭乡一丁六十亩的比例，一丁十亩的标准不是依据令式的。由于现存格式皆是片断，目前加以确定，尚有困难。

尤其有问题的是永业田还受的根据，西嶋氏认为这是按唐令规定，即在唐户令应分条注："其父祖永业田及赐田亦均分，口分田即准丁中老小法，若田少者亦依此法为分。"西嶋氏的意见，"田少"是指狭乡。在狭乡，不仅口分田，永业田也要根据老小中丁之法。仁井田氏对此表示怀疑（《吐鲁番发现的唐代土地关系文书》）。在其旧作《唐宋法律文书之研究》中，是把"田少"解释为口分田很少以资说明的。

关于永业田的还受，池田氏认为永业田的名称，只是记载在文书上的形式，其实质与口分田无异。根据以往对敦煌户籍的研究，已受田按田令规定不足应受永业田时，一律记为永业田；应受永业田部分已足，并且还有富余时，便依次给口分田。可是，吐鲁番之给田额非常零碎，又没有超过应受永业部分。所以，在根据田令规定的文书登记时，自然把全部受田记作为永业田了。池田氏的这一论点，我认为比较正确。但他认为这些土地的实质是口分田，强调这是吐鲁番地区的特殊性的说法，我不能同意。因为他否认敦煌田土的还受，我认为应该根据文书记载的形式，对敦煌和吐鲁番作统一的理解。过去，否认土地还受的人把自己的根据放在文书记载的形式上。如果我们能将敦煌和吐鲁番作统一的理解，已知吐鲁番实施

---

① 池田温：《西域文化研究第二》。他的书评不是一般书评，乃是充分发表自己精心见解的作品。

了土地还受,那么,否定土地还受人的重要论据便必然不能成立了。

　　但是,敦煌实施了还受不是直接表明的。实际上,如果没有永业、口分之别,那么,全部土地是还受或没有还受,都不能根据敦煌资料来判明。西嶋氏的进一步研究已证明了在敦煌曾实施过还受。如前所述,在户籍上所记载的田土不登载四至和"自田"以及有关死者、逃亡者和前户主的名字,应该如何理解呢?西嶋氏假定敦煌和吐鲁番是以同样的手续实施授田,里正在编写退田文书时,记入应该退田的全部土地四至,将上述文书中的四至,继续载入给田文书中,分配给新受田者;如果把另一个再照原样继续载入田籍文书户籍中,那么,户籍的四至必然难以表明现状。用这种假说解释现存敦煌户籍的四至记载,似乎没有任何矛盾。但这是一种假说,有待史料作证明。即使敦煌实行了土地还受,池田氏指出的那种阶层区别的存在,应该如何理解也还是一个问题。池田氏指出了吐鲁番的户籍和欠田文书中表现了阶层差别,而这并不一定是与还受背道而驰的,必须抓住与还受实行情况有关联的问题进行研究,这是今后必须认真注意的。

三

　　吐鲁番均田制的特征除了严密实施还受外,还必须举出它使用佃人和佃户的盛行情况。周藤吉之《佃人文书的研究——唐代前期之佃人制》,[①]对此作了探讨。这种佃人文书是指各地渠堰中称为"堰头"的人,将该堰所属的田土、面积、所有者、耕作者、四至以及作物等向上申报,应正确称之为堰头文书。文书中,耕作者,记"自佃"和"佃人"名号者约各占一半。由此可见,佃人制在吐鲁番的盛行。然而,历来的传统看法,租佃制是在均田制崩坏后与庄园制发展同时普及起来的。因此,这种佃人制与均田制以及其后的佃户制具有怎样的关系乃是今后认真研讨的问题。

　　周藤吉之认为佃人不仅与后世的佃户没有区别,而且存在有奴隶身份

---

　　①　分别收入《西域文化研究第二》《唐宋经济史研究》二书。

的佃人（即后世的田奴）。① 他还推想，客户也是存在的。西嶋氏认为应该强调佃人制与吐鲁番的给田状况——特别是所给田地的零碎和分散在远距离——具有不可分割的关系。佃人制只能是补充均田农民的再生产而不是促使均田制崩坏的因素，拙著《吐鲁番看佃人制为中心的二三问题》，②探讨了这些分歧点。在文书中，看不到客户的发生和土地的集中状况，佃人制是均田农民相互之间的土地债贷借的关系，这种契约与均田制崩坏后的情况不同。关于佃户制的形成过程，奴隶上升的途径和均田农民没落转为客户的途径是不相同的。如果认为是前者的发展过程那是极为不妥的。

佃人文书是武后到玄宗时的东西，但佃人制始于何时呢？贺昌群《汉唐间封建的国有土地制与均田制》（1958），介绍了吐鲁番被征服前高昌国时代"合赀文书"（各户以资产的合计来计算斛的数额）。池田氏对此作了分析，并指出在高昌国，土地私有制和租佃关系的发达很明显。他还指出，吐鲁番的佃人制可以追溯到均田制以前。佃人制在中国内地也是通过职田、公廨田、屯田等实行的，③ 但在官田和私田中，像吐鲁番那样普遍的租佃情况，我认为确是当地历史特殊性所造成的。

为了更好弄清佃人制的性质与佃户制之间的差别，必须考察租佃文书（土地赁贷借文书）。先是，仁井田氏指出，从敦煌和吐鲁番出土唐代租田文书中附有关于约束贷主、借主双方的违约罚文，它没有像后世那样全面强调只是佃户单方面负有义务。④ 前述拙稿认为吐鲁番出土文书要求按契约一年内全部预付或一部分预付租价，这是有关佃人制的文书。敦煌出土的是均田制崩坏后的文书，其中仍残存着自由民相互间对等契约的性质。至于地主、佃户间的身份关系是属于尚未固定以前的过渡时期。向来熟知这些文书的只有吐鲁番的二件、敦煌的一件，大谷文书中吐鲁番出土的东

---

① 佃人文书中所看到的奴隶有二例："佃人康守相奴□总"，"佃人奴集聚"。宫崎市定《关于吐鲁番发现之田土文书的性质》（《史林》第43卷第3期）一文，认为奴隶聚之"奴"字是姓。也许是这样，但从前例看，田奴是确实存在的。

② 《历史学研究》1960年第242期。

③ 公田借贷，在中国内地，北朝已就实行了。《魏书》卷一一○《食货志》云："借贷公田者亩一斗。"

④ 《斯坦因第三次中亚探险的中国文书和马斯伯乐的研究》，《史学杂志》第64卷第6期，收入《中国法制史研究、土地法、交易法》，1960年。

西居多数，这已由仁井田氏《吐鲁番发现的唐代交易法关系文书》① 一文作了介绍，他还总结了自己以往关于租佃文书的研究，并指出看不见如后世那样的身份关系。

可是，从吐鲁番出土文书表现出与以往租田文书多少有些不同。1959年，中国新疆博物馆从吐鲁番阿斯塔那坟墓中发现一件租田文书就是那样。② 仁井田氏《吐鲁番发现之唐代租田文书之二形志》③ 列举了此例。这个文书是贞观十七年（643）正月，而高昌国合并于唐是贞观十四年（639），可见，它是合并于唐不久的新出文书，很值得注意。仁井田氏说，它存在着罚麦和没收家财、逃亡后的处置等。如违背借主的义务，要追究责任。这与以前吐鲁番出土文书中记载的贷主、借主的对等关系，有不同的内容。这里已包含着必须重新探讨的大问题。假如这是高昌国时代租佃制关系的遗制，它与佃人制有一般的联系。那么，对池田氏的见解就值得重新进行检讨。最后，我要指出，这个文书中的土地赁借者赵怀满，同时表现在不动产买卖文书的四至上，他不像是个无产客户。

四

关于吐鲁番均田制的地域性问题，因为敦煌、吐鲁番都是西北边地，它不可能经常知道中国内地实情。从中国全局来看，均田制特别是土地还受能够反映在怎样范围内施行过的史料，几乎已全部不存在了。因之，武仙卿、鞠清远等认为均田制只在部分官有地实施。近来，贺昌群的《汉唐间封建的国有土地与均田制》、陈登原的《唐均田制为闲手耕弃地说》④ 等也同意那种看法。在日本，周崎文夫从府兵制与均田制之关系中认为在我国陕西、河南西部设置之府兵是最彻底的实施过均田制，⑤ 看法与贺昌

---

① 《西域文化研究第三》1960 年，又《中国法制史研究》土地法、交易法。

② 《文物》1960 年第 6 期。

③ 《吐鲁番发现唐代租田文书之二形志》，《东洋文化研究所纪要》1961 年第 23 期。

④ 《历史研究》1958 年第 3 期。武仙卿《唐代土地问题概说》载《食货》第 5 卷 1937 年第 4 期。鞠清远：《唐代经济史》，1937 年。

⑤ ［日］周崎文夫：《关于唐之卫府制与均田租庸调法之我见》，载《东北帝大文学部十周年纪念史学文学论集》，1935 年。

群有相通之处。铃木氏从还受否定论出发，认为国家为了征收租庸调而将农民的土地登记在户籍上，从这个意义上说，全国一律实施过均田制。

在华北地区，最初实施的均田制与华中、华南的实施是否一样呢？就岭南说，《通典》卷二记武德二年（619）令，"若岭南诸州则税米，上户一石二斗，次户八斗，下户六斗"。说明当时实施过与户等相应的交纳税米。因此，被人看作是没有实施过均田和租庸调的制度，宫崎市定《关于晋武帝的户调式》已经指出来了。[①]

江南从均田制崩溃后成为经济中心的地域是特别引人注目的。《通典》卷二直接记载这个地域的两条史料，即开元二十五年（737）令："其江南诸州，租并回造纳布"，另一是天宝中，国库收支的记账，杜佑注云，江南郡县折纳租布，"大约八等下户计之，八等折租每丁三端一丈，九等则二端二丈，今通以三端为率"。由此可见，至少从开元末至天宝时，江南是以布折租，并且以户等相适应交纳，那是非常清楚的。

浜口重国撰《唐玄宗时江淮上供米与地税之关系》，[②] 对于唐前期户等征税等情况没有进行详细分析，他认为以前的庸调不能满足中央官衙、节度使、群牧使等的需要，故江南之租以布代纳。开元中，漕运改革后，每年送往华北的上供米明显的是支用地税（义仓米）。浜口氏推测制定江南租布输纳办法是在开元十八年至二十五年（730—737）之间。在此之前，由于中央、节度使等的需要增加，随即使用折纳，以应急需。事实上，斯坦因从吐鲁番阿斯塔那发现武后光宅元年（684）江南之租布以及中宗神龙二年（706）之庸调布，仁井田氏为此撰写《吐鲁番发现唐代的庸调布和租布》一文。[③] 鉴于《新唐书·食货志》有"因诏江南亦以布代租"的资料，可以肯定，它是追溯开元二十五年令以前所为。

江南均田制的特殊性在于这些租布有可能是与户等相适应而交纳的。日野开三郎撰《租调（庸）和户等——大唐租调惑疑》第三章涉及了这

---

①　［日］宫崎市定：《亚细亚史第一》，1935 年。

②　《史学杂志》第 45 卷 1934 年第 1、2 期。

③　1940 年撰写，收入《中国法制史研究》土地地法、交易法。

一点，① 这个与户等相应的租布数额，包括九等户在内。远比粟二石的负担为重。他推测可能是和江南的生产力有关。日野氏注意了租布，既与户等相应，又是以丁作为对象来课税，显然是江南的按丁均税制和岭南的户等制中间地带所产生的事。因而根据户等并以丁为对象的租，在华北表现为西魏的计账文书，② 这种情况与户等制始于何时，不得而知，西魏时，恐怕是一种特殊例子，不一定在江南从唐初就有。日野氏推测，由于中央财政的膨胀，江南财源的意义增大，从武后到玄宗时表现出来。古贺登《唐代均田制度的地域性》③ 认为上述江南租的户等制而外，计算华北、江淮地税和租的总额，华北的租远比江淮多，而与均田相反的地税，在江淮占了很大比重，问题在于计算的方法。总之，很多都是在推测基础上计算出来的数字是存在问题的。

（原刊《东泽学报》第 44 卷，1962 年 3 月第 4 期，1973 年 8 月译）

---

① 《东洋史学》1954 年第 11 期，按《通典》卷二记天宝中，国库收支账，浜口与日野二人有不同评价，记账把租庸调分为"出丝绵郡县"（即蚕乡）和"出布郡县"（非蚕乡）。浜口氏据《六典》，江南户调为布，是江南为纳布郡县。日野氏据《六典》江南也有蚕乡，所以开元二十五年令，有"并回造布"之租布，乃是非蚕乡。

② ［日］山本达郎：《敦煌发见计账文书残简》，载《东洋学报》第 37 卷 1954 年第 2、3 期。

③ 《史观》1956 年第 46 期。

重读《太平寰宇记》札记

　　《太平寰宇记》是北宋政府平定闽越和北汉，全国获得基本统一后，由乐史编撰的一部全国性地理总志。往日，我读过清光绪八年（1882）的刻本，颇有一些感触，萦回脑际。曾为《中国大百科全书中国史卷》撰写了专门词条，并在《中国古代史料学》中，对其史料价值作了必要的介绍。近期复读王文楚先生点校的新刊本《太平寰宇记》，[①] 灼然在胸，再就此写点读后感如下。

一

　　《寰宇记》是江西宜黄县人乐史（903—1007）所撰，长达 200 卷，为现存我国北宋以前篇幅最大的地理总志，也是用以研究中国古代历史的一部重要典籍。

　　书稿完成后，作者给朝廷上表称，赵宋以前"虽则贾耽有《十道述》，元和有《郡国志》，不独编修太简，抑且朝代不同。加以从梁至周，郡邑割据，更名易地，暮四朝三。臣今沿波讨源，穷本知末，不量浅学，撰成《太平寰宇记》二百卷，并目录二卷，自河南，周于海外。至若贾耽之漏落，（李）吉甫之阙遗，此尽收焉。万里山河，四方险阻，攻守利害，沿袭根源，伸纸未穷，森然在目"（第 1 页）。充分表述了作者的自信和对于唐人著作评价不高，并为此对它们作了重大改进。

　　贾耽，唐德宗时沧州南皮（今河北沧州市南皮县）人。"耽好地理学，

---

　　① 乐史：《太平寰宇记》，王文楚点校，中华书局 2007 年版。以下简称《寰宇记》，正文征引，径注页码。

凡四夷之使及使四夷还者，必与之从容，讯其山川土地之终始。是以九州之夷险，百蛮之土俗，区分指画，备究源流。自吐蕃陷陇右积年，国家守于内地，旧时镇戍，不可复知。耽乃画陇右、山南图……至十七年（801），又撰成《海内华夷图》及《古今郡国县道四夷述》四十卷，表献之，曰……中国以《禹贡》为首，外夷以《班史》发源；郡县纪其增减，蕃落敍其衰盛。"①《新唐书·贾耽传》且曰："又著《贞元十道录》，以贞观分天下隶十道，在景云为按察，开元为采访，废置升降备焉。"② 贞元十八年（802），权德舆为之撰序云，贾耽"撮其要会切于今者，为《贞元十道录》四卷，其首篇自贞观初，以天下诸州，分隶十道，随山河江岭，控带纡直，割裂经界，而为都会。在景云为按察，在开元为采访，在天宝以州为郡，在干元复郡为州。六典地域之差次，四方贡职之名物，废置升降，提封险易，因时制度，皆备于编。而又考迹其疆理，以正谬误，采获其要害，而陈开置……大凡类是者十有二条，制万方之枢键，出千古之耳目，故今之言地理者，称魏公焉"③。乐史书中摘引《十道录》超过 30 处，但其原著早已佚失无存。需要指出的是，贾耽所著既有志，更有地图。乐史所重是地志而不是地图。《新唐书》卷五八《艺文志》记唐代地图有《长安四年十道图》十三卷，《开元三年十道图》十卷，李吉甫《十道图》十卷，贾耽《地图》十卷。还有梁载言《十道志》十六卷，贾耽《贞元十道录》四卷，《古今郡国县道四夷述》四十卷，《关中陕右山南九州别录》六卷等。《寰宇记》多次引录《唐开元十道要略》《唐开元十道志》等，都不记作者姓氏。书中卷三三、卷三九等屡引韦述《十道录》，按《旧唐书》卷一〇二，《新唐书》卷一三二韦述本传，都记他长于谱牒之学，并未记他撰过《十道录》，《旧唐书·经籍志》《新唐书·艺文志》亦不载其事，因疑乐史所记录很可能有误。

关于李吉甫撰《元和郡县图志》事，下节再作讨论。

---

① 《旧唐书》卷一三八《贾耽传》，中华书局 1975 年版，第 3784—3786 页。贾耽《进海内华夷图及古今郡国县道四夷述表》，《全唐文》卷三九四，中华书局 1983 年版，第 4006—4007 页。《唐会要》卷三六《修撰》，贞元十七年十月，"宰臣贾耽撰《海内华夷图》一轴"，第 659 页。

② 《新唐书》卷一六六《贾耽传》，中华书局 1975 年版，第 5084 页。

③ 权德舆：《魏国公贞元十道录序》，《全唐文》卷四九三，第 5029—5030 页。

二

乐史书序，没有提到李泰所撰《括地志》。其实这是唐初很重要的地理著作，实是不应该加以忽略的。

唐太宗第四子魏王泰接受友人建议，贞观十二年（638），奏请撰《括地志》，他引用萧德言等人在王府修撰，十五年（641）完成《括地志》550卷。[①] 它是依据贞观十三年（639）所定疆域为基准，原书序仍完整保存于《初学记》卷八《总序州郡》中，"唐贞观十三年大簿，凡州府三百五十八，四十一个都督府，一千五百五十一县"。翌年，唐平高昌，新增西州、庭州，并六县，形成唐代盛世的全国行政区划。《括地志》或称《魏王泰地志》，或称《坤元录》。宋人王应麟《玉海》说它"分道计州缮缉疏录，凡五百五十篇，历四期成"[②]。它是盛唐时期最完整全面的地理名著，可惜至南宋已亡佚。唐玄宗时，张守节撰写《史记正义》，主要依据《括地志》记述，用以疏证和诠释古代的地名，由是其书的部分地理内容得以保存下来。宋初，乐史撰《寰宇记》亦曾引用《括地志》十余条残文。20世纪后期，贺次君先生撰集《括地志辑校》，便是主要依据上述二书辑成。他为此所写前言，指明《括地志》以上述政区为纲，"全面叙述了政区的建置原则，并兼记山岳、形胜、河流、沟渠、风俗、物产、往古遗迹以及人物故实等等"[③]。毋庸置疑，撰写《括地志》的原则，对《元和郡县志》乃至《寰宇记》具有重大的影响。乐史对它竟一字不提，不能认为是恰当的。

李吉甫撰《元和郡县图志序》称："以为成当今之务，树将来之势，则莫若版图地理之为切也。……续撰《元和郡县图志》，辨州域之疆理，……况古今言地理者凡数十家，尚古远者或搜古而略今，采谣俗者多

---

① 《旧唐书》卷七六《李泰传》，第2631页；《唐会要》卷三六《修撰》作十五年正月三日上《括地志》五十卷。《丛书集成初编》本，上海商务印书馆1936年版，第651页；《资治通鉴》卷一九六作十六年（642）正月乙丑，魏王泰上《括地志》，中华书局1983年版，第6174页。

② 《玉海》卷一五《地理》，台北：大化书局1977年版，第323页。

③ 贺次君：《括地志辑校·前言》，《括地志辑校》，中华书局1980年版，第2页。

传疑而失实。饰州邦而叙人物，因丘墓而征鬼神，流于异端，莫切根要。至于丘壤山川，攻守利害。本于地理者，皆略而不书，将何以佐明王扼天下之吭，制群生之命？收地保势胜之利，示形束壤制之端，此微臣之所以精研，圣后之所宜周览也。谨上《元和郡县图志》，起京兆府，尽陇右道，凡四十七镇，成四十卷。每镇皆图在篇首，冠于叙事之前，并目录两卷，总四十二卷。"① 此书完成于元和八年（813），以当时政区为准，篇首是地图，可惜原图至宋已佚，志文至今也已缺佚六卷，另有三卷部分残缺。该书撰写，通常是先列户口，次述其地理沿革、州境的四至八到和贡赋内容以及所辖诸县的建置简况，当州去州府的路程，山河、城邑、名胜古迹乃至各地的关、亭、寨、障和监牧、垦田、水利建设和工矿、盐铁、兵马配备和军事设施等，一一分别记述。大多数情况下，还分别记录了各地方的开元户和元和户数及其乡数。一个十分突出的现象是，该书所记元和户数绝大多数少于开元，原因何在，有待考究。它还分别叙述了各地的贡赋品种和去长安的里程数。全国从京兆府开始，逐一叙述了十道的具体情况。在诸县之下，常标注赤、畿、紧、望、上、中、下之分，赤、畿是说明与首都的关系，紧、望是表明在各道中具有特殊地位，上、中、下乃是表明该县户口的多少。鉴于元和时的陇右道已为吐蕃所有，作者将它殿后记述，体现了笔者的爱国情怀，真是极富现实感意义的地理学著作。还应该特别指出，自六朝以至隋唐，所有地理著作传至现代者，唯此书为最古，其体例也较完备。

乐史撰《寰宇记》大力讴歌宋太祖、太宗统一南北的伟大功勋，而社会现实是"图籍之府未修，郡县之书阙备"。他归其责任在于史官，并指责批评唐人贾耽、李吉甫"编修太简"，他努力作了改进，"贾耽之漏落，吉甫之阙遗，此尽收焉，万里山河，四方险阻，攻守利害，沿袭根源，伸纸未穷，森然在目，……图籍机权，莫先于此"。他的表述如此自负，是有一定道理的。

《寰宇记》吸取了《元和志》的得失，大力增补了它的缺遗，在原州管县、州（府）境以及所在州的四至八到和户口、贡赋之外，新增了风

① 《元和郡县图志序》，《元和郡县图志》，中华书局1983年版，第2页。

俗、人物、土产、姓氏、事迹等目。而且在州领县数之下，常常记有原领县数与今领县数之别，以及废县的名称及其下落。每县之下，还提到该县境内的山、水、祠庙、名人墓地、名胜古迹等不少地名，其内容是有大幅度增加。通常每州记唐开元户若干，皇朝（宋）主客户数若干。学者们通常认为《寰宇记》所记开元户数大都与《元和志》所记相同，① 然而，认真核对两书所记开元户相同的仅有 67 州，非常奇特的如广州、潮州等。《元和志》所记开元户却与《寰宇记》所记开元户大不相同，原因何在，我不清楚。是否如冻国栋先生所述，是《寰宇记》误植，看来也是揣测，缺乏确证。而《寰宇记》所记开元户数与《旧唐志》所记天宝户数相同或是基本一致的竟有近 90 州。据冻国栋先生考证，《元和志》所记开元户大致是开元中，而《旧唐志》所记为天宝十一载，时间相距有二三十年，生活在唐宋之际的乐史为什么竟将旧志所载天宝户说成是开元户呢？而且所列具体数量竟超过了《元和志》所载开元户数量。乐史为什么会这样糊涂呢？这类问题，我实无所知，不便枉断，只好存疑。值得注意的是，《寰宇记》尚有近 60 州所记开元户，与《元和志》和《旧唐志》均不相同，真不明白乐史所依据的资料何来。另外，《寰宇记》还多次出现（如济州、涿州、瓜州、黎州、宥州、麟州、洮州、筠州、播州）有长庆户而无元和户的记载，充分表明唐后期户口统计在长庆时曾有过全国性的审核，《册府元龟》卷四八六《户籍》记"长庆中户三百九十四万四千九百五十九"，便是确证。这一点通常为治唐史者所忽视，而是应予注意的。此外，还有若干州只记有唐管户若干，并无明确纪年的。有位自诩专治唐代户口史的学者，在其专著中，竟不作任何解说和论证，都将它们一律纳入天宝户计算，那是很不严肃，令人不能信赖的。

关于宋代主、客户的情况，《寰宇记》所记体例也很不一致。较多州府是将主户与客户分列，确也存在若干州是主、客不分。如宾州、秀州、

---

① 《中国人口史》第二卷《隋唐五代时期》（冻国栋撰）称，《寰宇记》一书"唐开元户一栏，基本转录《元和志》，《元和志》缺佚者，则以其他资料补入……正因为《寰宇记》所录唐开元户基本转录元和志或旧唐志的天宝户而来，故这部分的史料价值并不算高"（复旦大学出版社 2002 年版，第 30 页）。所说有一定道理，但有些《元和志》所记开元户，乐史却并不收纳，甚至将某些天宝户列为开元户，学者不细究其原因，未免责之过当了。

越州、衢州、麟州、资州、处州、抚州、湖州、潮州、南仪州、易州、雄州等即是如此。而茂州、文州等，除了主、客外，还记有部落户若干。戎州是"宋管夷、汉、主、客共五千二百六十三户"。维州是宋管汉税户五十四，蕃户税户九百八十，蕃客户五千六百九十四户。灵州是宋户二千六百六十一，"蕃汉相杂"。藤州主客共一千一百四十七户。宾州宋代"只言主户"而不记客户。雷州在主、客户外，另有蜑户二。济州在主、客户外，还有"孤老女户六千二百一十七"。如此等等的千差万别复杂情况，我很难作出有力的具体说明，那是不能将它轻易简单化处理的。

情况如此复杂，我只想就宋代新出现主、客户问题略呈管见。《寰宇记》首次记录了宋初大多数州郡有主户、客户的户口统计，这对于研究宋朝的人口、户籍、阶级状况是至为珍贵的。将宋初《寰宇记》所列诸州主、客户状况与百余年后新作《元丰九域志》所载北宋中叶诸州主、客户的记录作一对照，不难发现，其间的变动是非常巨大惊人的。

还要指出，《寰宇记》逐一记载了诸少数族人聚居地区的户口，有的明确区分了汉人与蕃人，甚至主、客户数，这对研究宋初少数民族的人口分布、边境地区的经济面貌，均有重要参考价值。

我想在此着重指出的是主、客户的区分，实在很难如某些学者所云，是始于赵宋。姑且不细述中唐以来土户、客户的区分与演变过程，社会上既已长期存在贫富差异，"贫民客户"之称，早已见于唐朝史策。到了唐末五代，更有新的发展。后唐明宗长兴元年（930）九月，"阶州（甘肃成县）刺史王宏贽上言：'一州主、客户才及千户，并无县局，臣今检括得新旧主客已及三千二百，欲依旧额立将利、福津二县，请置令佐。'从之"①。五代人陶岳也记载："赵在礼之在宋州（河南商丘市）也……命吏籍管内户口，不论主、客，每岁一千，纳之于家，号曰'拔钉钱'。……是岁，获钱百万。"② 足以说明五代后唐时期，主客户并称已是客观存在。充分体现了其时黄河流域的某些地区已正式出现了主客

---

① 《旧五代史》卷四一《唐明宗纪》，中华书局1976年版，第568页。

② 《五代史补》卷三《赵在礼拔钉钱》，《五代史书汇编》第5册，杭州出版社2004年版，第2507—2508页。《四库全书》本，第14页。

户连称的现象，并编制了主客户籍。客户户籍大概是附于主户户籍，主户为脱逃税役进行隐匿时，客户也就相应在户籍上无名。于是，检括户口所得，便很自然是主客对举，原已存在的主客称为"旧主客"，新检括出的主客便称为"新主客"。王宏贽在阶州检出的新主客在全阶州所占比例甚大，反映出当时隐户风气很盛。赵在礼在宋州，不论主客均征收拔钉钱。与宋州同属今河南境内的郑州（河南郑州市），宋太宗雍熙元年（984），赵普出为郑州太守，他上札称，邓州所属五县，"当州管界，承前多是荒凉，户小民贫，程遥路僻。量其境土，五县中四县居山；验彼人家，三分内二分是客"①。上述华北三例所在，《太平寰宇记》皆分别记宋初存在土、客记录。卷一五四，记阶州主户 1069，客户 4620；卷一四二，记郑州主户 6010，客户 14366。卷二十二，记宋州主户 21250，客户 24200。由此可以概见，经五代至宋初境内诸州主客并存的现实概貌。

同时代的江南，在南唐境内，北宋马令《南唐书》称："升元初（939—943），均量民田，以定科赋，自二缗以上出一卒号义师，中有别籍分居，又出一卒，号新拟生军，民有新置物产者亦出一卒，号新拟军。又于客户内有三丁者抽一卒，谓之围军，后改为拔山军，使物力户为帅以统之。"② 在南唐境内三丁抽一为兵的客户乃是无产客户，法令将他们与拥有产业以及新置产业的民户加以区别对待，选拔物力户为他们的主帅。这种被称为"物力户"或"力及人户"的有权势人群，自五代以至南宋，社会上长期保持了此种称谓，其权势很大。人们熟知，十国时期的吴与南唐，都先后据有江东，金陵府初由吴国徐温据有，嗣后南唐改称为江宁府，正式建都于此。宋开宝八年（975）十一月，灭了南唐，改革其行政体制。《寰宇记》卷九〇，记南唐都城升州主户 44190，客户 17570。至是，南北双方的户籍体制已是基本统一了。

---

① 邵伯温：《邵氏闻见录》卷六，中华书局 1983 年版，第 51 页。
② 马令：《南唐书》卷五《后主纪》，《四部丛刊续编》本，商务印书馆 1934 年版，第 7 页上、下。

三

《元和志》分道记述宪宗元和时期全国各地区的建置变迁及其沿革，除个别例外，通例始自秦汉，但标注资料出处者少；而宋人乐史的《寰宇记》篇幅大，记事大多远溯上古，广引先秦典籍。两相对比，少数条目仅为《元和志》所独具有。《寰宇记》叙事通常是上下贯通，且大量列举了所引书名或某书的具体篇章，这是《元和志》不能比拟的。

关于《寰宇记》的引书数目，乐史本人没有交代，书前也没有像《御览》那样具体开列引书目录。点校本的王文楚先生也没有作相应说明，所编《索引》除了地名，也没有另编书名索引。我读其书，粗略统计，其引书接近 2800 种。具体做法，凡所引十三经书名以及明确为汉朝人记录和编撰的，如《战国策》《吴越春秋》《越绝书》等是记先秦史事的典籍，每册书均作一种书计算。自汉以下直至唐五代的引书，不仅限于《史记》《汉书》以至《旧唐书》《旧五代史》等。其时，《新唐书》《新五代史》尚未编写，晚唐以及宋太宗时不少史事，乐史也未交代引自何书。自汉至唐，凡有个人诗文集传世至今，《寰宇记》引文与正史有别，而与某人集相合者，即不用正史而列其集。凡有诗文与《昭明文选》乃至《全上古三代秦汉三国六朝文》《先秦汉魏晋南北朝诗》《全唐文》《全唐诗》以及《唐代墓志汇编》《续编》所记一致者，同样另行开列计算。另有些诗文短句，经查核与《北堂书钞》《艺文类聚》《初学记》和《太平御览》所载一致者，也都分列计算。《寰宇记》所引大量地志，凡见于历代正史《艺文志》《经籍志》的，今虽已佚，皆一一录入。乐史书诸卷所引书，我也分卷一一收录，尽量剔出其重录者。为免累赘重复和增大篇幅，在此难以作具体说明。而且为避免烦琐庞杂，本文尽量少列汉魏六朝的书目，以便行文相对集中，减少枝蔓。《御览》卷首刊列引书目达 1690 种，而"诗赋铭箴杂书等类不及具录"。范曾将它们列入后，《御览》引书超过2800 多种。我曾通读完《御览》全书，发现尚有不少的引书，皆为引书目录中所没有。除非是同书有多种异名，否则《御览》的引书实际数字，绝对要多于现今所列出者。《寰宇记》篇幅远比《御览》小，且有二卷半残缺，但我粗检其引书也已近 2800 种。数字准确性很难说，但由此亦可见乐史涉猎面是很广的了。该书引用频率较高的《隋唐图经》55 次，[①]《冀州图经》52 次，梁氏《十道志》19 次，《郡国县道记》34 次，《周地图记》25 次，李膺《益州记》10 次，顾野王《舆地志》18 次，阚骃《十三州志》18 次，《九州记》13 次，《十六国春秋》42 次，《晋地道记》12 次，《土地十三州志》9 次，《洛州记》7 次，李公渚《赵记》6 次，邢子颙《三郡记》5 次，《太康地志》7 次，《关中记》9 次，辛氏《三秦记》20 次，《邺城记》5 次，《帝王世纪》15 次，扬雄《蜀记》8 次，郭缘生《述征记》9 次，《上党记》9 次，《郡国志》105 次，《唐史》、《唐书》16 次，诸数字皆随手笔录，必多遗漏。其中有不少书名未见于隋唐志。此外，佛、道、杂艺、谱牒、小说等名目繁多，仅就个人所记，加以纳入。乐史所引某些未记名姓的诗文，我没有逐一弄清其来源，因而没有完全纳入统计。上述 2800 种只是概数，难以说准确。需要指出，据华林甫教授函告，台湾学者王恢先生撰《寰宇记索引》称，所引书"凡五百余种"，我不明白这是如何统计的。华教授作过核查，举了不少事例，说王先生引书多有遗漏，所列 500 余种，经过去伪存真，实际只有 498 种。我没有看到王恢先生的原著，未便评论，姑且记之，以备参考。

《元和志》和《寰宇记》所记同一件事，有不少地方的文字完全一致，所异者是《元和志》仅记其事，《寰宇记》常指出来自何书。例如《元和志》卷一五《河东道》记泽州高平县之头颅山，一名白起台，乃秦坑赵兵众，收头颅筑此台。《寰宇记》卷四四具体指出，它是来自《上党记》所云。同县之长平关，《元和志》说在县北 51 里，《寰宇记》指明出自《冀州图》。类似事例，不胜枚举。当然，也有某些重要资料仅见于《元和志》，《寰宇记》是没有记录的。但可以绝对肯定，仅见于《寰宇记》的为数是更多。试举几例。该书卷四五潞州壶关县，"抱犊山，道书《福地记》：抱犊山，在上党东南乙地，高七十丈，有石城，高十丈，方一里，南角有草，名玉枝，冬生花，高五六尺，味颇甘，取其叶末服之，方

---

① 　华林甫：《隋唐〈图经〉辑考》，《政治大学学报》（台北）2007 年第 27、28 期。他考出《隋唐图经》55 种，我仅查出 52 种，由此推知，我的统计一定疏漏不少。

寸二三日不饥，宜五谷，多食物，无恶毒，寇贼不至"（第 942 页）。又卷四四辽州辽山县，"千亩原，在县东南三十二里，地方千亩，平原膏腴，入赖其利"（第 925 页）。又卷四九代州雁门县，"《图经》云：'邑地井泉咸苦，民皆负辇远汲，魏牵招为郡，凿原为渠，注水城内，迄今民赖其益'"①（第 1026 页）。同县枣户城，《隋图经》云："初筑此城，以地多枣树为名，土人云：此枣多输北京（指太原）。"（第 1027 页）同卷又记，云州云中县，《冀州图》云："……自晋阳以北，地势渐寒，平城、马邑凌原二丈，云中、五原积冰四五十尺，唾出口成冰，牛冻角折，而畜牧滋繁。"（第 1036 页）

同书卷五二孟州温县，"自天宝之后，税赋输河阳。会昌中，于阿阴置孟州，以县隶焉"（第 1078 页）。

河北道河阴县之汴渠，《元和志》和《寰宇记》都有记录。《元和志》卷五且云："隋氏作之虽劳，后代实受其利焉。"《寰宇记》卷五二历记自两汉以来之修建，《坤元录》云："自宋武北征之后，复皆埋塞。隋大业元年，更令开道，名为通济渠，西通河、洛，南达江、淮。炀帝游江、淮，于此泛龙舟至江都，其交、广、荆、扬、益、越等州运漕，即此渠也。"（第 1083 页）《坤元录》即《括地志》，它的记述比《元和志》所记清楚得多。

《寰宇记》卷五四记魏州临清县，"唐大历七年（772）于县西南张桥店置永济县"②（第 1112 页）。《元和志》缺记。

《寰宇记》卷五五相州安阳县，"韩陵山，在县东北十七里，刘公干诗云：'朝发白马，暮宿韩陵。'东魏丞相高欢破尔朱兆兄弟于此山下，仍立碑，即温子升之词。陈尚书徐陵尝北使邺，读韩陵碑，爱其才丽，手自录

　①　《图经》之作始于何时，不甚清楚，《华阳国志》卷一《巴志》记汉桓帝时，巴郡太守上疏提到《巴郡图经》及其内容，在此以前，我很难看到类似言《图经》事。《图经》始于汉，是可肯定的。《太平御览》引用六朝、隋唐时《图经》甚多。《隋书》卷三三《经籍志》记郎蔚之《隋诸州图经集》100 卷（第 987 页）。唐宋时，图经更多了。《宋史》卷四四〇《宋准传》记开宝六年（973），"受诏修定诸州图经"（中华书局 1974 年版，第 13023 页），即一例。图经即是后代的方志。
　②　《唐会要》卷七一《州县改置》："大历七年（772）正月，以张桥行市为县。"第 1263 页。《元和志》卷一六，第 465 页，不记此事。

之，归陈。士人问陵：'北朝人物何如？'曰：'唯韩陵片石耳'"①（第1136页）。此反映南北朝文风之别，《元和志》无此类记载。

《寰宇记》卷五九载邢州内丘县，"李公绪《赵记》云：'古邢国地，在汉为中丘县，属常山郡。'……废青山县，在州东北五十里。……以县界青山为名。……至文宗开成四年（839），泽潞节度使刘从谏奏废之。黑山，一名青山，在旧县西二十里……《土地十三州志》云：'黑山之险，为遁逃幽薮。'《隋区宇图志》云：'避周太祖讳，因改黑山为青山也'"（第1222—1223页）。《元和志》卷一五记此事极简略，且不记其资料来源。

《寰宇记》卷六九云，幽州"安次县，本汉旧县……开元二十三年（733），又自常道城东移就耿桥行市南置，即今县理是也"（第1402页）。现存《元和志》幽州已缺佚，《唐会要》卷七一《州县改置》亦缺记录。

聊举以上数例，足以说明《寰宇记》所记真凭实据的史实是很可信赖，而不能等闲视之的。

四

赵宋基本统一中原内地后，对所统地区的行政区划逐渐有些新建树。《宋史》卷五《太宗纪》：淳化四年（993）十月，"始分天下州为十道"，即基本上仍是唐制。宋真宗"至道三年（997），分天下为十五路，其后又增三路。……凡十八路府、军监三百二十二"②。清楚表明，宋初是沿用唐代道制，直至真宗时，才将唐代道制改变为宋代路制，这是行政体制的重大变革。其后，仁宗天圣时（1023—1031），进而分为十八路。神宗元丰时（1078—1085），再分为二十三路。此后仍继续有些修改。《宋史》卷八五《地理志》称："宋有天下三百余年，由建隆初（960—962）迄治平末（1067）一百四年，州郡沿革无大增损。"州府军监，直接隶属于

---

① 按此碑文，详见《艺文类聚》卷七七《寒陵山寺碑》，上海古籍出版社1982年版，第1311页。刘公干即刘桢，为建安时诗人。

② 《文献通考》卷三一五《舆地考》，中华书局1986年版，第2471页。《宋史》卷八五《地理志》，第2094页。

路，简要表明了宋代政治体制变革的真相。

宋取代后周时，已有州府军监一百三十九。开宝四年（971），灭南唐，得州十九，军三（江阴、雄远、建昌）。太平兴国三年（978），吴越献所管州十三，军一（衣锦军）。四年，灭北汉，得十州一军（宝兴军）。改道为路制以前，全国行政区划依旧沿用唐代的道府州县制。

众所周知，唐太宗省并前代以来众多的州县，始于山河形便，分全国为十道，建都关中，当然是以关内道居首位。东都在洛阳，故以河南道居其亚。建都关中，自周、汉以来，为时已很久，虽然自六朝以至隋唐，关东经济政治形势发展迅猛，世人沿用旧都的念头仍难以轻易动摇。中唐著名宰相兼理财专家杜佑曾为此发表公开议论，反对迁都于关东的洛阳、蒲坂和江陵。他说，"秦川是天下之上腴，关中为海内之雄地"，如果都城易地，"人心因此而扰，非止于危乱，诚系兴衰"①。这充分表露了他的陈旧思想，很有些跟不上新形势的发展。五代"后唐长兴三年（932）四月，中书门下奏，据《十道图》，旧制以王者所都之地为上……今宗庙宫阙，皆在洛阳，请以河南道为上。关内道为二，河东道三……从之"②。此说颇有新意。乐史撰《寰宇记》虽沿袭唐代十道区分和道府州县制，但他并没有拘泥于唐制，不仅道的名称有所变异，且其实质内容也有了新的变化。宋都汴京，自然是以河南道居首。先叙东京（开封），次叙关西道（即是唐代关内道）等。后唐至宋的变革，彻底改变了自周、秦、汉、唐以来长期凝固的政治格局，从此不再重复以往长期将长安视为中心的政治格局，这不是以某个领导人一时的好恶意志为转移，而是关东地区政治经济大发展促使政局所产生的巨变，它表明西部在发展征途中的明显衰退与落伍，包括江淮在内的广大关东地区正在大步向前迈进。早在唐代，自武则天执政以来，唐代帝皇已很关注河南，五代后梁即以汴京为东都。宋沿后周成规，延续了这一政治格局。辽、金之世，虽有其所据地域的特殊局限性，政治重心却同样是偏向东方。金朝后期受蒙古攻袭，它的政治重心既不

---

① 《通典》卷一七四《州郡》，中华书局1988年版，第4653—4655页。
② 《五代会要》卷二〇《州县分道改置》，《丛书集成初编》本，上海商务印书馆1936年版，第254页。

是、也没有向东北转移，而是往中州河南步步撤退。关中与关东的经济政治格局，从此发生了不可逆转的重大变革。因而，纵使此后全国大一统的元、明、清诸代，其政治经济重心已稳定地依赖日趋发展的东方。关中及其周边地区往日的繁荣日益陷于萎缩与落后，东方的欣欣向荣和西方的日趋衰落，形成了强烈的鲜明对比，此乃全国总的政治经济形势发展的自然归宿。

生活在宋初的乐史撰写《寰宇记》，外表沿用唐代道府州县制，其内涵是适应了唐五代发展的重大变革趋势，至是出现了新的重大政治格局改变。真宗改道为路之后，行政体制出现了新的变化。其后，《元丰九域志》和《舆地广记》的撰修，以及元人所修《宋史·地理志》都将宋初以来的变革奉为圭臬。宋室南渡，政局发生极大剧变，南宋中叶所撰《舆地纪胜》以及宋末编成的《方舆胜览》，皆是以临安为首篇，然后再分路叙事，仍然奉行国之重心在东方的格局。路府州县制行之数百年，政治重心始终在东方，不再以西方为重，这是改变祖宗成法的重大表现。它正是祖国东方的经济政治大发展在政区变革上的完整反映。《寰宇记》首次显示了重大的调整，实是作者顺应历史潮流发展、眼光犀利的良好反映。

五

自唐元和（806—820）以至宋太平兴国（976—983）长达一百六七十年间，未见有新撰地理志书问世。300 万字的《太平寰宇记》比现存残缺的《元和郡县图志》的 60 余万字是大为增多了，尤其是自元和以至宋初百多年内国家行政区划的许多新内容，罕见他书有记录。对十道编制以及诸道内容的重点确有新的调整，跨越几个朝代的新著作乃是别开生面的崭新产品。

一个十分奇特的现象是，《寰宇记》对先秦以至唐代盛世的政区记事，多数逐一记明其资料来源；而对元和以后至宋初的政区地理变化包括五代十国在内，却极为罕见其依据何在。作者撰写是书时，《旧唐书》《旧五代史》《唐会要》《五代会要》等都已完成问世，自可大量参考引用。《寰宇记》却极少有所记载，它仅引《唐史》和《唐书》资料各 8 条，按吴玉贵先生《唐书辑校》的观点都应是采用《旧唐书》资料。但 16 条资料的内容涉及元和以后的仅有 3 条，且还存在一些疑惑之处，有待另行探讨。另外，《寰宇记》还两次提到《续会要》，按宋朝人李焘所述，宋建隆二年（961）正月，"监修国史王溥等上《唐会要》一百卷。唐德宗时，苏冕始撰《会要》四十卷，武宗时，崔铉又续四十卷。溥等于是采宣宗以降故事，共勒成一百卷"①。所称《续会要》应即崔铉所撰，其书今已不存。它引录的一条见《寰宇记》卷一百三宣州旌德县："按《续会要》云：旌德县，即宝应二年（763）析太平县置。"（第 2050 页）该条见今本《唐会要》卷七一（第 1272 页），理应视为崔铉原作，而为王溥所录用。另一条见《寰宇记》卷三十是凤翔府虢县："《续会要》云：天宝末，陷于蕃中，至大中三年（849），凤翔节度使李玭奏：'七月二十五日收复。'"（第 645 页）谨按，此条并不见于《唐会要》，而是《旧唐书》卷一八下《宣宗纪》所载。大中三年八月，凤翔节度使李玭奏收复秦州。宣宗为此颁布了一条文字很详细的制书进行嘉奖，文长，在此不录。

自唐代元和以至宋太平兴国的百数十年，中经晚唐和五代十国以及宋初的社会诸多变化，《寰宇记》是一以贯之补充了这一长时间内地方行政区划上的诸多改变，有关十道的编序与诸道内部的重点，均按宋朝的政治需要，作了调整和改写。这一跨时代的著作，无疑是需要作者煞费心思的。例如该书所录唐开元户与皇朝（宋）主客户数，适可反映出唐宋间户口增减的变化及其户口内涵的诸多改变等，具体操作时，是很不容易着笔的。

乐史所录全国地理现状，凡是未为北宋政府直接控辖地区，他通常照录唐代学者的原作以资充实。例如卷七一记燕州、威州、慎州、思顺州、归顺州、云州、崇州、夷宾州、师州、鲜州、带州、黎州、沃州、昌州、归义州、瑞州、信州、青山州、凛州和安东都护府，乃是全文照录《旧唐

---

① 《续资治通鉴长编》卷二，中华书局 1979 年版，第 39 页。按：《唐会要》卷三六《修撰》："贞元十九年……杭州刺史苏弁撰《会要》四十卷。弁与兄冕，缵国朝故事为是书。弁先聚书至二万卷，皆手自刊正。"（第 660 页）"大中七年十月，尚书左仆射门下侍郎平章事崔铉上《续会要》四十卷。"（第 662 页）《旧唐书》卷一八下《宣宗纪》："大中七年十月，尚书左仆射门下侍郎平章事太清官使弘文馆大学士崔铉进《续会要》四十卷。"（第 632 页）

书》，仅于文末加按语云："右自燕州以下十七州，皆东北蕃降胡散处幽州、营州界内，以州名羁縻之，无所役属。安禄山之乱，一切驱之为寇，遂扰中原。至德之后，人据河朔，其部落之名无存者，今记天宝之故迹地理焉。"（第1437—1448页）对祖国西方的领域，他也作了类似处理。卷一五六载，"西域十六都督府，唐龙朔元年（661），西域诸国遣使求内属，乃分置十六都督府，统州八十，县一百一十，军府一百二十六，皆隶安西都护府，乃于吐火罗国立碑以记之。……右西域诸国，分置羁縻州军府，皆属安西都护统摄。自天宝十四载（755）以前，朝贡不绝。今于安西府事末纪之，以表环宇之志也"（第3001—3002页）。此皆充分显现了乐史爱国立场的拳拳之心。

下面，拟选录若干条元和以后罕见于现存史册记录的资料，借以窥知乐史选材的辛勤。

《寰宇记》卷四二《河东道》：宪州，"旧楼烦监牧也。……龙纪元年（889），太原李克用为晋王时，奏置宪州于楼烦监。其楼烦，开元四年（716）王毛仲所筑"。"皇朝管户主一千二百六十，客五百六十九。""牧马之地，无所出。"（第890—891页）谨按，《旧唐书》卷三八记事简略，没有李克用奏置及牧马之地无所出等记事。

《寰宇记》卷六八《河北道》：威虏军，"本遂城县。皇朝太平兴国六年（981）置。……是时修营，掘得石棺一具，上有唐贞观年纪，棺有五重，石、铁、铜、银、金次第冶铸之。中有琉璃瓶，盛舍利，本军以闻"（第1381页）。是知作者编入了最新资料以入地志，但未记明出于何书。

再举若干唐宋之际的历史资料，都很不易知晓乐史的取材依据何在。

卷七《河南道》：许州长社县，"大丑山，唐元和八年（813），雨水摧其山而出，流荡居人，溺死者千余人"（第128页）。

卷三六《关西道》：灵州鸣沙县，"神龙中，为默啜所寇，因而荒废。……是后，复陷蕃中，吐蕃常置兵以守之。大中三年（849）七月，灵武节度使朱叔明奏收复安乐州。八月敕，安乐州为威州，仍领鸣沙县，今州与县俱废"（第765页）。

卷三七《关西道》：通远军，"本西蕃边界灵州方渠镇。晋天福四年（939），建为威州，仍割宁州木波、马岭二镇隶之。至周广顺二年

（952），避御名改为环州。显德四年（957），以地理不广，人户至简，降为通远军，管通远一县。并木波、石昌、马岭等三镇，征科人户"（第788页）。

卷三八《关西道》：绥州，"自唐末蕃寇侵扰，所管五县并废，或陷在蕃界，亦无乡里，其民皆蕃族，州差军将征科"（第798—799页）。

卷三八《关西道》：府州，"本河西蕃界府谷镇，土人……代为镇将。后唐庄宗天祐七年（910），升镇为府谷县。晋高祖起义，以契丹有援立之恩，赂以云中，河西之地尽去焉。……汉祖建号晋阳，引兵南下……寻升府州为永安军。……周显德元年（954），升府州为节镇，复以永安军为军额。显德二年，夏州李彝兴……扼塞道路，阻绝使臣……世宗乃命使赍诏书，责其悖慢，谕以安危，彝兴果俯伏听命。至皇朝因之"（第812—813页）。

卷六四《河北道》：德州安陵县，"福城，唐元和二年（807），横海军节度使郑权奏：德州安德县渡黄河，南临齐州临邑县，有灌家口草市。顷者，成德军于市北十里筑城，名福城。城缘隔黄河，与齐州临邑县对岸。又居安德、平原、平昌三县界，疆界阔远，易动难安，请于此置县，以归化为名。诏从之。今废为镇"[①]（第1310—1311页）。

卷九六《江南东道》：越州新昌县，"唐末，钱镠割据钱塘时，以去温州之道路悠远，此地人物稍繁，且无馆驿，乃析剡县一十三乡置新昌县"（第1937页）。

卷一四六《山南东道》：荆州建宁县，"唐元和十一年（816）以人户输纳不便，于白白置征科巡院。皇朝乾德三年（965），因之升为建宁县"。潜江县，"唐大中十一年（857），以人户输纳不便，置征科巡院于白洑。皇朝乾德三年（965），因之，升为潜江县"。玉沙县，"朱梁开平四年（910），分汉江南白沙征科巡院。皇朝乾德三年，因之升为玉山县"。荆门军，"本汉旧县，隋时废。……唐贞元二十一年（805）复置。唐末，荆州高氏割据，建为军，领荆州当阳县。皇朝开宝五年（972），割

---

① 王文楚先生在点校时，据《旧唐书》卷一六二《郑权传》，指出元和二年为元和十三年之误，甚是。泽咸案，《唐会要》卷七一《州县改置》作开元十三年，亦误，应为元和十三年。

荆州之长林县、襄州之 故乐乡县合为一县，置于郭下"（第 2844—2845 页）。

　　卷六八《河北道》："保州，本莫州清苑县地。石晋初，割属契丹。……皇朝初，卻于清苑县置保塞军，太平兴国六年（981），升为保州，仍割清苑县属焉。"（第 1375 页）

　　卷一八《河南道》："潍州，本青州地北海县也。隋开皇十六年（596）于县置潍州，……唐武德八年（625）废潍州，……至皇朝建隆三年（962）建为北海军，至乾德三年（965）改为潍州，复旧名也。"（第 361 页）

　　卷二八《关西道》：同州冯翊县，"沙苑一名沙阜，在县南十二里。……西魏文帝大统三年（537），周太祖为相国，与高欢战于沙苑，大破之。后于兵立之处，人栽一树，以表其功，今树往往犹存。今以其战处宜六畜，置沙苑监"（第 595 页）。

　　卷三二《关西道》：陇州陇安县，"本南由镇……国朝开宝二年（969），割汧阳县之四乡，于陇州界置陇安县，从转运使李守信之所奏也"（第 689 页）。[①]

　　卷三六《关西道》：灵州回乐县，"长乐山，旧吐谷浑部落所居，今吐蕃置兵以守之"（第 761 页）。

　　卷四〇《河东道》：并州平晋县，"本汉晋阳县也，属太原郡。……隋开皇三年（583）罢郡，置并州。……皇朝平伪汉，其太原城中晋阳、太原二县并废为平晋县"（第 843—844 页）。

　　卷七五，《剑南西道》：蜀州永康县，"伪蜀广政十二年（976），割郭信等八乡，就横渠镇置征税院，至十六年，改为永康县，以便于民"（第 1531 页）。

　　卷九三《江南东道》：杭州南新县，"本临安县地。皇朝乾德五年（967），钱氏割临安县地置南新场，以便征科。至太平兴国六年（981），改为南新县"（第 1871 页）。

---

　　① 《宋史》卷八七《地理志》，第 2156 页。参见《宋史》卷二七〇《苏晓传》记李守信事，第 9259 页。

卷一〇一《江南东道》：邵武军光泽县，"本邵武县也。皇朝太平兴国六年割邵武之光泽、鸾凤二乡于县西……立光泽县，以乡为名"。归化县，"本将乐县地。唐末于此立归化镇，后以去郡遥远，民难输纳，户口稍滋，伪唐保大三年（945）升为场。周显德五年（958）改为县，属建州"（第2019页）。

卷一〇二《江南东道》：泉州同安县，"唐贞元十九年（803）析南安县南界四乡置大同场。福州伪命己亥岁（939），升为同安县"。永春县，"唐长庆二年（822）析南安县西界两乡置桃林场。福州伪命壬寅岁（942）改为永春县"。清溪县，"唐咸通五年（804）析南安县西界两乡置小溪场。江南伪命乙卯岁（955）升为清溪县"。德化县，"元属福州，伪命日置。庚戌年（950）归属当州"。惠安县，"本晋江县北乡也。皇朝太平兴国六年（981），析置惠安县"（第2032页）。

卷一〇六《江南西道》：筠州清江县，"本吉州萧滩镇，伪唐升元中（938—942）以其地当要冲，升为清江县"。上高县，"本高安之上高镇……伪唐升元中立为场，保大十年（952）升为县，以隶筠州"。新昌县，"本高安县管……盐步镇，皇朝太平兴国六年……于此置新昌县。从转运司之奏请也"（第2121页）。

卷一〇八《江南西道》：虔州瑞金县，"本瑞金场淘金之地也，伪唐升为县"。石城县："本石城场，伪唐改为石城县。"上犹县，"本南康县地……伪唐壬子岁（952）改为县"。龙南县，"本信丰县地……壬子岁，伪唐改为县"。兴国县，"本赣县地。皇朝太平兴国年中……置兴国县，以年号为名"。会昌县，"本雩都县地。皇朝太平兴国年中……于九洲镇置会昌县"（第2186—2187页）。

卷一一〇《江南西道》：江州瑞昌县，"本赤乌场地……赤乌之地则浔阳西偏。建中四年（783）以浔阳西偏僻远，因立为场。伪唐升元三年（939），改为瑞昌县"。湖口县，"本湖口戍，是南朝旧镇……伪唐保大年中（943—957）升为县"（第2260页）。

冶铸制造工业，赵宋王朝远比唐朝发达。它在地理命名上，也相应有所反映。例如：

卷一五《河南道》：徐州利国监，"本徐州之狄丘冶务烹铁之所，至皇朝升为利国监，以董其事"（第 305 页）。

卷一九《河南道》：淄州淄川县，"西山，在县北七十里，有铁矿，古今铸焉，亦出磁石"（第 377 页）。

卷二一《河南道》：兖州莱芜监，"在兖州莱芜县之界，古冶铁之务也。管十八冶，县监不相统"（第 445 页）。

卷四九《河东道》："宝兴军者，本代州烹炼之冶务。刘继元割据之时，建为宝兴军，地属五台山寺。皇朝平河东，因之不改"（第 1031 页）。

卷五〇《河东道》：大通监，"本汉晋阳古交城之地，管东西二冶烹铁之务也。东冶在绵上县，西冶在交城县北山"（第 1047 页）。

卷五五《河北道》：相州林虑县，"今县侧近山并多铁矿，可以鼓铸"（第 1143 页）。

卷九五《江南东道》：嘉兴监，"本秀州嘉兴县煎盐之所，至今升为监"（第 1916 页）。

卷一〇一《江南东道》：龙焙监，"以本州（建州）地出银矿，皇朝开宝八年置场，收铜、银。至太平兴国三年升为龙焙监，凡管七场"（第 2020 页）。

卷一〇二《江南东道》："汀州土产，出银并铜，长汀县有黄焙场、安丰场，并宁化县有龙门场，俱出银、铜。"（第 2036 页）

卷一〇七《江南西道》：饶州德兴县，"有银山，出银及铜"（第 2146 页）。

卷一一〇《江南西道》：抚州宜黄县，"金谿场，其山冈出银矿。至周显德五年，立金谿场，置垆以烹银矿"（第 2239 页）。

卷一三四《山南西道》：开宝监，"本凤州两当县乱山之中出银矿之所也。皇朝建隆三年置银冶，遂名为开宝监，都管凤州诸县出银之务"（第 2630 页）。

卷一五〇《陇右道》：太平监，"秦州之境内原有银冶八务，皇朝太平兴国三年，升为太平监，治大贾务。门外并不辖乡里，无四至八到。分三务，为监临官主治所"（第 2909 页）。

上举若干事例，从某个侧面说明唐、宋之际政区建设和工矿事业颇有新进展。但在《寰宇记》修成百年之后，"壤地之有离合，户版之有耗登，名号之有升降，以今准昔，损益盖多"①。表明地理总志是必须适应时代发展，及时加以修订补充的。

六

《寰宇记》在不少州郡下刊载了该郡存在着《元和郡县志》所不记录的当地著名姓氏，这是乐史的别创一格。

汉魏以降，不少地区大姓豪强崛起，称雄乡里，名闻四方，两晋南北朝时期趋于极盛。《唐会要》卷三六《氏族》条云："官有世胄，谱有世官。过江则有侨姓，王、谢、袁、萧为大；东南则有吴姓，朱、张、顾、陆为大；山东则有郡姓，王、崔、卢、李、郑为大；关中亦号郡姓，韦、裴、柳、薛、杨、杜为大；代北则有虏姓，元、长孙、宇文、于、陆、源、窦为大。各于其地，自尚其姓为四姓。今流俗相传，独以崔、卢、李、郑为四姓，加太原王氏为五姓，盖不经之甚也。"考察社会现实，到了隋、唐时期，门阀内涵已发生了重大变化。唐太宗本人业已指出，崔、卢诸家，"世代衰微，全无官宦人物，贩鬻婚姻，是无礼也；依托富贵，是无耻也"。他为此新定《氏族志》100 卷，那是"普索天下谱牒，约诸史传，考其真伪"，重在当代，而不甚重视前代的旧规。唐高宗时，改《氏族志》为《姓氏录》，"以皇朝得五品者书入族谱"，即是尊重今朝冠冕，并不考究其先祖血统。唐玄宗时所撰《姓族录》，进一步淡化了旧氏族门阀的地位。其后，贾至撰《百家类例》，爰列百氏，只以陇西李氏为一，不复尊重往日诸右姓。柳芳撰《皇室永泰谱》，也只尊重皇家李氏的谱牒。至今尚传于世的《元和姓纂》，重点记载了中唐以前的姓氏族望。据李肇《国史补》卷下称，林宝是大历以后非常有名的姓氏学者。《元和姓纂》十卷，皇室李氏列于全书之首，其余诸姓即按四声类集。其时，矜尚门之风犹存，有如林宝所云："按诸经籍，穷究旧史，诸家图牒，无不参详。凡二十旬，撰成十卷，自皇族之外，各以四声韵类集，每韵之内，

---

① 《表》，《元丰九域志》卷前，中华书局 1984 年版，第 1 页。

则以大姓为首焉。"① 既然仍按其时的谱牒撰写，自是难免附会攀援之弊。十分博学的南宋学者洪迈《容斋随笔》卷六《姓氏不可考》称，"姓氏所出，后世茫不可考。不过证以史传，然要为难晓"。同卷《唐书世系表》称，"新唐宰相世系表，皆承用逐家谱牒，故多有谬误"。他还在《容斋四笔》卷九《姓源韵谱》条称，"姓氏之书，大抵多谬误，如唐贞观《氏族志》，今已亡其本。《元和姓纂》，诞妄最多。国朝所修《姓源韵谱》，尤为可笑"，所说自然属实。但直至唐宋之际，姓氏与郡望仍然存在若干关联，因而，乐史撰《太平寰宇记》在若干郡下仍刊载了该郡人物著姓，那是较为自然的。查核该书，除岭南道外，其余诸道均刊录了不少著姓。如河南道收录 26 郡著姓，河北道收 11 郡著姓，关西道收 7 郡著姓，河东道收 8 郡著姓，剑南道收 1 郡著姓，江南东道收 9 郡著姓，江南西道收 3 郡著姓，山南东道收 3 郡著姓，山南西道收 2 郡著姓，陇右道收 4 郡著姓，综计全国共收录 74 郡的著姓。在不少郡内，还收录了该郡自上古至唐代的著名人物，内涵虽不能与郡姓等同，但不少名人皆记其郡望及其主要业绩，与姓氏关系颇为密切。当然，众多姓氏已与六朝时的著姓有了重大差异，但上列诸郡著姓，有不少与前代姓氏存在着内在源流关系，自是其祖上姓氏遗存的余绪。

　　时移世转，赵宋建国百年，变异不停，王存等人受命编纂《元丰九域志》，志修完毕，给朝廷上表称："壤地之有离合，户版之有耗登，名号之有升降，以今准昔，损益盖多。"表文还特别指出："郡名之下附以氏族所出，以《禹贡》《周官》考之，皆无其文，且非当世先务，兹不复著。"②明确表白了北宋中叶，姓氏已不是当时社会所迫切需要，因而在新编的全国政区地理中，不再将姓氏书列入。其后，北宋末年所撰《舆地广记》也是不再收入姓氏于其中了。

　　王存说氏族已非北宋中叶的"先务"是非常中肯的。但这并非等于氏族之学从此已销声敛迹，正是北宋神宗熙宁时，钱明逸即撰《熙宁姓纂》

---

① 林宝：《元和姓纂原序》，《元和姓纂》，中华书局 1994 年版，第 1 页。
② 《表》，《元丰九域志》卷首，中华书局点校本 1984 年版，王文楚、魏嵩山点校，第 1 页。

六卷，"用声韵类次，以国姓为首"①。南宋初，郑樵《通志略·氏族略序》称："自隋唐而上，官有簿状，家有谱系，官之选举，必由于簿状，家之婚姻，必由于谱系。……所以人尚谱系之学，家藏谱系之书，自五季以来，取士不问家世，婚姻不问阀阅，故其书散逸，而其学不传。……姓氏之学最盛于唐，而国姓无定论，林宝作《元和姓纂》，而自姓不知所由来。"他详尽地从多方面研究之后，在《氏族略》六得出最后结论云："大抵氏族之家言多诞，博雅君子不可不审。"② 由此看来，北宋的《熙宁姓纂》实即唐代《元和姓纂》的老模式，了无新义。《玉海》卷五〇又记："绍兴四年（1134）三月乙亥，抚州邓名世以所著……《古今姓氏书辨证》四十卷来上吏部尚书。"其书"始于国姓，余分四声，终于漠姓、蕃姓补遗，凡四十卷"。其书至今仍有辑佚本传世，其体例也是仿效《元和姓纂》，对姓氏的源流研究有一定参考价值，但早已不是六朝隋唐之际的谱牒学原意了。由此看来，乐史在地理总志中备载诸郡著姓，实已没有多少社会现实意义，只能实视为门阀意识在宋初人们的大脑中尚有一定残存市场罢了。

七

《寰宇记》和《元和志》相比，新增了风俗一门，记述了全国各地的不同风俗，以此常为一些学者所诟病。客观公正地说，记录各地社会风俗，应是地理著作的重要组成部分。刘知几《史通》卷一〇《杂述》称："九州土宇，万国山川，物产殊宜，风化异俗，如各志其本国，足以明此一方。若盛弘之《荆州记》、常璩《华阳国志》、辛氏《三秦》、罗含《湘中》。此之谓地理书者也。"同卷又说："地理书者，若朱赣所采，浃于九州；阚骃所书，殚于四国。斯则言皆雅正，事无偏党者矣。"我国的古地理书，既有文无图的地理志书，通常是史地杂糅，还有图文兼具的图经，自汉、魏、六朝以至唐、宋，长久盛行不衰。

《隋书》卷三三《经籍志》云："［汉］武帝时，计书既上太史，郡国

①　《玉海》卷五〇《谱牒》，第120页。
②　《通志略·氏族略》，《国学基本丛书》本，商务印书馆1936年版，第27、117页。

地志，固亦在焉。而史迁所记，但述河渠而已。其后刘向略言地域，丞相张禹使属朱贡条记风俗，班固因之作《地理志》。其州国郡县山川夷险时俗之异……风气所生，区域之广，户口之数，各有攸叙，与古《禹贡》《周官》所记相埒。是后载笔之士，管窥末学，不能及远，但记州郡之名而已。"（第987页）谨按《汉书》卷二八下《地理志》云："汉承百王之末，国土变改，民人迁徙，成帝时，刘向略言其地分，丞相张禹使属颍川朱赣，条其风俗，犹未宣究，故辑而论之，终其本末著于篇。"（第1640页）可证地理书记录各地民情风俗也是由来已久，且为时人所重。

《隋书》卷三三又记："后汉光武，始诏南阳，撰作风俗，故沛、三辅有耆旧节士之序，鲁、庐江有名德先贤之赞。郡国之书，由是而作。"（第982页）它记载："《陈留风俗传》三卷，圈称撰。"圈称其人，按《水经注》卷八济水注引《陈留风俗传》，得知为东汉安帝时人。[1] 隋《志》又云："隋大业中，普诏天下诸郡，条其风俗物产地图，上于尚书，故隋代有《诸郡物产土俗记》一百五十一卷。"[2]（第988页）唐人杜佑《通典》不仅在卷二，记宋孝王《关东风俗传》，且在《州郡典》中，开辟了《风俗》一门。正因为关注各地风俗至为重要，所以南宋王象之撰《舆地纪胜》，不仅移录了《寰宇记》所记各地风俗，且在其基础上新增了不少相关风俗资料，为后人研究社会史提供了大量有价值的原始素材。

《寰宇记》刊登了全国众多州郡的风俗，美中不足的是有若干郡仅记了汉朝时状况，未说明它是否适用于六朝、唐、宋时期。今拟分地区选录若干条，借以窥知各地区人们的风俗习尚，是彼此互有异同。

（一）中原大地

卷六一《河北道》：镇州（恒州），主要指今河北石家庄地区，"《通典》云：'山东之人，性缓尚儒，仗气任侠。'冀部其人刚狠，不事农商，

---

[1] 《隋书》卷三三《经籍志》载："《陈留耆旧传》二卷，汉议郎圈称撰。"第974页，亦可为证。

[2] 《旧唐书》卷四六《经籍志》作《诸郡土俗物产记》十九卷，第2016页。《新唐书》卷五八《艺文志》同，第1505页。《寰宇记》卷七一《燕州》记《隋北风俗记》，第1436页；又六三《冀州》引虞植《冀州风土记》，第1284页。

悲歌慷慨，为人剽悍，盗贼常为他郡剧"（第 1248 页）。

卷一《河南道》：汴京（河南开封市），"地涉郑、卫之境，梁、魏之墟。人多髦俊，好儒术，难动以非，易感以义"（第 3 页）。

卷一〇《河南道》：陈州（河南周口市），"旧多儒学，好祭祀，其俗事巫"（第 182 页）。

卷一一《河南道》：蔡州（河南汝南市），"今其俗人性清和，乡间孝友，男务垦辟，女修织纴"（第 199 页）。

卷一三《河南道》：郓州（山东郓城）、濮州（河南濮阳），"地连邹、鲁，境分青、齐，硕学通儒，无绝今古。家尚质直，人多魁岸，不规商贾，肆力农桑，亦风土之使然也"（第 248、273 页）。

卷二一《河南道》：兖州（山东兖州），"其人好学，尚礼义，重廉耻，……地狭人众，颇有桑麻之业，无林泽之饶，趋商贾，好訾毁，多巧伪。……然而好学犹愈于他俗"（第 433 页）。

卷一五《河南道》：徐州（江苏徐州市）、宿州（安徽宿州市），"风俗好尚与邹、鲁同，无林泽之饶。俗广义爱亲，趋礼乐，好敦行"（第 296、327 页）。

卷一六《河南道》：泗州（江苏淮阴市），"其人好学，尚礼义，重廉耻。其俗俭啬爱财，趋商贾，好訾毁，多巧伪，然好学愈于他俗"（第 312 页）。

综上所述，可以概见中州大地的人们，地处平原，很少有山林收入，大多务农桑，比较重视文化，讲义气，颇有经商爱财等习俗。

（二）西北地区

卷二八《关西道》：同州（陕西大荔），"（自汉以来）人俗质木，不耻寇盗，性刚毅而好胜敌"（第 594 页）。

卷三五《关西道》：鄜州（陕西富县），"地连京师，俗与羌、浑杂居。抚之则怀安，扰之则易动，自古然也"（第 736 页）。

卷三五《关西道》：丹州（陕西宜川），"《隋图经杂记》云：'俗称丹州白室，胡头汉舌，言其状似胡，而语习中夏，近代称之部落稽胡。'"（第 744 页）

卷三七《关西道》：盐州（陕西定边）、夏州（陕西神木），"（地处毛乌素沙漠）地广人稀，逐水草畜牧。以牧养牛、马为业"（第 782、784 页）。

卷三九《关西道》：丰州（陕西五原），"地居碛卤，田畴每岁三易。自汉、魏以后，多为羌胡所侵。人俗随水草畜牧，迫近戎狄，唯以鞍马骑射为事"（第 827 页）。

卷四八《河东道》：隰州（山西隰县），"其人本号部落，久归汉法"（第 1010 页）。

卷四九《河东道》：代州（山西代县），"自代北至云、朔等州，封略之内，杂虏所居。纵有编户，亦染戎风。比于他邦，实为难理"（第 1026 页）。

卷一三四《山南西道》：文州（甘肃文县），"土风习俗半杂氐、羌，婚娶颇参中土"（第 2632 页）。

卷一三五《山南西道》：兴州（陕西略阳），"语带蜀音，然山高水峻，人居山上，种植甚微，惟以负贩为业"（第 2643 页）。

卷一五五《陇右道》：洮州（甘肃临潭）、岷州（甘肃岷县）风俗，"贵于妇人"（第 2974、2981 页）。

卷一五〇《陇右道》：秦州（甘肃天水市）、兰州、渭州（甘肃平凉市）、"天水、陇西六郡良家子多以才力选焉，……陇右数郡，人俗质木，不耻寇盗"（第 2899 页；另参卷一五一，第 2918、2927 页）。

卷一五〇《陇右道》：成州（甘肃礼县），"每耕耘之时，即鸣鼓唱歌以乐之"（第 2906 页）。

卷一五一《陇右道》：鄯州（青海西宁市），"深入羌胡习俗，全是吐谷浑可汗子孙，……夷言谓左衽，射袴不开裆，为寒故也"（第 2924 页）。

卷一五三（陇右道）："沙州（甘肃敦煌市）风俗，与甘（张掖）、肃州（酒泉）同，人民尤繁昌"（第 2956 页）甘肃风俗同凉州，"金气坚刚，人事慷慨"。

卷一五六《陇右道》：西州（新疆吐鲁番），"《十道要记》云：'都会未及于沙州，繁富尤出于陇右，盖有汉宫之遗风耳'"（第 2994 页）。

综上所述，西北地域辽阔，多属高原地区，胡汉杂居，仍存在尊重妇女的古老传统，人们性格豪爽率直，大多习于鞍马骑射。山高水寒，生活条件相当艰苦，远在关外的沙、西地区，由于地形特殊，当地居民生活却是比较繁荣富庶的。

（三）西南地区

卷一三三《山南西道》：兴元府（陕西汉中市），"汉川土地宽平，泉源清洁，俗多淳谨，不尚浮华"（第2611页）。

卷七二《剑南西道》：益州（四川成都市）、汉州（四川广汉市），"地沃人骄，奢侈颇异，人情物态，别是一方"（第1461页；参见卷七三，第1488页）。

卷七七《剑南西道》：邛州（四川邛崃市），"此郡与夷獠相杂，愈于诸郡"（第1523页）。

卷七八《剑南道》：雅州（四川雅安市），"邛、雅之夷獠，……俗信妖巫，击铜鼓以祈祷。至今卢山县新安乡五百余户，即其遗人也"（第1551页）。

卷七八《剑南西道》：茂州（四川汶山），"此州本羌戎之人，好弓马，以勇悍相高，诗礼之训阙如也。贫下者冬则避寒入蜀，佣赁自食，故蜀人谓之筰氏"（第1574页）。

卷八八《剑南东道》：泸州（四川泸州市），"地无桑麻，每岁畲田，刀耕火种。其夷獠则与汉不同，好淫祠，巢居岩谷，著班布，击铜鼓，弄鞘刀，刻木为契，刺血为信……乏用则鬻卖男女"（第1740页）。

卷八八《剑南东道》：昌州（重庆大足市），"有夏风，有獠风，悉住丛菁，悬虚构屋，号'阁阑'。男则蓬头跣足，女则椎髻穿耳。以生处山水为姓名，以杀为能事，父母丧不立几筵"（第1747页）。

卷一二〇《江南西道》：黔州（重庆彭水），"杂居溪洞，多是蛮獠，其性犷悍，其风淫祀，礼法之道，故不知之。开宝四年（971），黔南上言，'江心有石鱼见，上有古记云：广德元年（763）二月，大江水退，石鱼见。部民相传丰稔之兆'"（第2395页；参见卷一二〇《江南西道》，第2413页）。

卷一三六《山南西道》：渝州（重庆市），"大凡蜀人风俗一同，然边蛮界乡村有獠户即异也。今渝之山谷中有狼猱乡，俗构屋高树，谓之阁栏。不解丝竹，唯坎铜鼓，视木叶以别四时。父子同讳，夫妻共名，祭鬼以祈福也"（第 2660 页）。

卷一三七《山南西道》：开州（重庆开县）、达州（四川达州市）、渠州（四川渠县）、壁州（重庆璧山县），"巴之风俗，皆重田神，春则刻木虔祈，冬则用牲解赛，邪巫击鼓以为淫祀，男女皆唱竹枝歌"（第 2671、2675、2694、2722 页）。

卷一四九《山南东道》：万州（重庆万县市），"正月七日，乡市士女渡江南，峨眉碛上作雞子卜，击小鼓，唱竹枝歌。二月二日，携酒馔，鼓乐于郊外，饮宴至暮而回，谓之迎富"（第 2886 页）。

卷一四九《山南东道》：忠州（重庆忠州市），"夷獠颇类黔中，正月三日拜墓，二月二日携酒郊外迎富，除夜然灯，照先祖坟墓"（第 2889页）。

卷一四七《山南东道》：峡州（湖北宜昌市），"楚俗剽悍巧猾……士女事麻楮，不事蚕桑，男子刀耕火种，不知文学。其信巫鬼，重淫祀，与蜀同风"（第 2861 页；参见卷一四八"夔州"，第 2873 页）。

卷一二二《江南西道》：思州（贵州沿河），"风俗同黔中，地在荒徼之外，蛮獠杂居，言语各异"（第 2421 页）。

卷一二二《江南西道》：沅州（即巫州，湖南怀化市）、业州（湖南新晃），"有乌浒之民，噉蛇鼠之肉"（第 2431、2433 页）。

综上所述，西南地区主要包括山南汉中和川渝黔中、汉中、成都一带，生产发展，文化较高。而在盆地四周高原聚居的少数族人，言语各异，生产落后，居民爱唱歌、击鼓、祭祀，文化很落后。今云南、西藏地域，唐宋之际，尚非中原汉族政权所能控制，在此不予论及。

（四）东南地区

卷一二三《淮南道》：扬州（江苏扬州市），"其俗轻扬淫佚，好学工文，其民织纤稼穑"（第 2443 页）。卷一二四和州（安徽和县）、卷一三〇泰州（江苏泰州）和通州（江苏南通市），风俗皆"同扬州"（第 2454、2565、2568 页）。

卷一二九《淮南道》：寿州（安徽六安市），"淮南之地，人多躁急剽悍，勇敢轻进，斯地气之使然也"（第 2544 页）。

卷一二五《淮南道》：舒州（安徽潜山），"扬州之域，婚嫁丧祀，与诸夏同，率性真直，贱商务农"（第2473页）。

卷一二八《淮南道》：濠州（安徽凤阳），"扬州之域，婚娶丧祀，与诸夏不异。率性真直，贱商务农。其食秔稻，其衣绤布。地带淮濠，皆通舟楫，所货迁者，米麦柴炭"（第2529页）。

卷一四六《山南东道》：荆州（湖北江陵市），"荆之为言强也……人多剽悍。唐至德之后，流佣聚食者众，五方杂居，风俗大变。然五月五日竞渡戏船，楚风最尚，废业耗民，莫甚于此。皇朝有国以来，已革其弊。又人俗多居于江津诸洲"（第2833页）。

卷一一二《江南西道》：鄂州（湖北武汉市），"火耕水耨，人食鱼稻，以渔猎山伐为业。蠃、蛤食物常足，人偷生，朝夕取给而无积聚，重巫鬼之祀"（第2276页）。

卷一一四《江南西道》：潭州（湖南长沙市），"《湖南风土记》云：'长沙下湿，丈夫多夭折，俗信鬼，好淫祀，茅庐为室，颇杂越风。'……有夷人莫徭，自言先祖有功，免于徭役，性颇犷悍，时谓难理"（第2317页）。

卷一〇六《江南西道》：洪州（江西南昌市），"南朝雷次宗《豫章记》云：'地方千里，水陆四通。风土爽垲，山川特秀。奇异珍货，此焉是出……嘉蔬精稻，擅味于八方。金铁筱荡，资给于四境。沃野垦辟，家给人足，蓄藏无阙……人食鱼稻，多尚黄老清净之教'"（第2101页）。

卷八九《江南东道》：润州（江苏丹阳县），"吴、越之君皆好勇，故其人至今好用剑，轻死易发。自永嘉南迁，斯为帝乡。人性礼让谦谨，亦骄奢淫逸。婚嫁丧葬，杂用周、汉之礼"（第1758页）。

卷九二《江南东道》：常州（江苏常州市），"英贤之旧壤，杂吴、夏之语音，人性质直，黎庶淳让……举江左之郡者，常、润其首焉"（第1840页）。

卷九九《江南东道》：温州（浙江温州市），"俗好淫祀，有瓯越之风"（第1976页）。

卷一〇〇《江南东道》：福州（福建福州市），"《开元录》云：'闽州，越地，即古东瓯，今建州亦其地。有五姓，谓林、黄是其裔。'《十道志》云：'嗜欲衣服，别是一方'"（第1991页）。

卷一〇二《江南东道》：泉州（福建泉州市）、漳州（福建漳州市），"泉郎，即此州之夷户。……散居山海，至今种类尚繁……贞观十年（636），始输半课。其举止常在船上，兼结庐海畔。随时移徙，不常厥所。船头尾尖高，当中平阔，冲波逆浪，都无畏惧，名曰了乌船"（第 2030、2033 页）。

综上所述，东南地区自东汉以来，生产发展迅速，生活习俗与文化的进展加快，在全国范围内的超常进步表现，也是最为突出。

（五）岭南地区

卷一五七《岭南道》：广州（广东广州市），"五岭之南，人杂夷獠，不知教义，以富为雄，铸铜为大鼓……欲相攻击，则鸣此鼓，到者如云。有鼓者号为都老，群情推伏。……大抵南方遐阻，人强吏懦，豪富兼并，役属贫弱，俘掠不忌，古今是同。……萧齐《志》云：凭恃险远，隐伏岩障，恣行寇盗，略无编户……婚嫁礼仪，颇同中夏"（第 3011 页；参见卷一五九"韶州"，第 3053 页；卷一五八"春州"，第 3041 页；卷一六〇"浈州"，第 3068 页；"英州"，第 3073 页）。

卷一五九《岭南道》：端州（广州肇庆市），"有夷夏，人织蕉、竹、纻麻、都落等布以自给"（第 3057 页）。

卷一五九《岭南道》：循州（广东惠州市），"织竹为布，人多蛮獠。妇人为市，男子坐家"（第 3061 页）。

卷一六一《岭南道》：贺州（广西贺县），"俗重鬼，尝以鸡骨卜……俗多构木为巢，以避瘴气。豪渠皆鸣金鼎食，所居谓之栅。节会则鸣铜鼓……好吹匏笙"（第 3083 页）。

卷一六三《岭南道》：南仪州（广西梧州市），"俗不知岁，唯用八月酉日为腊，长幼相慰贺，以为年初。每月中旬，年少女儿盛服吹笙，相召明月下，以相调弄……两两相携，随处相合，至晓则散。男儿以白布为头巾，女儿以布为衫"（第 3116 页）。

卷一六三《岭南道》：窦州（广东罗定市）、昭州（广西平乐），"谷熟时，里闬同取戌日为腊，男女盛服，椎髻徒跣，聚会作歌。悉以高栏为居，号曰干栏，三日一市"（第 3120、3122 页）。

卷一六五《岭南道》：郁林州（广西郁林市），"夷人居山谷，食用手搏，酒名都林，合糟共饮，夜泊以纵媱。死则打鼓助哀，孝子尤恐悲泣。刻木契焉"（第3153页）。

卷一六六《岭南道》：邕州（广西南宁市），"今乡村皆戴白头巾。《邕州图经》云：'……椎髻跣足，尚鸡卜及卵卜。提色、俚、獠有四色，语各别，译而方通也……以竹灰为盐，不事五味'"（第3172页）。

卷一六六《岭南道》：贵州（广西贵港市），"风俗多何、滕、黄、陆等姓。以水田为业，不事蚕桑。生以唱歌为乐，死以木鼓助丧。又郡连山数百里，有俚人，皆为乌浒诸夷，率同一姓，男女同川而浴……居止接近，葬同一坟，谓之合骨……女既嫁，便缺去前一齿"（第3178页）。

卷一六七《岭南道》：容州（广西北流市），"《十道志》云：夷多夏少，鼻饮跣足，好吹葫芦笙，击铜鼓，习射弓弩，无蚕桑，缉蕉葛以为布。不习文学，呼市为墟，五日一集，人性刚悍，重死轻生。《郡国志》云：此地多瘴气"（第3190页）。

卷一六七《岭南道》：钦州（广西钦州市），"今乡村人皆戴白头巾，又别有夷人，名高梁人，不种田，入海捕鱼为业。婚嫁不避同姓，用腊月为岁。俚人不解言语，交肱椎髻，食用手搏。又有獠子，巢居海曲，每岁一移。椎髻凿齿，赤裈短褐，专欲吃人，得一人头，即得多妇。高梁以下送葬皆打鼓，春堂吹笙，箭用药箭"（第3201页）。

卷一六九《岭南道》：雷州（广东雷州市），"地滨沿海，人惟夷獠，多居栏，以避时郁"（第3230页）。

卷一六九《岭南道》：儋州（海南儋州市），"在海渚，不食五谷，食蚌及鳖而已。俗呼山岭为黎，人居其间，号曰生黎……弓刀未尝离手，绩木皮为布。尚文身……但看文字多少，以别贵贱……占薯芋之熟，纪天文之岁"（第3233页）。

卷一六九《岭南道》：琼州（海南琼山市），"有夷人，无城郭，殊异居，非译语难辨其言。不知礼法，须以威伏，号曰生黎。巢居洞深，绩木皮为衣，以木棉为毯。性好酒，每酝酿，用木皮草叶代麴蘖，熟以竹筒吸之。打鼓吹笙以为乐……好弓矢……女人文领，穿耳垂环，病无药饵，但烹犬羊祀神而已"（第3236页）。

综上所述，岭南地域除广州地区自秦汉以来，因商务等原因，所在地有所发展而外，广大腹地乃是尚待开拓的蛮荒地区，居民多为少数族人，彼此言语各异，有待翻译始通。地处低纬度，天气炎热，人们构木为巢，多居栏栅避暑，沿海居民捕鱼为业，性重鬼神，喜好吹笙、击铜鼓，婚姻习俗相当自由，与内地大有差异。

我国自古即是多民族聚居的大国，地域辽阔，人口众多，人们长期生活在经纬度相差很大的地区，自然条件的差异，经济发展有先后，生活条件很悬殊，极大地影响人们的风俗习尚。《隋书》卷三三《经籍志》曰："五方土地，风气所生，刚柔轻重，饮食衣服，各有其性，不可迁变……故曰广谷大川异制，人居其间异俗。"上举五大区极为粗略的介绍，可以看出彼此间大有异同，值得注意的是同为低纬度的广州与海南，或是同为高纬度的沙、西二州与黄土高原的众多州县，其经济与文化的状况是如此天然迥异，自然现象是多种因素造成的。本节要着重指出的是，各地的不同风俗习尚是当地居民社会风尚的正常反映，是研究地理学和历史学不可或缺的重要内容。

八

自秦、汉以至唐、宋，除北朝少数民族政权实力强大，无从否定以外，历代中央政府均对境内诸少数族人采取歧视方针。唐宋之交的乐史所撰写的《太平寰宇记》却用 28 卷篇幅对分散于内地和东西南北四方的诸族国，从地理学角度认真选编了它们的资料，按诸族所在的地理方位加以分编，开创了编选民族地理的新方向，那是应该充分肯定的。

乐史《寰宇记》卷一七二《四夷总序》云："凡今地理之说，盖定其方域，表其山川，而四夷之居，本在四表。虽猃狁之整居焦获，[1] 陆浑之处于伊川，其人则夷，其地则夏，岂可以周原、洛邑谓之夷裔乎！……两汉之制，县有蛮夷曰道，而其总述皆九牧之所领矣，是以今四夷之所说，

---

① 《毛诗正义》卷一〇《毛诗小雅》："猃狁匪茹，整居焦获。"孔颖达疏云："焦获，周地，接于猃狁者。"中华书局影印《十三经注疏》本 1979 年版，第 424 页。

皆其荒裔之本土焉。"（第 3296 页）编撰各民族分布的地志，是我国古代史书前所未曾有过的。乐史作了前人所未为，我们不能不承认那是重大的创新之举。由于经验不足，书中确实存在某些完全是外国的内容，自是瑕疵，我们不应过多指摘。若换一新视角，将它视为 10 世纪的世界地理著作，似乎未尝不可。寰宇之名便是名副其实。

乐史按东夷、南蛮、西戎、北狄的旧传统，将历代诸族国改编为东夷、南蛮各四卷，西戎九卷，北狄十二卷。逐一从地理方位记述四方诸族的简要活动状况，然后立目，叙述各族国的四至及其土俗物产，此乃改编旧史为地志的新创作。所谓土俗物产，即与《寰宇记》前面 172 卷分述国内各州府的编写体例，做到了完全一致。鉴于各州府所记"土产"，并非当地的一般产品，而是非常稀罕的特殊物产，拙文对它们没有具体提及，以免行文枝蔓。至于各府州的风俗，自是别具一格，因此前已分区作了讨论，借以洞察其异同。

乐史在《寰宇记》卷一七六《南蛮》对南蛮诸族，首先作了总述，其后有点睛之笔："唐已来，又逾梁、隋，至者皆是重译而至。其牂牁、夜郎、黔中、武陵，今为郡暨县，杂居中夏，为徼内夷，附之篇末。"（第 3354 页）这一表述结合实情，确是相当中肯。

《寰宇记》卷一八〇《西戎总述》云："后汉永平中，匈奴乃胁诸国共寇河西郡县，明帝乃命将出征匈奴，取伊吾卢地，置宜禾都尉以屯田，遂通西域于阗诸国。西域自绝六十五载，乃复通焉。其后班超定西域，至于海滨四万里外，皆重译入贡。自魏至唐，历代贡献。此皆西域塞外之羌夷也，其居中国，今附之于篇末焉。"（第 3448 页）书中将某些外国附录于篇末，似已意识到某些并不是中国国内的民族。

卷一八九《北狄总序》云："北狄之域，其与中国侵糅尚矣，盖最甚焉。……唐虞曰山戎，夏曰獯鬻，周曰猃狁，其实一也。其后有赤翟、白翟、林胡、楼烦之名。秦汉之际，匈奴为盛。后汉匈奴稍弱，而桓、灵之间，乌桓灭，而鲜卑大，尽有匈奴故地。其后诸部大人慕容、拓跋、宇文更盛，并据中国。而后魏神麚中（第 428—431 页），蠕蠕强盛，与后魏为敌。后魏末，蠕蠕灭，而突厥起，尽有其地。至贞观四年（630），方为李靖所灭，分其种落于河南、朔方。"（第 3619—3620 页）在分卷叙述中，乐史对铁勒、薛延陀、回纥诸部，乃至库莫奚、契丹、室韦、黠戛斯、骨利干等国，分别各有专题论述，颇有一些新意，值得一看。

《寰宇记》在全书之二卷二〇〇，撰写了《杂说并论》近 6000 字，（第 3840 页）记录了唐人傅奕、薛谦光、魏徵以及汉人严尤、班固有关边防的论述，以示警惕。最后，详细录出贞观二十一年（647），远夷所贡异常方物名称及其特色。再记天宝六载（747），鸿胪寺卿王忠嗣奏对《西域图记》所列西蕃诸国途程远近，作为全书结束语，他阐述了自汉至唐的对外交往与其得失，总结历史经验相当珍贵，很值得后人深思。

<h1 style="text-align:center">九</h1>

近些年来，口述历史已是蔚然成风，成为史学界的一个新亮点，既有名人口述，也有他人的访谈。访谈自然存在对采访对象的尊重。我非常敬佩司马迁在《史记》中所述其旅行和采访所得珍贵资料。读其他史书时，亦曾偶尔见到父老传云的类似记述。如《续汉书·郡国志四》注引"《襄阳耆旧传》曰：县西九里有方山。父老传云，交甫所见游女处，此山下之曲隈是也"（第 3481 页）。类似事例，在众多史中颇为罕见。《华阳国志》卷一二《序志》称："汉祖阶之，奄有四海……其次圣称贤，仁人、志士，言为世范，行为表则者，名注史录。而陈君承祚，别为《耆旧》，始汉及魏，焕乎可观"，对《益部耆旧传》的评价颇高。《寰宇记》有关这样的记述非常多，既有称为《耆旧传》的，也有只称父老传云的。此类传述，当然和当今的口述历史不能等同，但确有类似之处。关于《耆旧传》，《隋书·经籍志》《旧唐书·经籍志》《新唐书·艺文志》所记《耆旧传》的作品甚多，① 可惜诸书都已佚失，仅《襄阳耆旧记》今有辑补传世。②

----

① 《隋书》卷三三《经籍志》已："《四海耆旧传》一卷……《益部耆旧传》十四卷，陈长寿撰。《续益部耆旧传》二卷……《陈留耆旧传》二卷，汉议郎圈称撰……《陈留耆旧传》一卷，魏散骑侍郎苏林撰……《东莱耆旧传》一卷，王基撰……《襄阳耆旧记》五卷，习凿齿撰……《长沙耆旧传赞》三卷，晋临川王郎中刘彧撰.'（第 974—975 页）《旧唐书》卷四六所记大致相同，且云《四海耆旧传》一卷，李氏撰。刘彧《长沙耆旧传赞》四卷。（第 2001 页）。《新唐书》卷五八也大致相同，且称《韦氏四海耆旧传》一卷，《益州耆旧杂传记》二卷（第 1480 页）。

② 黄惠贤：《襄阳耆旧记校补》 中州古籍出版社 1987 年版。

鉴于以耆旧传为名的著作其多，在《寰宇记》中累有引录。今先选署名《耆旧传》的若干条记事如下。

卷五九《河北道》：邢州内丘县，"雷公山。《耆老传》云：魏时黑山群盗张燕等，不立君长，直以名号为称，多髯者，谓之羖公；大声者，谓之雷公。时贼保此山，以为名也"（第1223页）。按《后汉书》卷七一《朱俊传》云："自黄巾贼后，复有黑山、黄龙、白波……之徒，并起山谷间，不可胜数。其大声者称雷公，骑白马者为张白骑，轻便者言飞燕。……如此称号，各有所因。大者二三万，小者六七千。"（第2310页）同书卷七四上《袁绍传》注引《九州春秋》曰："（张）燕本姓褚，黄巾贼起，燕聚少年为群盗，博陵张牛角亦起与燕合……牛角死，众奉燕，故改姓张。性剽悍，捷速过人，故军中号曰'飞燕'。其后人众浸广，常山、赵郡、中山、上党、河内诸山谷皆相通，号曰'黑山'也。"（第2379页）

卷三六《关西道》：延州延长县，"髑髅山神庙，在县东六十里。耆老相传，古时战斗相杀，收入人首数千万于此山，因置神庙"（第754页）。

卷六〇《河北道》：祁州无极县，"侯坊陵，在县西十三里。《耆老传》云，中山靖王七代孙封资亭侯弥子征匈奴有功，薨，谥曰武侯，因葬此，号为侯坊陵"（第1239页）。

卷六六《河北道》：莫州郑县，"闾丘台，在县南十六里……《耆老传》云，此台是闾丘寿王读书之处"（第1348页）。按《汉书》卷三〇《艺文志》，"闾丘子十三篇。闾丘，名快，魏人"。《寰宇记》卷六六称，"《汉书》：闾丘寿王，涿郡高要人"。今本《汉书》并无此记载，乐史所记疑有误。

卷六五《河北道》：沧州南皮县，"尹吉甫墓，在县西三十里。又《耆老传》云，吉甫墓上有树二根，有墓以来，即有此树，柯条郁茂，不觉其老，俗云年长树"（第1330页）。

卷七七《剑南西道》：雅州严道县，"周公山，在县东南畔。山势屹然，上有龙穴，常多阴云。《耆老传》云，昔诸葛亮征南，于此梦周公，遂立庙。州县以灵验闻。伪蜀乾德六年（924）封显圣王之庙"（第1551页）。

卷九五《江南东道》：睦州桐庐县，"汉为富春县地，吴黄武四年（225）分富春置此。《耆旧传》曰，桐溪侧有大椅桐树，垂条偃盖，荫蔽数亩，远望如庐，遂谓为桐庐县也"（第1911页）。

上列六条所称《耆老传》书名，不见于隋、唐志所列。《耆旧传》虽在隋、唐志记载很多，仅云《耆旧传》，失去了它应有的地域独特性，殊为难测它出自何种名目的《耆旧传》。乐史撰有至今传世的《广卓异记》20卷，备记历代君臣乃至神仙怪异之事，末卷且录及诸仙甚至尧舜时事，颇与《寰宇记》某些篇章喜好上溯先秦尧舜五帝时事，有着异曲同工之处。但《寰宇记》是地理总志，与怪异小说大相径庭，不能相提并论。

《寰宇记》所记泛泛称为"古老传云"之事，想来亦是采自诸《耆旧传》，但无一记明其依据何书，而其数量却非常多。现在先选录与历史人物有关的条目如下：

卷一五《河南道》：徐州沛县，"歌风台，在［沛］县城东南一百八十步。古老传云，高祖征英布还，过沛，于此台歌曰：'大风起兮云飞扬。'因为名"（第301页）。

卷二〇《河南道》：登州蓬莱县，"鲧城，在［蓬莱］县南六十里。古老相传云，是魏将田豫领兵御吴将周贺筑之，盖近殛鲧之地，因名"（第408页）。按《三国志》卷四七《吴主传》：嘉禾元年（232）"三月，遣将军周贺、校尉裴潜乘海之辽东。秋九月，魏将田豫要击，展斩贺于成山"（第1136页）。所称殛鲧之地，乃子虚乌有。

卷二二《河南道》：海州朐山县，"韩信堰，在［朐山］县西十里。相传云，韩信为楚王时，以地洿下，遂立此堰，今为大路"（第461页）。按《汉书》卷三四《韩信传》记信为楚王，为报恩厚赐亭长及胯下之辱之少年，而并无立堰记事（第1875页）。

卷二二《河南道》：海州东海县，"废艾不城，在［东海］县北二十四里。今古相传，田横避难，汉使艾不追横而筑"（第463页）。按史书不记有艾不其人，更无筑城记事。此当为民间对田横事迹的美妙传说。

卷二〇《河南道》：登州文登县，"文登山，在［文登］县东二里。古老相传，秦始皇东巡，召集文人登此山，论功颂德，因名"（第410

页）。"望海台，在［文登］县东北一百八十里。古老相传，始皇在成山垒石造此望海。"（第411页）

卷二〇《河南道》：登州牟平县，"系马山，在［牟平］县东四十里。古老相传，始皇游此山，揽草系马。至今山中草春生，并皆垂直，若人系结之状。俗云'系马砠'"（第414页）。

卷二〇《河南道》：莱州即墨县，"阴山，在［莱州即墨］县东南八一里……古老相传云，秦始皇幸瑯邪，因至牢威山，望蓬莱，盖立马于此"（第420页）。

卷二二《河南道》：海州朐山县，"孔望山，在［海州朐山］县西南一百六十里……山前石上有二盆，古老相传云，秦始皇洗头盆，盆边发隐隐，并山上马迹犹存"（第460页）。

卷二三（河南道）：沂州临沂县，"永嘉故台，在［沂州临沂］县理西南二里。故老言，瑯邪王睿永嘉中所筑"（第479页）。

卷一〇《河南道》：陈州西华县，"柳城，在［陈州西华］县西二十里。古老相传云，女娲氏之都，本名娲城。魏邓艾营稻陂时，柳舒为陂长，后人因为柳城"（第192页）。

卷一〇《河南道》：陈州项城县，"秦邱，在［陈州项城］县西南四十七里。古老传云，秦王苻坚将兵南征，驻于此邱，故名秦邱。邱侧有故城，名曰秦母城，亦名秦王城。东晋孝武帝时，秦将苻融攻陷寿春，苻坚舍大兵，轻骑赴之，时有谣曰：'坚不过项。'坚出令曰：'敢言吾至寿春者，拔其舌。'众谏不从，坚遂败"（第188页）。

卷一〇六《江南西道》：筠州高安县，"败伏山，在［筠州高安］县西南一百一十里。古老相传，陈武帝自下胜敌，转战至此山，又破贼伏军。百姓思之，因以为号"（第2118页）。

卷一〇七《江南西道》：信州上饶县，"星石山，高百余丈，罗列周布若贲星焉。俗传避黄巢之乱者居此岭。有藏金，每夜见火光"（第2151页）。

卷一〇七《江南西道》：饶州余干县，"冠山，在县东，平地崛起，巍然如冠。前瞰琵琶州，相传陆羽于此煮茶"（第2140页）。

卷一二八《淮南道》："［濠州］南华真人冢，在今州东二里。相传是

庄周之墓，在今开元寺讲堂后。"（第 2532 页）

卷一五六《陇右道》："［廓州］达化县，浇河城，亦谓之故廓州，在县西一百二十里。古老传云，赵充国所筑，或云吐谷浑旧城。晋永平，拜吐谷浑主阿豺为安西将军、浇城公，即理此是也。"（第 2984 页）

卷五七《河北道》：澶州观成县，"放鹤池，在县西南五十六里。古老相传，卫灵公养鹤之地"（第 1177 页）。按，《史记》卷三七《卫康叔世家》不记此事，卫康叔是周武王同母弟。

《寰宇记》所记遍及诸道的大量传言，多为神话或半神话性的。今亦选收若干条，以见其梗概。

卷一三《河南道》：郓州东阿县，"浮山，故老相传云，尧时大水，此山浮于水上。时有人缆船于岩石间，今犹有断铁锁存焉"（第 254 页）。

卷一六《河南道》：泗州临淮县，"甓山，有祠，在［临淮］县西五十里，居山顶。古老传云，石大如斗，树无三尺，直木约高三丈。隋大业十二年（616），赵征君于此读书，时人慕其德行，遂立祠。遇旱，州人祈祷"（第 312 页）。

卷一六《河南道》："泗州招信县，古奔精城，在县南六十里平地。古老相传云，是蛮奔精王所筑，未详年代。"（第 320 页）

卷一〇《河南道》："陈州宛邱县汤井，在州南门。古老传云，殷汤大旱，人民众穿此井。"（第 186 页）

卷一〇《河南道》：陈州宛邱县，"清丘，在［宛丘］县东北五十里，高二丈五尺。古老传云，汉淮阳王常登此丘游望，闻汉中有清丘，故遥取为名"（第 184 页）。"砚丘，在［宛丘］县东南四十里，高五丈。古老传云，楚王灭陈于此宴会军士，遂名醮丘，后人语讹为砚丘。"（第 185 页）"陈陀沟，在［宛邱］县北十里……古老传云，陈公子陀开，所以灌溉也。"（第 185 页）"五梁沟，县西南十里……古老传云，此沟有五桥渡，因明焉。"（第 185 页）"偶台，在县西北二十五里，二台相对，各高二丈，古老传云，淮阳王城伎乐之处。"（第 186 页）"贮粮台，在县南二十里。古老传云，楚伐陈，于此筑台以贮粮。北临蔡水，下通江淮之利。""双女陵，在县西南十三里。古老传云，陈侯之女厉伪之陵也。"（第 184—186 页）

卷一〇《河南道》：陈州项城县，"项国城，在［项城］县东北一里。古老传云，故项子国。《春秋》，齐人灭项，即此城"。"互乡城，在［项城］县城北一里，古老传云互乡之地。"（第188页）

卷一〇《河南道》：陈州南顿县，"柏冢，在县南二十里。古老传云，应奉冢多生柏，因以为名"（第191页）。按，应奉为应劭之父，见《后汉书》卷四八，劭撰有《风俗通》著名。

卷一八《河南道》：潍州北海县，"霹雳山，在县南五十八里。古老相传，其山常（或作'曾'）出霹雳铁，本号铁山。天宝六载，敕改为霹雳山"（第362—363页）。

卷一九《河南道》："齐州历城县孝感水，在县北门……耆老传云，昔有孝子事母，取水远，感此泉涌出，故名孝水。天宝六载，敕改为孝感水"（第384页）。

卷一九《河南道》："齐州临邑县，蓍城，在县东南五十里。古老相传，地生神蓍草，每年贡四十九茎。"（第389页）

卷一九《河南道》：齐州长清县，"故济北县城，在县西三十里。耆旧相传云，移于今县，改为长清"（第393页）。

卷二二《河南道》：海州朐山县，"南坠星山，在县南六十里。古老相传云，商时星坠于此。""孔望山，在县西南一百六十里……古老相传云，秦始皇洗头盆，盆边发隐隐，并山上，马迹犹存。"（第460页）

卷二二《河南道》：海州东海县，"苍梧山，在县东北二里。古老相传，此山在海中，后飞至此"（第463页）。

卷二二《河南道》：海州东海县，"县理城，在郁洲上……古老传言，此岛上人皆先是糜家之棣，今有牛栏一村，旧有糜家庄牧，犹祀祭之，呼曰糜郎"（第465页）。

卷二三《河南道》：沂州临沂县，"永嘉故台，在县理西南二里。故老言，琅邪王睿永嘉中所筑"（第479页）。

卷二〇《河南道》：莱州即墨县，"女姑山，在县西南三十八里。其山北旧有墓，古老传云，此为明堂。汉武帝所起"。"阴山，在县东南八十里。……古老相传云，秦始皇幸琅邪，因至牢威山，望蓬莱，盖立马于此。"（第420页）

卷三一《关西道》："耀州云阳县，《云阳宫记》云：甘泉宫北有槐树，今谓玉树，根干盘峙，二三百年木也。耆老相传，咸以为此树即扬雄《甘泉赋》所谓玉树青葱者也。"（第 666 页）

卷三二《关西道》：陇州汧源县，"张女郎祠。古老相传云，汉张鲁女死于此，时人为立祠，民祷有验"（第 687 页）。

卷三五《关西道》：丹州汾川县，"安乐山，在县南十里。古老传云，昔屯兵于此，因名安乐"（第 746 页）。

卷三六《关西道》：延州延长县，"髑髅山神庙，在县东六十里。耆老相传，古时战斗相杀，收入人首数千万于此山，因置神庙"（第 754 页）。延州肤施县，"濯筋川水，在县北二十九里……耆老云，昔日尸毗王割肉救鸽，身肉并尽，于此水中濯其筋骨，因此为名"（第 754 页）。延水县，"骨胡川，自绥州绥德县界四十里合黄河。古老云：'胡名骨胡川，汉名干川。'今无水"（第 755 页）。

卷四〇《河东道》：平晋县"旧府城，故老传，晋并州刺史刘琨筑。今按城高四丈，周回二十七里"（第 845 页）。

卷四四《河东道》："宪州（天池县）独子川，在公主山下，基址犹存，高丈余。古老传云，隋所筑。"（第 891 页）

卷四四《河东道》：泽州陵川县，"九仙台，在县西六十五里古贤村，壁立万仞，三面泉流。古老相传，昔九仙曾会于此"（第 921 页）。

卷四七《河东道》：绛州绛县，"圣水，在县西十里。疾者饮辄愈。耆老相传云，后魏太和六年（482），土人杨斛因耕，忽有三泉，黯然不流，汲一泉，二泉辄动，亦如苦县九井，汲一井而八井泉动，即此类也"（第 993 页）。

卷五七《河北道》：澶州清丰县，"金堤上源，在县南四十五里。故老传云，金堤头上有秦女楼，下入顿邱县界"（第 1178 页）。澶州观城县，"放鹤地，在县西南五十六里。古老相传，卫灵公养鹤之地"（第 1177 页）。

卷八四《剑南东道》：剑州阴平县，"龙穴山，在县东北五十里。亦名龙像岩，亦名龙血山。古老相传，昔此山有龙斗死，血变为石，宋、齐于此置龙血戍"（第 1676 页）。

卷一〇六《江南西道》：洪州丰城县，"九子池，相传凤凰将九雏饮此"。分宁县，"雞鸣峰，在县西五里，青岚峭绝，上无人跡。每闻雞鸣，状若天鹅之类，古老相传，是名雞鸣峰"。分宁县，"鹿源山，在县西八里，与瀑布水相去一里。源上有九峰，高耸峭直，宛转回顾，势似相揖。古老相传，昔有仙人当乘白鹿出入其间，故以为名"。分宁县，"鹤源水，在县东北七十里。冬夏不绝，田畴赖之。尝有群鹤饮集，故时人相传呼之为鹤源"。靖安县，"吴憇山，在县北五里，相传吴猛尝憇此"。靖安县，"谌母峰，在县北十里，桃花夹径。相传许旌阳会谌母于此"（第2110—2113页）。

卷一〇七《江南西道》：信州上饶县，"叫石，在州西九十里。巨石枕江，有数十穴，亦如口。古老相传云，织女失缨，九石不能上，石叫大琛山，其势似遏流，其缨乃上。元和十年（815），观察推官许尧佐求瘼，往来过此，因为文叙之，名曰《走石说》，刊之于石，置于叫石之侧"① （第2150页）。

卷一〇九《江南西道》：吉州吉水县，"吉水，在县东北十里。……故老传云，此水源出有波文成'吉'字，亦如巴峡之水屈曲成'巴'字也"（第2217页）。吉州安福县，"更生山，在县西北五十里。故老传云，山有豫章树，伐而更生"（第2213页）。

卷一一六《江南西道》：道州营道县，"五老人庙，古老相传，国子司业阳城除道州，至于襄阳，见五老人临江拜迎，自称道州百姓，因各与绢并幞头，问其所居，曰家住城西北五里。城至州访之，吏曰：'城西北无居人，唯有五龙井。'往验之，见所遗物皆置石上，遂立五龙及五老人庙也"② （第2343页）

卷一一六《江南西道》：永州零陵县，"焦山，在州西北一百里。上有一池及墀砌圆坛，左右梨、橘，春足名花。传云是昔舜南巡所憇之处"。"俞山，在州南三十里。一名石室山，山西临潇水，耸峻万峰。古老相传，郡有名人，累朝不绝，因此名山。"（第2348页）

---

① 《旧唐书》卷一八九、《新唐书》卷二〇〇均有《许尧佐传》，皆无此记。
② 《旧唐书》卷一九二、《新唐书》卷一九四均有《阳城传》，不记有此事。

卷一二四《淮南道》：楚州淮阴县，"白水塘，在县南九十五里。故老云，邓艾平吴时修此塘，置屯四十九年，灌田以充军储"①。（第2463页）

卷一二六《淮南道》：庐州合肥县，"巢湖，在今县东南六十里。……耆老相传云：居巢县地，昔有一巫妪，豫知未然，所说吉凶咸有征验。居巢县门有石龟，巫云若龟出血，此地当陷为湖。未几，乡邑祀祭，有人以猪血置龟口中，巫妪见之南走，回顾其地，已陷为湖，人多赖之，为巫立庙，今湖中姥之庙是也"（第2491—2492页）。

卷一二七《淮南道》：光州光山县，"故黄川城，在县南四十里。耆旧相传云，古黄国别城。宋昇明年置郡，州带黄水，因名黄川郡"（第2513页）。

卷一二八《淮南道》：滁州永阳县，"八石山，在县西南十三里。故老相传云，有八仙人自寿春寻淮南王，于此山过，各踞一石坐，故号八石山"。滁州全椒县，"羹颉侯墓，在县城南，古老相传，今无碑石矣"（第2527页）。

卷一二八《淮南道》：濠州钟离县，"莫耶山，长老传云，古者于此山铸莫耶剑，因名山"。"曹山，在州南六十里，古老相传，昔魏太祖东征，驻兵停此岭，因名曹山。""濠塘山，在县南六十里，有濠水出焉。古老相传，缘山泉灌濠成塘，故以为名。山穴出钟乳……居人或九月以后，二月以前揉取，服之颇益寿。"（第2530—2531页）

卷一三二《淮南道》：信阳军信阳县，"故平靖关，在城西南七十六里。……长老传云，此关因山为障，不营濠隍，故名平靖关"（第2601页）。

卷一三七《山南西道》：开州开江县，"神仙山，在县东清江水东四里。古老相传云，昔有仙人衣朱衣乘白马登此山，本道以闻。天宝二载（743）敕置坛，号神仙宫"（第2672页）。

卷一四二《山南东道》：邓州内乡县，"马户山，山有穴若户，相传昔有马出以为名"（第2757页）。

卷一四三《山南东道》：房州房陵县，"三王冢，其县南有大坟三所，

---

① 《三国志》卷二八《邓艾传》不记此事，艾在264年已被杀，不可能参加平吴之役。

号三王冢。县北有赵王冢，并无碑记，皆古老相传"。竹山县，"龙衹山，在县南二里，古老相传：'昔有道士王若冲于此山服柏叶，身上毛生碧绿色，白日升天'"。竹山县，"王冢山，在废上庸县西六十里。古老相传，有三王冢在此"（第 2785—2787 页）。

卷一四五《山南东道》：襄州宜城县，"大隄城，今县城也。其俗相传为大隄城，至今不改"（第 2819 页）。

卷一四六《山南东道》：荆州江陵县，"蚌城，在江内燕尾洲上。相传饥年人民结侣拾蚌止憩于此，故以为名"（第 2837 页）。松滋县，"曹屯湖，在县西二十五里。相传曹操屯兵于此"。石首县，"调弦亭，在县东六十里，相传伯牙鼓琴于此"（第 2843 页）。

卷一五七《岭南道》：广州增城县，"别情洲，在县东南江水之中。小洲四面悬绝，古老相传云，于此洲上叙别，因此为名"。清远县，"狮子石，在县东，中宿峡内北山顶上。形如狮子，头身尾足耳宛然。古老相传曰，昔有僧居其石而无泉，感老人指泉，今则有玉泉寺"（第 3017—3018 页）。

卷一六〇《岭南道》：南雄州始兴县，"鼻天子墓、相传云，昔有人开之，见铜人数十拥笏列侍，器饰悉是金银，俄闻冢内击鼓大叫，震动山谷，竟无所取，惧而返，闲日重往，已自复矣"（第 3076 页）。

卷一六一《岭南道》：高州电白县，"射狼山，在良德县界，去州十里。古老相传，入射狼于此"。电白县，"波浪山，在良德县界，去州七十里，冈珑如波浪，古老相传，海沫漂成"。茂名县，"毛山，在旧县东二十里。古老相传云，昔有毛女隐此"（第 3089—3092 页）。

卷一六八《岭南道》：宜州，"按《投荒录》云：'宜州乃桂之属郡，州有河，其水如桂之阳江……故老流传，旧神龙所开'"（第 3214 页）。

上述所摘资料表明，《寰宇记》所录多数古老相传的资料，也应来自诸耆老传，今已无从查核。从中很可以反映出诸传言，颇有些似史非史。从地理学的角度考察，它也并非是真实规范的。或许可以说，上述某些地名，有可能是作者意识中的仙山琼阁，存在着幻想与真实客观游离地相结合。将它纳入上述历史之类，或列入神话故事行列，对开展社会史的研究应有所资助欤！

十

《寰宇记》与《太平御览》是完全不同类型的著作，本不可进行比较。但两部书都定位于宋太宗太平兴国年间，《御览》内容固然包罗万象，其中也包含了 40 卷（卷三六至七五）的"地部"。因此，无妨将它们作粗略的比较。

首先，这两部书都定位于宋太宗太平兴国年间，《御览》乃是按太宗旨意，"凡诸故事可资风教者悉记之"。它由李昉、扈蒙等 14 人于太平兴国二年（977）开始，至太平兴国八年（983）集体编成 1000 卷，内容共分 55 个部门，每部又分若干细目，记事包括自上古以至唐末五代，并不涉及赵宋时事。

《寰宇记》是由乐史一人私撰，费时多久，未见明文记载。它集中探索中国历代政区地理的变迁，远自上古，下限止于宋太宗太平兴国末年，而以汉、宋间的政区变迁为该书重点。据王文楚先生点校本书时的仔细考查，书中有作者死后若干年的记事，表明它经历了后人的增补，但不明白补者是谁。《御览》中的地部记事，包括地、水、山、石、桥、沟、渠、塘、坝、陂、湖、冰、池、堰、埭、沙、砾等名目的记事，均是指明其所在，乃是横向叙述，极少言其前后变迁。《寰宇记》记地理诸事，都是纵向结合历朝政局而言，很注意社会现实，一直延伸到他生活的太平兴国晚年。《御览》的每条资料皆记其来源和所本，《寰宇记》记事，一般皆交代出处，但记中唐后，特别是元和末年经晚唐五代十国以至宋太祖、太宗的政区记事，几乎都没有交代其依据，应是作者辛勤搜集补缀而成，足以显示其本身的重要价值。这两部书所引古记，大多已不存于世，吉光片羽，赖以保存，十分可贵。《御览》至今保存基本完整，确是巨大的古籍资料库。《寰宇记》历尽沧桑，虽经学者们多方搜集，仍然缺失二卷半，书中所引有关地理及其他资料，颇可供校读《御览》时作重要参考。

顺便指出，《御览》和《寰宇记》二书，记同一件事，取舍颇有异同。例如《御览》卷七五《渠》引《邺城故事》云："西门豹为令，造十二渠，决漳水以溉民田，因是户口丰饶，今渠一名安泽陂是也。"（第 351

页)《寰宇记》卷五五相州邺县西门桥引《邺城故事》在"今渠一名安泽陂"之下，还有"齐天保五年（554）仆射魏收为碑存焉"（第1138页）。类似事例，还有一些。关于《邺城故事》书名，《御览》卷首所记1000多种引书名目，并无其名。刘知几《史通》卷三《书志》却记有《邺都故事》。《御览》卷二一三《设宫部》引有杨楞伽《北齐邺都故事》（第1039页）。《新唐书》卷五八《艺文志》记"裴矩邺都故事十卷"（第1475页）。"马温《邺都故事》二卷，肃、代时人。"（第1507页）这些《邺都故事》，今均佚亡，未知二书所引《邺城故事》是否同一书，或许多少有些关联。

　　两书引用古籍的名称，同一部书当时即有不同称谓。《御览》成于众人之手，差可谅解。《寰宇记》是一人执笔，理应统一。同书异名，很不便读者，如《北魏风土记》，别作《北魏舆地图》与《风土记》。刘澄撰《宋永初山川记》，别作《宋永初古今山川记》乃至《山川记》。《四夷郡国县道记》别为《四夷县道记》。梁载言《十道志》，简作《十道录》、《十道记》或《梁地志》。贾耽《郡县十道记》，或写作《郡国县道记》，或写成《县道记》。汉朝圈称《陈留风俗传》称为《陈留耆旧传》《耆旧传》。《晋太康地理志》一作《太康地记》或《太康志》。《晋伏滔北征记》作《北征记》《晋北记》。晏谟《三齐记》作《齐记》《三齐略记》。《括地志》或作《魏王泰志》《坤元录》。伏琛《齐地记》作伏琛《齐记》；《晋地道记》作《晋地记》或《晋地理记》；隋《淮阳郡国图》作《隋淮阳图》《淮阳郡图》。如此等等，为数众多，令读者不易弄明白。

　　尤为突出的是《郡国志》一名，在《寰宇记》中出现频率超过百次。自汉至宋，正史中称《郡国志》者只有西晋人撰《续汉书·郡国志》一种，所记乃汉代事。《寰宇记》中大量出现记录魏晋以至唐代以及时代不明的《郡国志》是一部什么书呢？经查，《新唐书》卷五八《艺文志》有佚名作者《郡国志》十卷，《宋史》卷二〇四《艺文志》有曹大家《郡国志》二卷。曹大家在两《唐书》和《宋史》均无传记，从它在《宋志》书目中排列次序看，似是唐、宋间人。《寰宇记》所引《郡国志》绝大多数似应是唐人某氏所撰十卷本的《郡国志》。其书在《隋志》《旧唐志》中均无记载，也许是中唐人氏，此志在《寰宇记》中引录之数量绝对是第一位的，这使我有些质疑和费解。从另一角度看，《寰宇记》很有些笔误，令读者吃惊。卷一一〇将《汉书·地理志》写成《汉书·郡国志》，卷六七将《续汉书·郡国志》写成《续汉书·州郡志》，卷一二四将《宋书·州郡志》写成《宋书·地理志》，卷三将《唐书·地理志》写成《唐书·州郡志》，如此等等。作为一部地理总志的专著，是不应该出现这样一类误书的。至于本书引录古籍古史资料出现的差错，王文楚先生在点校记中已指出了一些，以其不是我们讨论的要害处，在此不必续举更多的事例了。另外，在《寰宇记》中，提到十余处地点，"旧地理书并失其所在"，作者并未作任何仔细具体探讨，采取轻易断定即为某地的处理方式。颇为孟浪从事，写作太不够严谨了。

（原载《隋唐辽宋金元史论丛》第一辑 2010 年 11 月）

北宋役法（差役、免役）中的几个问题

　　我国古代对役事之征发，元人马端临对其渊源演变有过很好的评估，他说："古之所谓役者，或以启军旅，则执干戈冒锋镝而后谓之役，或以营土木，则亲畚锸，疲筋力，然后谓之役……"至汉时有乡亭之任，"则每乡有三老……未闻以任乡亭之职为苦者也"。对汉唐之征役，我曾撰写多篇论文讨论，历代征役虽有某些变化，至唐代这一变化开始显露出来。唐中宗时，监察御史韩琬上疏言，"今妇夫女役常不知怪……往者学生、佐史、里正每一员阙，拟者十人，今当选者亡匿以免"（《新唐书》卷一一二《韩琬传》）。到唐宣宗时，大中九年（855）闰四月"诏以州县差役不均，自今每县据人贫富及役轻重作差科簿，送刺史检署讫，锁于令厅，每有役事，委令据簿定（轮）差"。胡三省注云："今之差役簿始此"，是知这种差役法始于唐。至宋，差役法已全面取代古代的征役，《通考》卷一二载周显德五年（958）诏，"诸道州府令团併乡村，大率以百户为一团，每团选三大户为耆长，凡民家之有奸盗者，三大户察之，民田之有耗登者，三大户均之，仍每乃三载，即一如是"。所说耆长之役，即是宋代乡役逐捕盗贼之事，是由三大户负责，耆户即是宋代耆户职役。宋代，征发夫役以外，差役法处于不断的变动中。按规定，差役法主要应差大户富户充当。北宋熙丰变法时期，对免役法有些新规定。本文拟具体着手将差役法的免役做点认真考察，表明免役对贫穷下户实在没有带来多少好处。

　　宋代的役法在熙丰时期有过一次重大改革。且看宋人对役钱的一些认识，北宋苏轼言：

　　　　自唐杨炎废租庸调以为两税，取大历十四年（779）应干赋敛之数，以立两税之数，则是租调与庸，两税尽兼之矣，今两税如故，奈何复欲取庸。①

晁说之上疏称："本朝因唐杨炎并租庸调之二税以为税矣，近又纳义仓，是再租也，五等之民岁纳役钱是再庸也。"②

刘谊也说："朝廷立一法使民出钱，而害法者十，臣请逐言之。唐坏租庸调而为两税，其后每税钱千而增二百，是庸之外一取矣；五代之鞠、盐、鞵、蓑，本朝皆入两税，是庸之外两取矣……又出役钱，是庸之外四取矣……"③

南宋李心传说："唐之庸钱，杨炎已纳入二税，而后世差役复不免焉。是力役之征既取其二也。本朝王安石令民输钱以免役，而绍兴以后，所谓者户长、保正雇钱复不给焉，是取其三也……"④

这些宋人一致把熙宁变法时的役法，跟唐代的丁庸混为一谈。这种观点直至 20 世纪五六十年代，我国史学界有关役法的著作也大都沿用，其实很值得商榷。

我国中古时期，历代中央政权都强迫劳动人民从事无偿的劳动，如修桥、筑路、土木工程和运输等役，通称为徭役。宋代，通称这种徭役为夫役、工役或差夫。按规定，有些劳役可以出钱粮雇募充当。称为"雇夫"、不愿服劳役的要交纳"免夫钱"。不过，有些劳役是规定必须服现役的，如河上夫役等，这种由劳动人民承担的徭役正是汉唐以来一直存在的力役之征。宋代的劳动人民所直接负担的夫役，没有秦、隋时期那么集中和突出。但在史册上仍留下了不少的相关记载。这点我曾撰文作了讨论。宋代熙丰变革时期的役法，主要不是上述劳动人民充当的力役，而是另一种差役。这种差役又被称为色役、职役或吏役，他们是在地方州县衙门的公吏，或是地方政权的头目，也就是地方和基层政权中任职的吏胥之役，这些人应是秦汉以来历代郡县的掾属胥史和乡官之类的变相与发展。因而，不宜将它与上述劳动人民承担的繁重力役相混淆。《文献通考》卷一三记

---

① 《苏东坡集》卷二四《上万言书》，《宋史》卷三三八《苏轼传》。
② 《嵩山文集》卷一《元符三年应诏封事》，参见《宋史》卷一七五，又卷一七七《食货志》。
③ 《建炎以来朝野杂纪》甲集卷一五身丁钱。
④ 《长编》卷三二四元丰五年三月乙酉，参见《宋史》卷一七五，又卷一七七《食货志》。

宋元之际的马端临即已认识到，"唐代之所谓庸，乃征徭之身役，而非乡职之谓也"。20 世纪七八十年代，我撰写汉唐间的论著时业已初步意识到有品级的吏（官吏），是和吏役的吏大有差异，且已行之于文字作了说明，但认识肤浅。其后，读到王曾瑜先生撰《宋代的吏户》大开我的眼界，此文即是对北宋的职役略呈浅见。我对《宋史》相知甚少，受王曾瑜教授的启迪，① 文中有些重要论点，深受王文的影响，特致谢意。

（一）差役基本上不是负担，而是另一类特权

宋代差役是在前代役法的基础上，加以重大发展而成。役的名目繁多，约略可划分为州县役和乡役等种类。

州县役是在州县当差，前代即已有之，宋代衙前任看守和押送官府的物资，弓手"逐捕盗贼"，承符人力、手力、散从官"供奔走，驱使"。《水浒传》中，宋江担任的押司也是属州县徭役。乡役则是乡村基层政权的头目，有里正、户长、乡书手"课督赋税"。耆长、壮丁"逐捕盗贼"，所有这些人都是由国家征调而轮流充当，且没有俸禄，所以被称为差役。

宋代的差役制和户等制密切相关联。宋朝的户因身份差别而分官户、民户，因居住在城乡而分"乡村户"和"坊郭户"，按有无生产资料（如土地）、生活资料（如房屋）区别则分为"主户"和"客户"，主户又称税户；按财产多寡区分等级，乡村主户分五等，坊郭主户分十等。宋朝的官户是官僚地主，拥有很多的政治、经济特权。在乡村的五等户中，前三等是"上户"，通常都是地主，四、五等户是"下户"，大抵是自耕农或半自耕农。主户中下户所占比重很大，有人说占三分之二②，有人说占十分之九。③ 乡村客户基本上是佃农，也有雇农和破产流浪者等人。坊郭主户十等中，五等以上通常是"上户"，六等以下为下户。④ 上户中有大商人、地主或地主兼商人，下户和客户主要是手工业者和小商贩等。因此，北宋时期的阶级结构，农民阶级大致是由乡村下户和客户组成。地主阶级

① 参见王曾瑜《宋朝的吏户》，台湾《新史学》四卷一期，1983 年 3 月。
② 《宋会要·食货》六三之一六九《农田杂录》，又一四之八《检田杂录》。
③ 《长编》卷一三一庆历元年二月，又卷二七七熙宁九年秋。
④ 参见《长编》卷二二七熙宁四年，《宋会要·食货》四一之二三《均籴》。

则由乡村上户、坊郭上户和官户三个主要阶层组成。

宋政府规定官户、坊郭户、寺观、单丁户、女户、客户不服差役，乡村上三等户服差役，四、五等户原则上不服差役或服较次的差役。① 乡役方面，淳化五年（994）规定，"每岁以下人丁物力定差，第一等户充里正，第二等户充户长"②。第三等户充乡书里手。③ 耆长差第一、第二等户，其部属壮丁差第四、第五等户。④ 州县职役中，弓手由第二、第三等户充任。⑤ 衙前则由充当里正的一等户中，家产满 200 贯的担任。⑥ 由此可见，差役中的几项最重要者都是由地主阶级分子充当，由农民担负的次要差役，名目繁多，此不赘述。

宋政府要地主阶级服差役，农民服"壮丁"之役，要隶属于当"耆长"的地主指挥，这充分体现了中古时国家的阶级本质。宋代乡村上户即不当官的地主，也仍然是统治者，地方州县的爪牙和乡政官的头目都由上户担任。因而，从本质上看，这些职役并非地主的负担。甚至可以说是他们的某种特权，即地主阶级对农民阶级的统治权。这种差役遍布各地，对人民危害极大，正如《日知录》卷八《吏胥》条所言，那是"养百万虎狼于民间"。从明、清众多小说中，亦可看到不少差役罪恶行动的描述。

（二）差役之弊是地主欺压农民

宋人多次大呼差役"为弊甚深"，所指是说地主的差役重。如里正、户长要为逃户、欠税户代纳赋税。衙前看守或押送官府的物资，如有损耗败坏要负责赔偿。这一切有可能导致地主的破产，不少地主为此千方百计进行逃避。地主们通常把自己变成或者冒充官户、寺观、单丁、下户、客户等，类似记载甚多，常为人们所引用，在此毋须逐一列举。有人认为宋代的差役实际上是由上户转给下户或客户负担，从而肯定以雇役代替差

---

① 《乐全集》卷二七《论率钱募役事》，《嵩山文集》卷二《朔问》。
② 《续资治通鉴长编》卷三五淳祐五年三月戊辰，《通考》卷一二《职役》。
③ 《云麓漫钞》卷一二《国朝州郡役人之制》，《栾城集》卷二五《伯父墓表》。
④ 《云麓漫钞》卷一二《国朝州郡役人之制》，《淳熙三山志》卷一四。
⑤ 《续资治通鉴长编》卷七三大中祥符三年四月戊寅，《宋会要·职官》四八之六一《县尉》。
⑥ 《云麓漫钞》卷一二，《郧溪集》卷一二《论安州差役状》。

役，对下户和客户有利。

揆之实际，地主因服差役而破产的事确是客观存在，但并不很严重。里正、衙前是公认最严重的差役，里正在本乡纳税不足数时，需在县衙挨整，还需自己代纳欠额。纵令如此，仁宗时，并州知州韩琦便曾指出，"国朝置里正，主催税及预县差役之事，号为脂膏"①。宋史专家漆侠、王曾瑜都指出了这一点。脂膏自是肥缺，常人很不易于得到。治平四年（1067），司马光建议改革差役时也说："里正止管催税，人所愿为。衙前所管官物乃有破坏家产者，然则民之所苦在于衙前，不在里正。"② 仁宗至和二年（1055）四月，并州知州韩琦建议，废除了里正衙前，专由户长收税，并三年一替。③ 但里正职役未废，只是不再充当衙前。

上户因当衙前而破产，确有其人，宋政府很重视这种情况，不断对它进行改革，并将小酒坊、河渡交给衙前经营，以资补贴。④ 又以雇募的衙前代替当差的衙前。熙宁时，"投名衙前半天下"⑤，苏辙说，"熙宁以前，诸路衙前多有长名人数，只如西川全系长名，故衙前一役不及乡户，淮南、两浙长名大半以上，其余路分，长名亦不减半"⑥。这些自愿应募的衙前，既熟练公事，又善于经营酒坊、河渡，他们视衙前为肥缺，人人愿为长名，⑦ 而且征派衙前的人数有限。福州在熙宁变法前主户 10 万家，只安排 990 户轮充 56 名衙前。如以上户占主户十分之一推算，轮充衙前的约占上户数 10%，每年当衙前的不到 1%。⑧ 福州是福建路的首府，情况尚且如此。由此看来，衙前之役对上户的危害不是很大，且因多次改革而在日趋缩小。

衙前、里正而外，其他差役对地主的私利更少妨碍。宋人也承认，

---

① 《续资治通鉴长编》卷一七九至和二年四月辛亥。《韩魏公集》卷一三《家传》。
② 《传家集》卷四一《论衙前劄子》。
③ 《续资治通鉴长编》卷一七九至和二年四月。
④ 《续资治通鉴长编》卷二二七熙宁四年十月壬子。
⑤ 《续资治通鉴长编》卷二二五熙宁四年七月戊子，《宋会要·食货》六五之一〇记曾布言。
⑥ 《续资治通鉴长编》卷三七五祐元年（1086）四月庚子；《栾城集》卷三七《乞令户部役法所会议状》。
⑦ 参见《司马温公传家集》卷三二元丰八年《乞罢免役钱状》。
⑧ 《淳熙三山志》卷十三。

"因差役破产者惟乡户衙前有之，自余散从、承符、弓手、手力、耆、户长、壮丁未闻破产者也"①。

值得特别重视的是上户利用服差役的机会，凌辱农民的事例特别多，当时人称里正一职为"脂膏"是值得深思的。我们可以再举些例证如次。

乾德元年（963）正月，"诏：无得追县吏会州。五代以来，收税毕，州符追县吏，谓之会州。县吏厚敛于里胥，以赂州吏，里胥复率于民，民甚苦之也"②。

淳化五年（994）二月，考功郎中姚坦"在田舍时，见州县督税，上下相急以剥民，里胥临门，捕人父子兄弟，送县鞭笞，血流满身，愁苦不聊生"③。

"南邻里正豪且强，白纸大字来追呼，科头跣足不得稽，要与长官修长堤。"④

乾德四年（966），十月己巳，"诏诸州长吏，告喻蜀邑令尉，禁耆长、节级不得因征科及巡警烦扰里民，规求财物。辄扰民户"（《长编》卷七）。

景祐元年（1034）六月十八日，"审判院言，自今巡检、县尉下军人弓手以缉贼为名，捉搦平人执缚拷决，逼取资财，乞从强盗定断，至死奏裁。从之"（《宋会要》职官一一之一五《审官院后》）。

正因为地主当差，可借以渔利，因而有人在差役期满以后，也不愿替代。《栾城集》卷二五《伯父墓表》称：仁宗前期，苏涣为祥符知县，"乡里手张宗，久为奸利，畏公，托疾满百日去，而引其子为代。公曰：书手，法用三等人，汝等第二，不可。宗素事权贵，诉于府，府为符县，公杖之；已而中贵人至府传上旨，以宗为书手，公据法不奉诏，复一中贵人至，曰：'必于法外与之'。公谓尹李绚言，一匹夫能乱法如此，府亦不可为矣，公何不以县不可故争之。绚愧公言，明日入言之。上曰：'此非吾意，谁为祥符令者？'绚以公对，上称善。上命内侍省推之，盖宗以赂

---

① 《长编》卷三五五元丰八年四月庚寅；《传家集》卷四七《乞罢免役钱状》。
② 《长编》卷四乾德元年正月。
③ 《长编》卷三五淳化五年二月。
④ 《宋文鉴》第一四田昼《筑长堤》。

请于温成之族，不复穷治，杖矫命者逐之"。《宋会要·食货》一三之二七《免役》，元祐八年（1093）七月二十七日，"福建路转运司言，勘会诸县分耆长，壮丁轻去处，于条既（许）再充，即未有所止年限，其役之人多是侥幸，不愿替罢。致久在本（村）多端骚扰，今欲乞比附户长役轻敕条，不计再充。从之"（括号内之字，据《宋会要·食货》六五之六二—六三《免役》补）。

这些充当书手和耆长的上户，期满不愿替代，设法继续留任，乃是由于他们把差役视为肥缺。当然，北宋时，也确有上户视差役为畏途之事，那是地主阶级内部权力矛盾的体现。地主文人所记反映地主利害的得失，实可从其中察知地主当差欺压农民的种种弊端。

上户把差役转嫁给下户确实存在。《东坡应诏集》卷三《较赋役》，《李觏集》卷三○《江锡墓志铭》，对此均有所记载。但同一差役，地主和农民充当，结果往往大不一样，对农民是重负，对地主很可能是肥缺。在人口稀少地区，上户不够，也往往轮及下户充役。《长编》卷一四三记仁宗庆历三年（1043）九月，范仲淹、韩琦、富弼等奏称："臣观《西京图经》，唐会昌中，河南府有户一十九万四千七百余户，置二十县，今河南府主客户七万五千九百余户，仍置十九县。巩县七百户，偃师一千一百户，逐县三等而堪役者不过百家，而所要役人不下二百数，新旧循环，非鳏寡孤独，不能无役，西洛之民，最为穷困……但少徭役，人自耕作，可期富庶。"《范阳文正公集外编》卷一《奏减郡邑以平差役》，亦持类似言论。《宋会要·食货》六三之一八二《农田杂录》记个别地区，差役甚至差到了客户。客户服差役，颇有典型记录，"三司寺，臣僚奏：两川远地，所产虽富，般远实多，收籴折科，岂无亏损，织造染练，宁不费工，押纲衙前，虽有酬奖，下户小客，最受辛勤"[1]。充分说明两川地区充当衙前，押送纲运的地主强迫"户下小客"给自己承担搬运劳役，自己得"酬奖"，小客"最受辛勤"，情景悲惨，很值得三思和注意。

由此看来，熙丰变革以前的宋代差役基本上是由上户承担，这是当时

---

① 《宋会要·食货》六四之一九乾兴元年（1022）十二月，参见《长编》卷九六天禧四年（1018）闰十二月庚午。

官僚们普通承认的，因而引致了他们的格外重视。在充分实施免役法以前，变法派和反变法派对差役制度特别是衙前，一致主张进行改革。变法派的三司使韩琦治平四年（1071）说："臣历官京西，奉使江南、河北，守藩于陕西、剑南，周访害民之弊，无甚于差役之法；重者衙前，导致破产，次则州役，亦须厚费。夫田产，人恃以为生，今竭力营为，稍致丰足，而役已及之。欲望农人之加多，旷土之加阐，岂可得乎？向闻京东民有父子二丁，将为衙前役者，其父告其子云，吾当求死，使汝曹免冻馁也，遂自经死。又闻江南有嫁其祖母及老母，析居以避役者，此大逆人理，所不忍闻，又鬻田产于官户者，田归不役之家，而役并增于本等户。"[1]

免役反对派巨魁司马光治平四年（1067）九月称：

> 有司但知选差富户，为抑强扶弱，宽假贫民，殊不知富者殆尽，赋役不归于贫者，归安适矣。借使今日家产直十万者充衙前，数年之后，十万者尽，则九万者必当之矣；借使今日家产直十万者充衙前，数年之后，十万者尽，则九万者必当之矣；九万者尽，则八万者必当之矣。自非磨灭消耗，至于困穷而为盗贼，无所止矣。故置乡户衙前已来，民益困乏，不敢营生。富者反不如贫，贫者不敢求富。日削月朘，有减无增，以此为富民之术，不亦疏乎！臣尝行于村落，见农民生具之微，而问其故，皆言不敢为也。今欲多种一桑，多置一牛，蓄二年之粮，藏十疋之帛，邻里已目为富室，皆指而以为衙前矣。况敢溢田畴，葺庐舍乎？臣闻其言，怒焉伤心，安有圣帝在上，四方无事，而法使民不敢为久生之计乎？[2]

京东有人要自杀以免儿子当衙前受冻馁，说明其家本无冻馁之忧。至于卖田产给官户，"役并增于本等户"，意思更为清楚。司马光为此所发议论，

---

① 《宋会要·食货》六五之一《免役》；《文献通考》卷一二《职役》，《宋史》卷一七七《食货志》。
② 《传家集》卷四一《论衙前劄子》。

其义非常明白。综上所见，两派的头领都为上户说话，对衙前在某种程度损害了地主利益，乃是"怒焉伤心"，朝野鼎沸，一致要求改革，而对上户当差鱼肉农民的事实，乃是既不伤心，也不反映，更不会研究纠正它。

（三）免役法的官样条文

熙宁变法对差役制度作了形式上的重大改革。熙宁四年（1071）十月，公布了免役法，① 宣称"所宽优者村乡朴蠢不能自达之穷甿，所裁取者乃仕宦并兼能致人语之豪户"。在另处谈差役之弊，说："以锄耰之人，身在城市，不得安生，因成游情，失古使民不见异而迁之意，子弟虽欲兴学，外役所迫，不免笞杖，坐废终身，不肖子弟因缘妄费，至于荡析。"当差的子弟没法读书，自然不能参加科举入仕。败家子弟胡花乱用，致使家产荡析。非常清楚，这种"穷甿"和"锄耰之人"，乃是乡村上户，即地主分子。

免役法内容，据《长编》卷二二七熙宁四年（1071）十月壬子朔和《通考》卷十二《职役》所述，可以概述如次：

（1）除耆长、壮丁等役外，差役一律改为雇役；衙前等役或废，或由军校担任，轻重则召募民户担任。

（2）官府收回过去的"酬奖"衙前的酒坊、河渡，召人"承买"，用"实封投状"的办法，租给出价最高的人，官府向承买者收"坊场钱"，供召募衙前之费。

（3）乡村上三等户分八等纳"免役钱"，坊郭上五等户、官户、寺观、单丁户、女户、未成丁户的上三等户纳"助役钱"，各地根据本地雇役费用，向上述各户分等摊派役钱，另留20%作为"免役宽剩钱"，役钱分夏秋二次交纳，坊郭、乡村下户不纳役钱。②

---

① 免役法的公布时间，有不同异说，《苏东坡集》卷二四郎晔注云是四年五月。《止斋先生文集》卷一二《转对论役法劄子》作四年八月十一日、《宋会要·食货》六五作四年十一月。《长编》卷二二七作四年十月一日。《通考》卷一三只云四年，不记月日。

② 按《止斋先生文集》卷二一《转对论役劄刘子》："熙宁四年八月十一日免役，以乡村第一等人户分为甲乙丙丁戊五等，第二等、第三等人户分为上中下三等，第四、第五等人户分为上下二等。"由于四、五等户不纳役钱，当为上等分八等纳役钱。

（4）坊郭三年、乡村五年，农隙集众，稽其物业，以重定户等，分摊役钱。

免役法颁布后，除海南岛及辰、沅、威、茂、黎、雅等州而外，很快推行于赵宋全境。从法律条文看，免役法只涉及地主阶级各阶层地租的再分配问题，与广大的下户和客户无甚关系。但实际执行时，却是另外一回事。

（四）地主阶级负担役钱的情况

免役法触犯官户的经济特权其实很有限度，"上初疑官户取助役钱少，（王）安石因是白上曰：官户、坊郭，取役钱诚不多，然度时之宜，止可如此，故纷纷者少。不然，则在官者须作意坏法，造为论议；坊郭等第户，须纠合众人打鼓截驾，庶执政，恐陛下未能不为之动心。"① 由于官户不断反对，政府便一再让步，"诏官户输役钱免其半，所免虽多，各毋过二十千两县以上有物产者，通计之"。这说明只让官户出一半役钱，所免达 20 贯左右。② 乡村上户的役钱数额，一般每年几贯到几十贯，例如开封地区多者年输二十五贯，少者八九贯，③ 相州的上户岁出役钱三十余缗，④ 杭州的第三等户岁出钱三四贯。⑤ 那时候，整个官僚集团承认免役法给上户带来了好处。判司农寺曾布曾说："畿内上等人户尽罢昔日衙前之役，故今之所输钱，其费十减四五。中等人户旧充弓手、手力、承符、户长之类，今使上等及坊郭、寺观、单丁、官户皆出钱以助之，故其费十减六、七。"⑥ 反对派吕公著也说："上户昔以役多破家，今则饱食安居，诚幸矣。"⑦

特别富裕的上户，因按财产分摊役钱，有的每年要出几百贯到 1000 贯。例如两浙路的役钱，上户有出六百贯乃至七八百贯者。⑧ 刘挚说："富

---

① 《续资治通鉴长编》卷二二三熙宁四年五月庚子。
② 《续资治通鉴长编》卷二六七熙宁八年八月丙申。
③ 《续资治通鉴长编》卷二二七熙宁四年十月壬子朔注引免役令。
④ 《续资治通鉴长编》卷二六二熙宁八年四月丙寅。
⑤ 《续资治通鉴长编》卷四三五元祐四年十一月丁丑。
⑥ 《续资治通鉴长编》卷二二五熙宁四年七月戊子。
⑦ 《续资治通鉴长编》卷三〇八元丰三年九月丁亥。
⑧ 《续资治通鉴长编》卷二三七熙宁五年八月辛丑。

县大乡，上户所纳役钱有至数百缗者，又有至千缗者，每岁轮纳无已"①。历史记载，"输役钱三百贯以上之家有数州之广无一户者，有一路不过三数家者。总天下言之，共能有几？"② 对这些为数极少的巨富，税收甚少，就是具有象征性的征税罢了。

（五）下户没有免除役钱

免役法规定下户不纳役钱。这在开封地区，不论是开始试行免役法还是整个熙宁元丰时期，确有不纳役钱的。③ 但免役法推行到了全国，情况便完全不同了。《长编》卷二六二熙宁八年四月丙寅，韩琦说："又有免役之法，自上等以至下户，皆令次第出钱，募人应役。……今上户一岁出钱不过三十余缗，安然无事，而令下户素无役者，岁岁出钱，此则损下户而益上户，虽百端补救，终非善法。"

宋代划分乡村五等户是以财产多少为基准的，但各地计算财产的标准不同，主要有三种方法。④

（1）家业钱：把土地等财产析为现钱，按多少而分户等。

（2）顷亩：只按土地顷亩多少以定户等。

（3）税钱：地有肥瘠，肥地夏税钱多，瘠地税少，按每户所有土地税钱多少而划分户等。

免役法推于全国时，没有采用开封府将上三等户划分八等纳役钱的办法，而是按当地的家业钱、顷亩或税钱的总数均摊。其详情可参见《长编》卷二二七熙宁四年（1071）十月壬子子朔，卷二六九熙宁八年（1075）十月辛亥，《会要》《食货》一四之九所记处理。今且以家业钱为例，元祐元年（1086）十月壬寅，王巩言："盖助役、免役法推行之初，天下州郡皆先令一年雇役及宽剩钱之数，然后赋之于民也。赋于民者不可无法，而且欲其均，又必令其民家业之多寡，为缗钱而率之，其法大概

---

① 《续资治通鉴长编》卷三六四元祐元年正月戊戌。

② 《续资治通鉴长编》卷三九三元祐元年十二月己酉，王岩叟言。

③ 《续资治通鉴长编》卷二二二熙宁四年四月丁巳，又卷二二五，四年七月戊子；又卷三〇二元丰三年二月辛酉。

④ 《续资治通鉴长编》卷三七六元祐元年四月，又《宋会要·食货》一三之二四，吕陶言。

曰：一州雇役及宽剩钱若干，一州之民家业钱若干，每贯岁出免役钱若干，而岁计足矣"①。如此分摊役钱，下户自是无法免除。张方平上奏云："臣闻诸路，其间刻薄吏点阅民田、庐舍、牛具、畜产、桑枣、杂木以定户等，乃至寒瘁小家农器、舂磨、（铚）釜、犬、豕、凡什物估千输十，（估）万（输）百，食土之毛，莫得免焉"②，这就是说，每一贯家业钱纳役钱十文，十贯纳百文，只要登记了户口册，就不能免纳。

下户出钱的原则已定，苏辙曾任职于制置三司条例司，他在熙宁二年（1069）八月《论事状》中说："盖天下郡县上户常少，下户常多，少者徭役频，多者徭役简，是以中下之户每得休假，今不问户之高低，例使出钱助役，上户则便，下户实难。"③ 熙宁三年（1070）二月二十日，司马光也提到主张变法之人，欲计亩率钱，雇人充役。④ 今将北宋各路主户交纳役钱情况，列成简表 1 如次。⑤

表 1 北宋各路主户交纳役钱概况

路名	主户数	次第	役钱收入数	户平均	次第	役钱支出数	户平均	次第
夔州路	68375	18	228936 贯	3348 文	1	177918 贯	2602 文	1
利州路	179835	16	420975 贯	2341 文	2	173402 贯	964 文	4
陕西路	697967	7	1367554 贯	1959 文	3	780065 贯	1118 文	3
京西路	383226	11	680662 贯	1776 文	4	515178 贯	1344 文	2
河北路	765130	5	1136917 贯	1486 文	5	649481 贯	849 文	6
河东路	383148	12	525372 贯	1371 文	6	294205 贯	773 文	7
梓州路	261565	15	340066 贯	1300 文	7	231245 贯	884 文	5

① 《续资治通鉴长编》卷三九〇元祐元年十月。

② 《乐全集》卷二五《论免役钱劄子》，括弧内之字，据《宋文鉴》卷四七《论免役钱》参补。《宋史》卷三一八《张方平传》。

③ 《栾城集》卷二五。

④ 《传家集》卷四四《乞罢条例司常平使疏》。

⑤ 全国和各路主户数，据《文献通考》卷一一元丰三年毕仲衍中书备对之数字，但《通考》卷四记毕仲衍中书备对之各路两税，乃熙宁十年数。卷一一之户口数，亦可能是熙宁十年之主户数，据《长编》卷三四一。全国役钱总数，据《宋会要·食货》六五熙宁九年数。元丰七年的役钱数，据《长编》三五〇，《宋史》卷一七七《食货志》。《通考》卷一二《职役》也分别记熙宁九年和元丰七年全国数字，与上述二书相同。

续表

路名	主户数	次第	役钱收入数	户平均	次第	役钱支出数	户平均	次第
广西路	163418	17	206396 贯	1263 文	8	124868 贯	764 文	8
京东路	817983	4	988083 贯	1208 文	9	586051 贯	716 文	12
淮南路	723784	6	843030 贯	1165 文	10	549103 贯	759 文	9
成都府路	574630	9	660949 贯	1150 文	11	431945 贯	752 文	10
湖北路	350593	13	318664 贯	909 文	12	253032 贯	722 文	11
湖南路	456431	10	395883 贯	867 文	13	189391 贯	415 文	15
广东路	347459	14	230354 贯	663 文	14	146861 贯	422 文	14
福建路	645267	8	374398 贯	580 文	15	189186 贯	293 文	16
两浙路	1446406	1	805844 贯	557 文	16	689020 贯	476 文	13
江西路	871720	3	390661 贯	448 文	17	199259 贯	229 文	18
江东路	902261	2	386856 贯	429 文	18	228338 贯	253 文	17
开封	171324		112953 贯	659 文		72140 贯	450 文	
全国	10109542 （熙宁九年） 11379174 （元丰六年）		10414533 贯 18729300 贯 （元丰七年）	1030 文 1646 文				

有人引用绍圣时的《神宗实录》，"役钱随所在民力敷出，户多民富则出钱不至第四等第五等而已足，户少民贫则须出至五等各不同"①。以证明下户纳役钱并非普遍。通过上述统计，充分说明，富庶而户多的路，户平均役钱数少，反之则役钱多。另外，还可将各路役钱情况分别具体剖析。

广西路：元丰元年（1078）七月十八日，"诏广西提举司，应桂、昭、宾、象、梧、藤、龚、浔、贵、横等州，昨运粮充夫之家，第一第二等以上更放一料，役钱二分，第三等放一料五分，第四第五等以下全放两料"②。

江西路：元丰五年（1082）三月，"提举江南西路常平董事刘谊"说："议法之臣始曰：助者取于官户，单丁、女户、寺观、未尝为役者，出钱以助重役尔。既而变法，不计贫富，以税钱为率而取之，谓之免

---

① 《续资治通鉴长编》卷三〇二元丰三年二月辛酉注。

② 《宋会要·食货》七〇之一七一《税》，《长编》卷二九〇，元丰元年七月。

役……所谓下户出钱，害法三也。"①

　　湖南路：熙宁中，"（义问）擢湖南转运判官，一路敷免役钱，又分户五等，储其羡为别赋，号家力钱，义问奏除之"②。

　　湖北路：熙宁七年（1074）四月己卯诏："荆南、岳鄂、安、礼（澧）州第四等以下灾伤户，今年夏料役钱听蠲减"③。

　　福建路：熙宁十年（1077）四月丙申，"诏福、泉、漳州、兴化军诸县第四等以下、灾伤五分以上户，去年秋料、役钱并放"④。

　　广东路：熙宁八年（1075）二月庚午，"广南东路转运司乞蠲南雄州民无田产有税钱，而例出役钱者，从之"⑤。

　　九年（1076）十一月癸酉，"提点广南东路刑狱许懋言：潮州海阳、潮阳二县居民舍及田稼为飓风吹海潮所害，上三等户秋料役钱乞与倚阁，四等下户秋料役钱，依条取旨放免外，有丁米乞全免……从之"⑥。

　　淮南路：熙宁七年四月"丙申，诏：闻淮南路推行新法，多有背戾，役钱则下户太重……"⑦

　　元丰元年（1078）正月癸酉，"司农寺言，淮南东路提举司乞本路县并用乡村民户物产实直钱数，敷出役钱，从之"⑧。

　　京东路：熙宁九年（1076）秋，判应天府张方平奏疏，论率钱募役之害曰："今五等一概输钱，是率贫细不足之民，而资高强有余之户也。"⑨

　　京西路：张方平奏："臣昨自二月二十二日赴任陈州，自今春以来少雨……伏望圣慈第四等以下人户，免役钱降恩旨，特与放免。"⑩

　　利州路：元丰二年（1079）十二月，利州路提举司言：所部役钱未均……上户家业多而税钱少，下户家业少而税钱多，致第一、第二等户输

①　《宋会要·食货》六五之二四；《长编》卷三二四，元丰五年3月。
②　《宋史》卷三一六《唐义问传》。
③　《续资治通鉴长编》卷二五二熙宁七年。
④　《续资治通鉴长编》卷二八一熙宁十年，参见《宋史》卷一七四《食货志》。
⑤　《续资治通鉴长编》卷二六〇；《宋会要·食货》七〇之一七〇《蠲放杂录》。
⑥　《续资治通鉴长编》卷二七九熙宁九年十一月。
⑦　《续资治通鉴长编》卷二五二熙宁七年四月；《宋会要·食货》六五之一四《免役》。
⑧　《续资治通鉴长编》卷二八七元丰元年正月；《宋会要·食货》六五之二一《免役》。
⑨　《宋会要·食货》七〇之一七一；《蠲放杂录》五九之二《恤灾》。
⑩　《乐全集》卷二五。

钱少于第四、第五等户。①

河北路：熙宁七年（1074 年）七月癸卯，"诏蠲河北西路五等户免役钱一年"。②

陕西路：元丰四年（1081 年）六月乙巳，"上曰：近官僚有自陕右来，欲尽蠲中下之民，朕谓不然……天下中下之民多而上户少，若中下尽免而取足上户，则不均甚矣"③。

上述十二路的全部或部分州县的下户都纳役钱，《元丰九域志》记潭州、福州、泉州、南京应天府等都是人口多而又富庶的州府。按上述神宗实录的逻辑，"产多、民富"的地区，下户尚不免纳役钱，"户少、民贫"州府的下户，自然更不能免交役钱了。史籍上很难见有关江东、梓州、河东、夔州四路的役钱的记载。江东而外，其他三路均是"户少民贫"地区，夔州路每户役钱平均达 3348 文（见前列统计表 1）还远高于其他各路。由此可见，贫民下户是不能幸免役钱的。

文献记载看，成都府路和两浙路情况有些例外。

成都府路"自熙宁已前第五等户不徭，及新法起，乃出免役钱，公以为……赋困穷之民非上意，因奏免者十二万户"④，按成都府路主户 57 万余，如以下户占 90% 计算，则免去之 19 万户，不到下户的四分之一。

熙宁时，曾多次下令免去两浙路一百万五等户的役钱，⑤ 但实际上很穷的二十人万户也未能免，⑥ 元丰元年（1078）十二月，决定在两浙地区"通以田土、物力、税钱、苗米之类，各令以次推排，随便敷纳役钱"⑦。这种按顷亩家业钱、税钱粮等数额分摊役钱的方法，下户自然未能豁免，到元丰二年七月以后，才有一部分下户家业钱，50 贯以下的不交纳役钱。⑧

---

① 《续资治通鉴长编》卷三〇一元丰二年个二月戊申；《宋会要·食货》六三之二二《蠲放》。

② 《续资治通鉴长编》卷二五四熙宁七年七月。

③ 《续资治通鉴长编》卷三一三元丰四年六月。

④ 沈辽：《云巢编》卷九《张司勋墓志铭》。

⑤ 《续资治通鉴长编》卷二四八，熙宁六年十二月戊寅，又卷二四九七年正月辛亥，卷二七九九年十一月戊寅。

⑥ 《续资治通鉴长编》卷二八三熙宁十年七月丁巳。

⑦ 《续资治通鉴长编》卷二九五元丰元年十二月己酉，参见《宋会要·食货》六九之一九，一一之一四。

⑧ 《续资治通鉴长编》卷二九九元丰二年七月戊寅；《宋会要·食货》六二之二一《义仓》，六六之四二《免役》。

　　由上所述，全国的乡村下户除个别富庶地区的部分下户不纳役钱而外，其余都要普遍交纳役钱，可知神宗实录的说法并不符合实际情况。

　　乡村而外，坊郭下户也要交纳役钱，例如河北西路的坊郭户是按家业分摊役钱，下下户也不免。① 在成都府路和梓州路，"熙宁初，施行役法，别定坊郭十等人户出营运钱以助免役之费，……但有居止屋宅在城市者，估其所值，一概定坊郭等第。……抑令承认，立成年定额，岁岁相仍，至今不减……虽欲转卖屋业，势不能售，其弊至此，盖亦极矣"②。苏辙曾概括地说："坊郭人户……自新法以来，始与乡户并出役钱……但所县役钱重。"③ 由此可见，坊郭上、下户与乡村上、下户相若，都得交纳役钱。就是说，在实施免役法时，凡是户籍上的主户不论城乡，基本上都要交纳役钱。熙宁四年（1071）十月，侍御史知杂事邓绾言："司农寺法，灾伤第四等以下户应纳役钱，而饥贫者，委州县闻于提举司考实，以免役剩钱内量数除之"④，四等下户而有屋居者，当非下贫之流。

　　强征下户役钱，守旧派进行了激烈反对，也有些变法派认为它是弊病。沈括说："惟微户素无力徭，今使之岁出金，此所当念也"⑤，张璪说，"行役法以来，最下户亦每岁纳钱……"⑥ 章惇公开承认司马光的批评："下户元不充役，今来一例纳钱"，乃是"要切之言"⑦。

　　下户的役钱一般是每户几百文到一二贯，⑧ 数额虽小，对下户仍是重荷。王岩叟在河北当地方官，"每见下户之输，未常不出于艰难窘蹙之中，而州县未常不得于鞭笞苛逼之下"⑨。在熙丰改革时期，官府收入增加，广大下户的生活困境并无好转。

----

① 参见《宋会要·食货》59 之 3《恤灾》；《续资治通鉴长编》卷三四八元丰七年九月庚戌。
② 《续资治通鉴长编》卷三七六元祐元年四月，吕陶言。参见《宋史》卷三四六《吕陶传》。
③ 《栾城集》卷三六《论差役五事状》。
④ 《续资治通鉴长编》卷二二七；《宋会要·食货》七〇之一七〇《蠲放杂录》。
⑤ 《续资治通鉴长编》卷二八三熙宁十年七月丁巳注引沈括《自志》。
⑥ 《宋史》卷三二八《张璪传》。
⑦ 《续资治通鉴长编》卷三六七元祐元年三月丁亥；《宋会要·食货》13 之 11《免役》。
⑧ 参见《续资治通鉴长编》卷二二七熙宁四年十月庚申，又卷四三五元祐四年十一月丁丑。
⑨ 《续资治通鉴长编》卷三六四元祐元年正月戊戌。

（六）免役宽剩钱和坊场钱

各地征收免役钱是在防备荒歉费的名义，加征 20% 称为免役宽剩钱，以作机动费用。

按照免役法规定，免役宽剩钱只能收役钱支出数的 20%。曾布说，宽剩钱"乃所以备凶年，为朝廷推恩蠲减之计，其余又专以兴田利，增吏禄"①。实际情况，可参见表 2 所示。

表 2　　　　　　　熙宁九年（1076）各路役钱宽剩率统计表

路名	役钱收入数	次第	役钱支出数	役钱宽剩数	宽剩率	次第
永兴军路	954132 贯	1	520634 贯	433498 贯	83%	6
两浙路	805844 贯	2	989020 贯	116824 贯	17%	24
成都府路	660949 贯	3	431945 贯	229004 贯	53%	16
河北西路	623903 贯	4	329779 贯硕	294124 贯硕	89%	5
河东路	525372 贯	5	296205 贯、硕匹	229167 贯硕两	77%	8
京东东路	513477 贯两	6	285581 贯	227896 贯两	80%	7
河北东路	513014 贯两硕	7	319702 贯	193312 贯石两	60%	12
淮南东路	494830 贯	8	306958 贯	187872 贯	61%	11
京东西路	474660 贯	9	300 470 贯	174136 贯	58%	14
利州路	420975 贯	10	173402 贯	247573 贯	143%	1
秦凤路	413422 贯	11	259431 贯	153991 贯	59%	13
京西北路	396700 贯	12	311818 贯	84882 贯（？）	27%	22
荆湖南路	395661 匹	13	189391 贯	206492 贯	109%	2
江南西路	390661 贯匹	14	199259 贯	191402 匹	96%	4
江南东路	386856 贯	15	228338 贯	159518 贯（匹）	70%	9
福建路	374398 贯	16	189186 贯	185212 贯	98%	3
淮南西路	348200 贯	17	242145 贯	106055 贯	44%	19
梓州路	340066 贯	18	231245 贯	108821 贯	47%	17
荆湖北路	378660 贯	19	253032 贯	65632 贯	26%	23
京西南路	283962 贯	20	203360 贯	80682 贯	40%	20

① 《宋会要·食货》六五之一〇《免役》，参见《宋史》卷四七一《曾布传》。

续表

路名	役钱收入数	次第	役钱支出数	役钱宽剩数	宽剩率	次第
广南东路	230354 贯	21	146861 贯	83493 贯	57%	15
夔州路	228936 贯两	22	177981 贯	51018 贯两	29%	21
广南西路	206396 贯两	23	124868 贯	81528 贯	65%	10
开　封	112953 贯两	24	77140 贯	35813 贯	46%	18
全　国	10414553 贯、硕、匹、两		6487688 贯、硕、匹、两	3926865 贯、硕、匹、两	61%	

注：（1）此表主要依据《宋会要·食货》65《免役》之资料，但京东东路收入，据同书卷 66。

（2）京西北路的数字全缺，今从全国总数减去各路之数得出。

（3）表中役钱宽剩数和宽剩率，均是计算得出。

（4）表中所列诸路数字，有少数路为实物，但数量不多，今一律以钱贯计算，出入估计大概不会很大。

依据表 2，两浙路而外，熙宁九年（1076），全国各路的役钱宽剩率都超过了 20%，全国总额也达到 61%。八年以后，到了元丰七年（1084），役钱收入增加 80%，达到 18729300 贯，役钱宽剩率当然也是大大提高。

"坊场钱"是在免役法执行期间，把过去"酬奖"衙前的小酒坊、河渡改由"承买"者经营，向官府交纳利钱，官府把它用于招募衙前。诸"承买"者，自是地主富商，官府用"实封投状"办法把酒坊、河渡租给"投状"最高的人经营。熙宁时的坊场钱收入不详，元丰七年（1084），收入钱 5050090 贯，谷帛 976657 石匹。[①]

免役宽剩钱和坊场钱的收入并没有按原先的规定使用，宋政府把它用为青苗钱本，修城、筑仓、"和籴"、"和买"、尝军、买马等。熙宁八年，决定每年将坊场钱 100 万贯给市易务作市易本钱，另将 30 万贯送内库库存，[②] 熙宁九年"诏，自今宽剩役钱并买扑坊场等钱，更不给役人，岁终

---

① 《续资治通鉴长编》卷三五〇元丰七年十一月、十二月；《文献通考》卷一二；《宋史》卷一七七《食货志》。

② 《续资治通鉴长编》卷二六八熙宁八年九月癸酉和乙酉。

详具羡数申司农寺，余应系常平司物当留一半"①，由是，坊场钱和免役宽剩钱便和役法断绝了联系，完全变为由官府任意支配的大宗赋税了。

（七）保甲制取代乡役

这里并不全面讨论保甲法，只谈它与免役法的有关部分。实行保甲法以后的一段时期内（熙宁三年至八年），保长、保正等和原有的乡役如耆长、户长、壮丁并行。按免役法规定，耆长和壮丁仍由第一、第二等户与第四、第五等户中轮差。② 其后，除个别地方壮丁外，基本上实行雇役。③ 到熙宁七八年，乡役方面更发生了重大变化。

《长编》卷二五七，熙宁七年（1074）十月辛巳，"司农寺（言）：乞废户长、坊正，其州县坊郭税赋、苗役钱，以邻近主户三二十家排成甲次，轮置甲头催纳，一税一替，逐甲置牌籍姓名，于替日自相交割，县毋得勾呼；衙集役使，除许催科外，毋得别承文字，违者许人告，以违制论，不以去官赦降原减。从之"。

《长编》卷二六三熙宁八年（1075）闰四月乙巳，"（诏）诸县有保甲处已罢户长、壮丁，其并耆长罢之。以罢耆、壮钱，募承帖人，每一都保二人，隶保正，主承受本保文字。乡村每主户十？（二十？）至三十轮保丁一，充甲头、主催租税、常平、免役钱，一税一替。保内被盗，五十日不获，均备赏钱，窃盗毋过二千，强盗毋过五千，贫户免输。如保内自获，以役钱代给。凡盗贼、斗殴、烟火、桥道等事，责都副保正、大保长管勾。都、副保正视旧耆长，大保长视旧壮丁。法未有保甲处，编排毕准此"。综观上述二次诏令的重要意义：

第一，乡役方面，保正、保长取代了原有的耆长、壮丁等差役。鉴于保正、长是"物力最高者"。说明乡政权仍由地主把持，他们既纳役钱，又当差。自此一直延续至南宋。《水浒传》记晁盖当保正，应是反映了宋代的现实情况。宋理宗赵昀年幼时，即曾住在其外祖父全保长家中。④ 大致说，保正，里正借此肥己者颇不少，当然也间或有赔累的记载。

---

① 《续资治通鉴长编》卷二七九熙宁九年十二月；《宋会要·食货》六五之一六《免役》。
② 《止斋先生文集》卷二一《转对论役法劄子》引熙宁时免役令。
③ 《宋会要·食货》一四之四《免役》。
④ 《宋史》卷四一九《余天锡传》，又卷四一《理宗纪》。

第二，每都保（250户）募承帖人二名隶保正，管理文书，以过去招募耆长、壮丁的钱（"耆壮钱"）募充。

第三，每二十、三十户为保丁（户二丁以上，以一人充保丁），轮充甲头催税。

耆长、户长、壮丁这三类差役，自宋初以来在役人中所占比重很大。① 其后，这些差役虽未取消，部分地为保正、长、甲头等替代，并用承帖人代替，可以剩存大量役钱，例如河北西路每年耆长费钱42356贯，壮丁32815贯，共75171贯，占役钱总支出的25％。募承帖人共费钱42356贯，占役钱总支出的20％。② 又如成都府路每年"椿留"的剩余"耆壮钱"达57062贯，占总支出的七分之一。③ 这些钱照例由官府挪作别用，并没有减少向百姓收税钱。

催税甲头是在上户当保正、长的前提下，主要由下户充当，用以催税。过去，下户除当壮丁外，原则上不服差役，免役、保甲法实行后，不仅要纳役钱，还得充当差役。

《长编》卷三六〇元丰八年（1085）十月丙申，知吉州安福县上官公颖奏：

> 臣且怪耆、壮、户长法之始行也，皆出于雇。及其既久也，耆、壮之役则归于保甲之正、长，户长之役则归于催税甲头，往日所募之钱，除承帖人及刑法司人（吏）许用外，其余一（切）封椿。若以为耆、壮、户长诚可以废罢，即所用之钱自当于百姓均减元额，今则钱不为之减，又使保、正长为耆、壮之事，催税甲头任户长之责，是何异使民出钱免役，而又使之执役也。④

保甲制取代乡役，以催税甲头取代户长，均给下户带来极大的苦痛。

---

① 参见《淳熙三山志》卷一四。
② 《续资治通鉴长编》卷三二九元丰五年九月庚寅。
③ 吕陶：《净德集》卷一《奏为役钱乞椿二分准备支用状》。
④ "吏""切"二字据《通考》卷十二补。

当时人便称，"下户催驱上户，其势不顺"①。将此办法推行于全国后，"诸路皆言甲头催税不便"②。

《庆元条法事类》卷四七《赋役门》云："其形势户谓见充州县及按察司吏人、书手、保正、耆、官（户）长之类。并品官之家，非贫户弱者。"就是说，法律上规定的形势户除了官户（"品官之家"）而外，还包括吏人、书手、保正、耆、户长等类人。这些人都是差役，按规定这些差役都要由上户担任，熙宁改革前，差役中没有保正；仁宗至和以前，差役中是有里正的。可以肯定，里正也是由上户即形势户担任。宋初诏书称"职役户"为"州县势要人户"③，有人说：宋代的形势户和官户，法令都规定免役。其实，那些并非官户的形势户，说他们合法免役，并无法令依据。形势户中的不少人，在宋初的差法时，要在各级政府和乡里当差。而当差或可视为这批人的特权之一，他们借以武断乡里、鱼肉人民，并得以影庇别人徭役；而他们当差本身也是一种职役，所以很难说他们是免役的。

熙宁变革以后，罢差役为雇役，在州县和乡里主其事者仍为势要人户。催税甲头是"贫弱者"，显然不属于形势户。在雇役法时期，免役钱对极富户稍有损害，但比例很小；下户被迫交纳役钱，即是新增加了沉重枷锁。所以役法改革对人民实无所利。人民交了免役钱并没有免除他们的力役负担。所谓免役钱、宽剩钱等，事实上成了中古国家的新赋税名目。陈傅良说，"熙宁新政增（税）额一倍……其他杂敛皆起熙宁，于是，有免役钱、常平宽剩钱，至于元丰，则以坊场税钱、盐酒增价钱……凡十数色，合而为元额上供，至今为额"④。南宋孝宗初即位，薛淑似上奏言，"祖宗立法之初，除二税外，取民甚轻。自熙宁以来，赋日增，而民困滋甚"⑤，马端临也指出，熙宁新法，主于理财，免役法不免聚敛。⑥ 熙宁元

---

① 《续资治通鉴长编》卷三一一元丰四年正月丁酉。
② 《宋史》卷一七七《食货志》。
③ 《续资治通鉴长编》卷一二，《宋会要·食货》七〇之二《赋税杂录》。
④ 《止斋先生文集》卷一九《赴桂阳军拟奏事劄子》，参见《宋史》卷434《蔡幼学传》。
⑤ 《宋史》卷三九七《薛淑似传》。
⑥ 《文献通考》卷一二《职役》。

丰以后，役法虽随政治变化时有更改。或差或雇，其至差雇并行，但内容大抵皆前代所为。总的说来，对人民的刻薄压榨日趋严重，广大人民生活艰困，除了自己坚决进行反压迫的武装斗争，没有神仙和皇帝给他们新的出路。

少数民族和祖国疆域[*]

中华人民共和国是"统一的多民族的国家"。它是在资产阶级民主革命取得彻底胜利后出现的新格局；实现了历史上空前未有的巩固与统一。国内各民族之间关系，自此发生了根本性的变化，以往从来没有过的民族大团结由是充分显示了出来。

我国古代是否存在与此相类似的统一多民族国家，有人作了彻底的否定，认为古代如果出现了统一的多民族国家，那就是不能看出历史的发展变化。我认为将今天与古代等同看待当然是不对的。古代中国是没有今天这么巩固强大的统一的多民族国家，但也应该承认，从秦始皇统一全国以来，早在秦汉时期已出现统一的多民族的中央集权国家，自此以还，这个中央集权的多民族国家虽经多次分裂和衰落，2000 多年来的历史是大统一的时期居多，多民族国家的中央集权程度更有了进一步的加强，自秦汉以至明清，这一线索的发展极为明显。1958 年 6 月 27 日《人民日报》发表《为什么要反对地方民族主义》社论云："从很早以来，我们的国家就是统一的多民族国家，在我国各族人民之间，不仅具有悠久的历史的经济和文化联系，而且在反对共同的敌人求得共同的解放和发展的斗争中，形成了共同的利益和不可分离的联系。"当然，在这种统一的多民族国家中，帝王和朝代确有多次更换，封建的地方分散和割据性长期存在，各民族间也很难经常存在友好和睦共处的岁月；因而，各族人民在实际上是不可能有自己真正的祖国的。

工农劳动者有没有自己的祖国呢？《共产党宣言》第二章已指出，"工

---

[*] 此文撰于 1963 年 10 月，当年，孙祚民、刘炎、刘浩然、易谋远诸先生对祖国疆域和少数民族问题，发表了很有差异的论文，本文系为此而作。

人无祖国"。这是为了强调工人阶级承担的国家义务和进行国际斗争而言。所谓"祖国"的内涵,列宁屡有解说,祖国是个属于历史的观念,一定要用历史观点联系工人阶级的斗争条件来理解。例如,在被压迫民族为争取推翻民族压迫的时候,该国工人阶级是最坚定民族解放运动的先锋。如果本国民族的资产阶级已成为统治者时,该国工人阶级是在资本主义制度下生活和斗争的,其时,他们实质上已是没有祖国的,[①] 只有当工人阶级已取得胜利成为统治阶级时,祖国才成为工人阶级和所有劳动人民的真正祖国,列宁的分析启示人们对祖国认识有正确理解。

中古时期尚不存在工人阶级,当然也谈不上工人阶级的国家。那时,各个民族绝大多数人民,在地主阶级专政下悲惨度日,经常进行多种方式的反抗斗争。其时,他们是没有自己的祖国的。因此,不能认为祖国即是中国的概念。又不能把祖国疆域分为祖国人民的疆域和王朝的疆域。

我国中古时期是多民族(有时还是统一的)国家,应当如何看待当时中国的疆域呢?

我认为中国的疆域乃是中华民族的疆域。原则上,凡是今天民族大家庭成员所居地都是中国的领土范围。当今国内 56 个民族,都有自己各族的悠久发展史。各族的历史都是祖国历史的组成部分。中古时期的中国疆域包括了在中原立国的王朝领域以及在其四周所建诸族国所辖的领域,而在边缘地区往往还存在一些社会发展迟缓,没有明显阶级划分和阶级对立,尚处于氏族集团状态的诸少数族,他们本身还没有固定的疆域。恩格斯除了分析国家产生的阶级实质而外,还指出了国家和氏族组织的重要差别之一是国家乃按不同地域标准来划分它管治下的人民,氏族则是按血缘关系来区分的。讨论国家的疆域自然不能同意几十万年前尚无阶级产生的原始社会即已有国家,在原始群及氏族制时代,是不可能出现祖国疆域的。只有在私有制产生,阶级对立,有了国家机器的情况下,才有可能出现固定的地域划分,成为国家政治权力所及的地域。是以中古时期的中国疆域,既包括中原王朝的疆域,还包括其他独立或半独立的诸族国的疆域,而对尚未立国诸氏族集团和部落之见于史册,往往是由于它们和中原

---

① 列宁:《论马克思及马克思主义》,人民出版社 1963 年版,第 25—26 页。

王朝或其他族国发生重大接触的缘故。他们常受强大祖国的羁縻，故可将诸族所生活的地域附属于它所依附的国家。《史记》卷一一七《司马相如传》称："盖闻天子之于夷狄也，其义羁縻勿绝而已。"《通典》卷五记"自东晋寓居江在……诸蛮陬俚洞，沾沐王化者，各随轻重收财物以稗国用。又岭外酋帅……雄于乡于曲者，朝廷多因而署之，以收其利，历宋、齐、梁、陈，皆因而不改"。《新唐书》卷四三《地理志》称："自太宗平突厥，西北诸蕃及蛮夷稍稍内属，即其部落列置州县，其大者同都督府，以其首领为都督、刺史，皆得世袭。虽贡赋版籍多不上户部，然声教所暨，皆边州都督、都护所领，著于令式。"如上所述，使我们大致明白了诸族所生活的地域附属于所依附的国家，从而组成了当时中国的整个疆域。那时，不仅游牧诸族国的国境线不严明，即使在中原立国的王朝也是大致如此。近现代社会中所见严明细致的国界线划分和领土、领空、领水的严明概念，在中古时期是并不存在的。

按现代中国的疆域为标准去研究中国古代史是科学研究我国多民族历史唯一正确的方法，这就要求人们抛弃旧史学的传统，扬弃中国史即汉族史的谬论。为此，除了叙述中原诸王朝而外，还须叙述四周诸族国的历史。对于某些少数民族的建国，地跨中国以及中国境域以外的领域，可以酌情叙述，明确本国史与世界史的联系和区分，使彼此的研究领域分明。就国内历史而言，能够历史地叙述祖国疆域内同时存在的诸族国，明了其相同和差异，承认当时诸族国政治领域的划分，而不能轻易地称之为外国。对于诸族国间的和战问题，要加以仔细区分，不要妄加指责。须知那是大家庭中的兄弟关系，而非严格意义上的中外关系。我们要着重充实历史所淹没了的各族人民间所存在的频繁友好交往，对四周诸族国家逐渐消失其地域偏见而与中原王朝合流，并最终地形成统一多民族的大国观念，提供重要的历史前提。

如果认可了上述诸原则，我们仍可沿用历代诸王朝资料以研究中国历史。对于诸朝代的称谓，乃是用作时间上的概念。而不要使研究范围，局限于该王朝的直接领域，因而不能说中国史就是王朝史。例如汉史，是指两汉时期的中国史，是指公元前206年以后至公元220年400多年间中国境内各族人民的历史，而不只是《汉书·地理志》和《续汉书·郡国志》

所开列诸郡国州县的历史；而是在汉帝国领域外，还包括了帝国四周立国或尚未立国的匈奴、乌桓、鲜卑、西域诸族国乃至西南夷、蛮和氐、羌等族的历史。诚然，上述诸族国的社会发展水平彼此不相同，有的已存在阶级对立的国家，有的尚处于非常原始的落后状态；甚至同一族人，有的是汉帝国领域内的州郡编户，另一些尚为部落聚居，以畜牧为生。社会发展史上的巨大差异，并没有使诸族人民之间相互隔离，他们往往友好相处，通力合作。汉政府颁布的禁令虽严，东北、西北地区的汉族人民，仍是潜将铁器等工具输入至边疆少数民族中去。匈奴与汉战争频繁剧烈，而双方的互市贸易并未因此间断。羌人起兵反汉的武装斗争时，有不少汉人主动参与其中，森严的民族界限在各族劳动大众中并不严格存在。

同样，有着三百余年的隋唐历史时期，当时的中国疆域除隋唐政府的直辖州而外，还包括了它的四周突厥、柔然、渤海、回纥、吐谷浑、吐蕃、南诏以及西域诸族国，还有奚、契丹、党项、台湾诸原始民族，也都无一例外地客观存在。唐政府所统，已可表明是个多民族的统一国家，吐蕃、南诏等与唐政府并存，各有所辖行政管理地域，我们固然不能将它们称为唐帝国的疆域；却能充分肯定，诸立国的地区是现今中国的国土。至今生活在这些地域的藏族、白族等族人民，其祖先便是劳动、蕃息于这些土地上。唐蕃之间当时已有政治上的密切关系，经济、文化间的交流相当密切。唐代盛世，吐蕃赞普已自认是"和同一家"。唐蕃间虽历经战争纠葛，唐末，吐蕃内乱时，其大将仍认定新立赞普，需要唐政府册封，提出了"无大唐册封，何名赞普"的响亮口号。唐、宋之际，吐蕃陷于分裂、衰落，但与内地仍有密切关联。宋代对南方少数民族居住地区，继续实施抚慰性政策。蒙元大一统，于武力统治之外，加强了青、藏地区与内地经济文化的交流。自此以后，前代的羁縻政策颇有新的进展。元朝在云南设置行省，并建立了土司制度。土司是朝廷命官，其统治较之唐、宋对南诏、大理的松懈管理大为增强，维护了朝廷对当地的统一作用。明朝且规定，土司"收俗施化，国人授政"，"即其豪长而任之"。土官"袭替必奉朝命，虽在万里外，皆赴阙受职"①，几百年土司制度的维持和发展，为现

———————

① 《明史》卷三一〇《土司录序》。

今民族区域自治提供了重要的借鉴作用。明中叶，鉴于土司对内部残暴统治，开始推行"改土归流"活动。清雍正时，云贵总督鄂尔泰多次上疏，力主迅速执行改土归流政策。改土司为流官，省级之下改设县村，废除世袭土司制，加强了朝廷对边疆的管辖。缩小了民族隔阂，增进了各族间的交往，有利于少数民族地区社会经济的发展，对中国多民族国家的统一和经济交流的发展具有积极作用。新中国成立后，在各民族地区执行了一系列的改革活动，建立了相应的民族自治机构，对中国多民族国家的巩固统一和经济文化的发展，有着极为巨大的政治意义，这是世所周知的。

敬佩王仲荦先生的严肃治学作风

我不是王仲荦先生的学生。20 世纪 70 年代，有缘在中华书局短暂和他面谒一次，交谈甚欢。此后不久，他将新版《魏晋南北朝史》亲笔题签馈赠，我认真读了。由于个人学识浅陋，难以窥其堂奥。王先生文史兼长，他的著述很多，今以《魏晋南北朝史》为主体，谈点个人读后观感，借以表述个人的敬佩情怀。

一

周一良先生曾对北京大学历史系中国古代史诸位同事的治学特点作过评述。他佩服邓广铭先生的宋史研究"面面俱精"，不仅研究政治、经济，而且研究文化，能够注释文学作品，如《辛稼轩词》。评论确是公正踏实。当然，人们观察问题可以是多角度的。邓先生治史面广且深，全方位地认真研究了宋史，但他终生没有独立地撰写出一部大型的宋史专著，甚至他曾刻意要写作的《宋史校证》也似乎不见于世，这也是事实。现在，我借用周先生的立论精神，从另一角度即编写断代史和其他论著着眼，观察王仲荦先生对六朝和隋唐史的政治、经济、文化诸方面的超凡表现，他同样是做到了"面面俱精"。

新中国建立之初，百废俱兴，国内各高校文科教师面对新社会的教学需要，通常是边备课边写讲义。课后加以刻印，分发给学生。就我所知，全国各高校的历史系，似乎只有北大历史系，由翦老任主编，指定相关授课教师，通力合作，统一编写出篇幅不很大的四卷本《中国史纲要》。其他各校大抵是教师各自为政，没有统一编书。其后，有少数教师将自己所编讲义，加以修订付梓，公开发行。以魏晋南北史为例，就我所见，何兹

全先生撰《魏晋南北朝史略》（1958 年），王仲荦先生撰《魏晋南北朝初
唐史》（1961 年），韩国磐先生撰《魏晋南北朝史纲》（1983 年），乃是主
要代表作。诸位写作及其所持观点，各有其自身特色。但将旧作迅速加以
增补修订，另行再版的似乎只有王仲荦先生。他将《魏晋南北朝初唐史》
扩充修订成二卷四册，1979—1980 年，《魏晋南北朝史》分上、下册首先
出版，并将原来的《初唐史》增补为《隋唐五代史》，并分上、下二册出
版。修订本对六朝隋唐时的政治、经济、文化，均有独特的叙述。作者非
常豁达地吸收了国内学人对其初版内容发表的若干不同意见，加以适当采
纳和订正。周一良先生十分赞赏王先生的严肃认真写作，称为"吾道先
驱"，诚为肺腑之言。我读过《魏晋南北朝和初唐史》初版和修订后的
《魏晋南北朝史》，发现新版对原来的每一章节均有重大改动，确实做到了
旧貌换新颜，谨在此略谈点个人观感。

　　其一，将十六国史独立设章，识见高明。三国以前，两汉时的匈奴、
鲜卑都生活在华北地区，一度声势显赫，实力强大，各自独立建国。但时
过境迁，它们都没有留下自身建国的国史传世。西晋末，内迁诸族纷纷在
华北和西南地区立国。从《隋书·经籍志》和《史通·正史篇》均可看
到各国无一例外地留下了各自的国别史书。后来，诸国别史虽是相继亡
佚，崔鸿《十六国春秋》实已将各国史书的主要情状综合编辑成书。在王
先生的新作出版以前，学者们的相关著述通常将诸国列为僭伪，置于其专
著的很次要地位，稍加论述。王书新版增补了汉族人所建前凉、西凉，胡
汉一体，列入十六国行列。名实相符地撰写了十六国史。表明胡汉诸族人
民是在同一社会环境下，各自在其所据国土上分别立国，持论公允。另一
方面，王先生对魏晋南北朝时期的边境诸族，按方位区分东北、西北和西
境诸族，分别立目，具体讨论了各自的社会状况，其中实力雄强且曾独自
立国的柔然、高车、突厥，别置专节，另行重点讨论。综合观察，显示了
中华民族是一个统一的整体，极大地改变了不少断代史乃至通史著作中，
以中原王朝替代其时中国史的不正确的做法。在中国境外与中国有着较为
密切联系的周边诸国，王先生按海东诸国、西域及五天竺诸国以及南海诸
国，分别叙述了它们与中国所进行的经济、文化交流，揭示了中国与周边
诸邻国早已存在广泛的交往。如此独特地对待国内诸族及其与当代外国关

系所作的处理，是我在国内其他先生的相关同类著作中很难见到的，这是本书的重大特点与优点。

其二，王先生没有空洞说教，书中征引文献之广，涉及各方面的丰富知识，令读者由衷地敬佩。全书每一章、节之末，分别罗列大量原始资料，用以证实正文的立论扎实可靠。这种体例，乃是王著所独创。为其他学者论著所罕有的，尤其突出的是全书行文中逐一括注了古今年代，并对古地名一一括注了今地所在，这是除历史地理学者的著作之外，众多历史学工作者的著作中实为绝无仅有。古地今释是治史者的重要难题，六朝时期大量侨州郡县的设置，还往往废立不常。诸侨州郡县是在现今何省何地，很使读者犯难。行文中，若不标出古地今名及其所在。必将严重影响广大读者对历史真实的准确了解，难以洞晓历史事件发生的地域所在。王先生《北周地理志序》云："1978 年，对今地名的注释，又加以核订"，正是作者对读者高度负责的具体体现。

从三国至隋，主要有十个朝代，只有晋、宋、南齐、元魏四史撰有地志，《三国志》没有地志，《晋书·地理志》主要记西晋事，清代洪亮吉等为此先后补撰了《三国疆域志》《东晋疆域志》《十六国疆域志》。唐初所撰《五代史志》，其中地志是以隋代的州郡县建置为准则，只在谈到各地建置沿革时，顺便约略提及前代之事。因此，名为五代地志，实际南朝梁、陈，北朝齐、周的地理情况很难明白。南朝梁、陈地志已由洪齮孙等人补撰，北朝齐、周地志问题极多，那是与魏收撰写《地形志》的偏袒不当所遗留下的恶果。

《魏书·地形志》序云：北魏中叶以后，社会紊乱，"今录武定之世（543—550 年）以为志焉……其沦陷诸州户，据永熙绾籍，无者不录焉"。作者魏收（506—572）其人，仕于东魏、北齐，立论不公。清人钱大昕在《二十二史考异》中，已对他进行了责难，"伯起（魏收名字）志州郡不述太和全盛之规，转录武定分裂之制，致秦州之西，不在东魏疆域之内，乃据永熙绾籍以足之，未免自乱其例矣"。明确指责了魏收在同一地志中采用了不同的政治标准。北魏永熙三年（534），北魏已正式分裂为东、西魏，武定之世，乃是东魏末年和北齐交替之际。所谓沦陷诸州，是指原来北魏疆域中，不归东魏据有，而为西魏、北周的占领区。因此，以武定之世为界标，作为北魏地理的准绳是完全错误的，它不能以之代表北魏时的疆域，反映当时的社会实况。由此之故，清人张穆曾撰《延昌（512—515）地理志》12 卷，何秋涛且作过增补，力图恢复北魏地理的实况。可惜其书早已失佚。近人劳干在 20 世纪 60 年代，撰写《北魏州郡志略》，其记事较为简略，不能窥见北魏时的真实状况。

综上所述，北朝地理实缺北齐、北周，唐初所撰《五朝史志》对周、齐地理的关注很小，尤其是西魏、北周地志，存在问题更大。王仲荦先生为此费时 40 年，广为收录六朝和唐、宋人著作中涉及魏、周地理的记事，并参以地下所出考古资料，加以编排，数易其稿。且明确资料的取舍，约略以周灭北齐的时间为断限。备历艰辛，最终完成《北周地理志》十卷，于 1980 年由中华书局正式出版。今取其书所列资料统计，北周的州郡县数约略与《隋志》所记北周州郡县数相当接近。由此表明，王先生收集资料之勤，以及对古今地名变迁的高度重视，充分显示其学术功力非常人所能及。

关于北齐地理志，《魏书·地形志》备记了东魏、北齐之际的地理，而魏、齐之世的疆域变迁，除江淮之间有所扩大外，其他方面的变异远不如魏、周之世严重。《北史》卷八《齐本纪》载魏徵评论云："观夫有齐全盛，控带遐阻，西包汾、晋，南极江、淮，东尽海隅，北渐沙漠。"王撰《北周地理志》已将亡齐疆土均纳入了周志，与《北周地理志》比较，补写北齐志相对较易，2008 年 6 月，中华书局出版了施和金所撰《北齐地理志》五卷，至是彻底完成了魏晋南北朝时期诸国地理志的撰写。

《北周六典》是王先生所撰北周国家组织形式的另一部专著。少数民族出身的宇文泰在其执政后，改组了汉、魏以来历代政权的传统组织形式，采用浓厚复古色彩的西周官制度。用以改组政府，使之蒙上继承华夏政统的旗号。但在其日常实际操作中，魏、周政权所辖军政等要害部门，仍是实施汉、魏以来的一贯制度，并不施用王莽改制时的复古传统。他大力疏导北周的典章制度，以纳入北周六典，使之成为北周职官志，真可谓用心良苦。

唐朝开创了专记一个朝代典章制度体裁的专书，称为《会要》。其书分类非常细密。观现存于世的《唐会要》《五代会要》《宋会要》，都保存了当时的许多重要历史资料。南宋以来，历代不少学者纷纷补写唐以前的历代会要，例如南宋徐天麟所补编的《西汉会要》《东汉会要》，虽无新资料补充，但却分类集中了不少有用的资料，还撰写了若干颇有价值的按语，不愧为史书中的佳作。魏晋南北朝原无会要，后人所补诸会要，以杨晨《三国会要》质量较好，近人吴则虞、汪兆镛等人分别撰写了几种《晋会要》，均无什么资料价值。朱铭盘所补南朝宋、齐、梁、陈诸会要，既未能提供新资料，分类很不科学，引文又有失误，且无精辟论断。20世纪后期，国内某高校聚众编撰《北朝会要》，似未正式成书面世。王仲荦先生年轻时，曾有意编南北朝会要，晚年所编《北周六典》，别具匠心地按会要体裁新编《北周六典事类索引》，我曾按其办法，查阅过几条资料，确具有会要的某些作用，真可谓别有新意。章学诚《文史通义》卷五《答客问》云："由汉氏以来，学者以其所得，托之撰述以自表见者，盖不少矣。高明者多独断之学，沉潜者尚考索之功，天下之学术不能不具此二条"，他所指出做学问要具备的途径，就是不依附他人而有独创精神和专心独立从事考索的硬功夫。王先生对地理志与六典的创作，确是认真做到了这两点。

其三，王先生对文化史的高度重视，文化与政治、经济同为历史的重要组成部分。新中国建立后的30年间，在以阶级斗争为纲、过度强调服从政治需要的强力驱使下，古代的优秀文化传统长期被置之度外，甚且将它视为封建糟粕横加批制。回顾新中国建立前夕（1948），吕思勉在开明书店出版的《两晋南北朝史》两巨册，已在偏重政治之外，对社会经济与广大民众的社会生活和文化状况，有所重视，但实际着墨并不多。直至20世纪80年代，适应新时代的需要，社会学和文化史才逐渐受到重视和关注。王先生所撰晋、唐两部大著，实为拔新领异之举，开创研究重心变化的先行者。这两部大著各有近三分之一的篇幅写文化史，实为全国古史学界的首创。以魏晋南北朝史卷为例，从哲学、宗教、经学、史学、文艺、医学、科技等许多方面，都有着相当出色的具体描写。试以文艺为例，诗作从汉代的四言发展至六朝时的五言诗、三言诗与山水诗乃至宫体诗，诗作至宋、齐时着重声律，开拓了唐代律诗形成的行径。文体从汉代的散文，至魏晋之际，出现了对仗与追求辞藻华丽、对偶工整，发展为南朝的骈俪文。《昭明文选》收纳"事出于沉思，义归乎辞藻"的大量优秀篇章，直至唐末，骈文长期在社会上处于重要地位，韩、柳虽加改革，成果并不突出，唐末五代，也没有多大改观。延至北宋中叶，经欧阳修等人大声疾呼，才使这一改革较大步地向前推进。王先生在书中对南北朝民歌的不同特性，描述得十分生动出色。南朝的吴歌、西曲对唐代五言绝句的影响不可忽视，北朝民歌的尚武精神，以《木兰辞》为代表，反映了新时代的重要特点。对六朝时的志怪小说，一部一部不厌其烦地分别列举事例，作了具体介绍，分析其得失。我阅读过某些著名文学工作者所撰《六朝乐府与民歌》《中国文学批评史》《中古文学论集》等专著，以之与王先生的著作对照，从文史结合立论，明显看到王著的深厚修养与造诣之深，周一良先生赞誉王先生是"章门高第"，"一生游心文与史"，旨哉斯言。

二

王先生所撰《隋唐五代史》两巨册，同样是可圈可点之处甚多，这里不拟再作具体赘述。就我所知，王先生并未参加敦煌、吐鲁番文书的具体整理工作。20 多年前，敦煌文书分散在国内外不少地方，更没有由出版社整理成专集。20 世纪 70 年代相继发现的大批吐鲁番出土文书也正在整理刊印中，今通读王先生的论著，他不仅使用了众多文献资料，还相当多地引录了不少敦煌、吐鲁番出土的文书资料，加以分析使用，充分反映王先生是异常辛勤地搜集各方面的资料，才能使其写作游刃有余，既用以印证文献资料的真实性，还使用文书资料说明新问题等，十分难能可贵。

王先生在《隋唐五代史》中，累引文书资料，一是补充文献所记内容之缺漏，丰富史文的内容；二是文书所记很可以纠正史文之谬误，今举几例说明如次。

国家图书馆藏《唐贞观八年备举氏族事件》残卷，王先生结合史文与地志，认定它反映出魏晋南北朝的世家大族在唐贞观初，仍在政治、经济方面具有不可低估的作用。另一敦煌文书《新集天下姓望氏族谱》所记全国十道中有九道所记姓氏和郡望，其中既存在山东郡姓，同时也涌现了一批魏晋南北朝所未有的姓氏。代北的鲜卑族望除京兆洛阳外，且有居于大河南北，有的羌姓人和铁勒族仆固氏乃至五天竺的瞿昙氏以及昭武九姓的族人，其居地竟然到了江河南北，显示旧氏族在中唐时已是日趋势衰。

王先生在著作中大量引用敦煌户籍残卷，证明唐代均田下的绝大多数居户，皆不足法定的田亩数额。引录吐鲁番文书说明西州的给田、退田等许多具体情况，内称"倍田三易"，证实了《通典》所云三易倍授的文献记载。录引敦煌文书《水部式》残卷，十分逼真地说明了唐代的行水法规是在当地认真贯彻。从多份吐鲁番文书所记高昌众多渠道的分布，说明当地水渠众多，表明所在农作与水利的密切关系。文书所记高昌市场上纺织品出售时，标明上、中、下三等价格，反映当地商品是分等定价，显示了市场商品质量大有差异。行价是一种标志，反映市场上出售商品优劣的杠杆在起作用。书中引用房山石经所记各种商品在市场上分设诸行，各行商品价格大有悬殊，揭示了商品繁多，在质量上明显存在众多差异。引录敦煌文书所记各种不同契约，反映各地借贷盛行，揭示各种高利贷对人们所造成的危害。西域文献所记行人通关检验等文书，足以说明唐代边防设置的必要以及保证国家权力贯彻实施的必要性。还有些文书登录了唐代府兵、征人的大量逃亡等情况，由此可知唐代军事制度的某些具体实施情景，凡此种种，生动地说明了唐代社会生活的种种实情。

值得注意的是王先生生前定稿身后出版的《敦煌石室地志残卷考释》，收录 14 篇地志残卷，今酌情扼要作点简介。

《唐天宝初年地志残卷考释》揭示了唐志以外的不少新知，同时还用以解说其时征收公廨本钱的实况，实可用以补史和证史。

《贞元十道录剑南道残卷》考释了中唐时剑南道十州郡的政区划分及其建置的具体变革情况，有不少内容罕见于史册。

《诸道山河地名要略残卷》，原文备列先秦、汉魏以至唐人史事，内容涉及州郡变革、山川情状以及各地风俗与物产。作者校证此卷为咸通八年二月残卷，论断富有说服力。

《沙州都督府图经残卷》，残文书大约在开元四年（716）之后完成，记载当地丰富的农田水利、农作、马驿、烽燧等多方富有价值的重要社会史资料。

《张孝嵩事迹考》，敦煌文书有三处记录与此相关。一是贞观刺史张孝恭，二是神龙刺史张孝嵩，三是开元刺史张嵩。王先生指出，张嵩即张孝嵩，他毕生没有做过沙州刺史。《太平广记》卷四二〇沙州道黑河条记开元中，南阳张嵩都护北庭，聚众射杀危害百姓的黑河巨龙，受到玄宗嘉奖，子孙承袭为沙州刺史。张孝嵩为南阳郡望，后世敦煌张义潮、张惟深皆其苗裔，子孙们为神其事，称为神舌张氏，"子孙承袭为沙州刺史"。其后，张义潮为归义军节度使，子孙世袭。王先生据此推知，《太平广记》所记沙州黑龙条，虽未知出自何书，推测当为唐末五代作品。

《寿昌县地志考释》，寿昌位于沙州西南，宜种美瓜，县东七里有大泽，水草滋茂，牧放六畜，并在其中。寿昌海乃汉得天马之处。屯城位于今若羌县东北米兰农场，是汉武帝时伊循屯田的旧地。晚唐时，张议潮收复瓜、沙等十一州时，石城镇（若城县）、播仙镇（且末县东南）、萨毗城（若羌东南），已陷胡戎，寿昌距敦煌地域近，先生推测应未入胡戎之手。五代晋出帝天福十年，州官奉上寿昌县令所控《地镜》即可为证。谨案以《地镜》为书名，初见于《隋志》，内有梁《地镜》图六卷。《御览》屡引《地镜图》《地镜经》《玉海》载《唐须知国镜》，皆是其例。

《沙州、伊州地志残卷》，光启元年（885）所撰此志，涉及不少汉史内容，如敦煌龙勒泉水之马饮，南阳新野人受刑屯田沙州渥洼水旁，郡野马来此饮泉，土人收其马进献，还有汉遣吏士屯田伊循城积谷等事。5世纪时，丁零陷毁鄯城。6世纪时，吐谷浑据鄯善城，新起石城镇（若羌）。伊吾地在汉代和三国间，曾三失三得，隋于其地置伊吾郡，隋末陷于胡。唐置伊州，代宗时，再陷吐蕃，直至张议潮收复。"羌龙杂处"，民族杂居1300人。哈密所在罗漫山，匈奴称为天山，"山中有好木铁"。沙伊所在有火祆庙，波斯人所创拜火教，在当地具有较大实力。隋大业时，"伊吾时共筑营田，贞观四年（630），胡归国，因此为县，以镇为名"，此类重要记事皆不见于史书。唐在庭州置瀚海军，西州置天山军，伊州置伊吾军，都是唐前期的重要军事建制，三军都归北庭节度使管辖，"防制突骑施、坚昆，抚宁西域"，是唐朝的西陲重镇。

《西州图经残卷》，今存56行，分记十一道的南北东西来往通路，可补新唐地志的缺漏。残卷所记诸道，多数是丰足水草，通人马车牛，但柳中县界的大海道，"无草，行旅负水担粮，履践沙石，往来困弊"；这与裴

矩《西域记》所云："并沙碛，乏水草，四面茫茫，道路不可准记，惟以
六畜骸骨及驼马粪为标验，以知道路"，颇为一致，形象地揭示了往西行
路之艰难。另外《图经》记有禅院，"僧徒居焉"可知当地建塔事迹之
久远。

《慧超往天竺国传残卷》备记新罗人慧超自海道去天竺之历程。遗文
甚长，国人罗叔言作过校录。日本腾田丰八和高楠顺次分别作了笺释和校
订。王先生充分吸收前人成果，并对残卷逐字进行校勘，校正了前人所录
若干错字，并统一摘录整理了前人的研讨成果。慧超去天竺，比玄奘晚八
九十年，开元十五年十一月，归至安西，由焉耆取道高昌，以至敦煌莫高
窟安顿。

《西天路竟笺释》记宋太祖时，行勤、继业等157人往西天求法取经，
他们从汴京出发，经兰州、玉门、瓜州、沙州、伊西、龟兹、于田、疏
勒，西南行以至天竺。乾德四年（996）行至恒河，便戛然中止。后息足
敦煌莫高窟，撰写此书。王先生认定诸僧不是经由海道，应是自陆路回归
敦煌的。

上引诸文，虽多以唐史为重心，但不少残卷涉及内容很复杂，时间上
溯先秦、两汉、六朝，下止赵宋；地域以河西、西域与古印度为重，除了
对唐史研究提供重要信息外，还具体涉及其他诸多方面，我们不能以偏
概全。

我读王仲荦先生的论著不是很多，初步涉猎，深感王先生治史，自律
极严。《北周地理志》和《北周六典》都是经历40年而定稿。《文物》
1975年第7期发表王先生有关"过所"的论文，他在收入1987年出版的
《蜡华山馆丛稿》时，并未提到修订，但将二文对读，令人惊奇地发现，
其文已作了重大修改，新增文字近万。王先生自称："唐西州过所交书，
有些不是过所，而是公验。我过去不知分别，现在加以纠正，这是非常愉
快的事情。"这种发自内心勇于改错的行动是正派学者良好学风的体现。
与此相仿，《文史》9辑（1980年）发表王先生《唐贞观八年条举氏族事
件残卷》的考释，在《蜡华山馆丛稿》重发时，也有多处作了重要修改和
订正等，充分体现作者求真的进取精神，很值得后辈们加以认真学习。

《敦煌石室地志残卷考释》是王先生已写完的文稿，将本书与《蜡华

山馆丛稿》的若干同类文章作比较，不难发现，明显存在某些不足和疏漏之处，如果天假以年，王先生必将如《地理志》和《六典》等著作那样，进行增补和修订的。

《嵝华山馆丛稿》收录王先生 32 篇论文，其题材远远超越六朝隋唐史的范围。自先秦以至明清，包括整个中国古代史、中国古代社会的性质问题，土地制度问题以及经济史乃至古籍以及本人的治学经历等，都写得非常出色。王先生自称"生命不息，写作不止"，没有止境的探索精神，正好是王先生永葆学术青春的真实写照。他的行动实践百分百兑现了自己的承诺，他是屹立潮头的时代精英，值得我深深敬佩和很好学习。

附记：本文是应山东大学挂号函约所撰，寄出后几年，没有消息。我不懂电脑，去信请求退稿。复函说，文章要用。一拖又是几年无消息，本文乃是初稿原文。

学习何先生良好学风,研究何先生学术成就

　　我怀着十分高兴的心情参加这一盛会,谨祝寿星何老寿比南山,撰写更多的论著培育后辈学子。

　　20 世纪 80 年代,我才有机缘认识何兹全先生,但早在 50 年代我上大学时,即已读过刚刚出版不久由何先生著作的《秦汉史略》,它给我留下了良好的印象。毕业后分配来历史所工作,领导上让我研究学习秦汉史,我应承了,这里很可能存在着一定的机缘。在历史所工作不久,又读到了何先生的《魏晋南北朝史略》。读了这两本史略,对我在历史所秦汉史组工作的六七年间产生了非常好的启蒙作用。

　　90 年代初,我有幸读到何先生的新著《中国古代社会》,这是一本讨论从部落至国家,以及国家社会变化、演进的大书。将《读史集》中的四五篇相关论文加以演绎串联和进一步发展,系统地提出了自己对中国古代社会的产生、演变及其向中世纪的过渡,在论著中,作者严格依据马克思主义原理,采用让事实说话的方式,提出了自己的正面看法。这一点,从 50 年代的《秦汉史略》到 90 年代的《中国古代社会》,表述的观点是一致的。文中没有像某些学者那样大动肝火,讥讽不同学派的见解。学术问题是思想问题,盛气凌人是压服不了人的。过去,我知道古史分期不同的三大流派学者中,在写作时都存在有不够冷静的现象。读何先生的论文和著作,却未见有这种表现,这是良好学风的表现。顺便说一点,在这本新著中,何先生有多处引用自己指导学生所写论文中的论点,甚至节引了学生论文中的文句,如此尊重他人劳动、尊重后学、平等待人,这在当前我国的社会学风中并不多见。在祝福何先生健康长寿的时刻,我认为首先要学习他这种良好的学风,身体力行,并代代相传。至于古代史的具体分期断限,由于我对包括春秋时期在内

的商周史，所知实在太少，理论水平又太低，迄今不敢随意表态。没有调查就没有发言权，对秦汉史的社会性质我只是随大流，敷衍应付，谈不上个人有多少真知灼见。何先生在长达四五十年间，不问社会政治气候如何，始终坚持自己所认定的学术观点，不像有的学者那样朝云暮雨变化无常，也不像有的学者那样头脑不冷静，想用自己的学术观点粗暴地去压服他人，而是冷眼观潮并认真考虑他人的不同意见。就我所知，何先生所主张的魏晋封建论，和尚钺先生、王仲荦先生等人的主张并不很一致。作为后学，我想，是应当认真仔细考虑前辈学者给我们提供的素材，把这些重大社会问题的研究继续向前推进。

我谈的第二点，是何先生对魏晋南北朝兵制研究的杰出贡献。早在40年代，何先生便发表了魏晋兵制的长篇论文，自此直至80年代，先后将魏晋南北朝近400年间历代的兵制逐一分别写了论文，北朝后期新创的府兵制何先生虽没有撰写专文，但通过评论谷霁光的《府兵制度考释》一书，比较具体和公正地肯定了谷先生几十年研究府兵制所取得的成果；同时，也实事求是地指出了谷书存在的某些缺憾和不足，这是通过书评表述自己对北朝后期兵制研究的一种很好方式。何先生对混乱的十六国时期以及鼎立三国的兵制也分别做了研究。看了这些论文，可以看出何先生一直在孜孜不辍地对诸国兵制进行认真的钻研。在北宋撰写《新唐书·兵志》之前，历代史书均无兵志。我读过南宋陈傅良《历代兵制》、钱文子《补汉兵志》、清人钱仪吉《补晋兵志》、近人谷霁光《补北魏兵志》，也读了何先生所撰魏晋南北朝时期多篇兵制论文，两相对比，何先生的论文不论是写作深度，还是资料收集方面都大大超越了前人。前些年，我应邀参加过几次中国军事科学院主持讨论历代军制的相关会议，他们运用当代军事科学的理论对古代军制重新进行估量，提出了诸如军事领导体制、武装力量军队编制、武装配备、兵役制等一系列问题。我们固然要注意不能混淆古今军制的差异，但也要承认双方某些一致的方面。运用这些标准来衡量何先生所撰诸兵制论文，再以同样的标准去衡量南宋至民国时人的兵制著作，何先生的水平远远超越前人，那是显而易见的。当然，有关魏晋南北朝时期的兵制研究，国内还有其他几位先生也取得了一些可喜的成果，但我认为迄今没有哪一位像何先生这样全面地分国分期地进行了深入研究。我有一位研究生曾经两度正式提出，以魏晋南北朝兵制作为博士论文选题，我先让他看何先生的论文，然后问他有哪些新意见，一次谈不出，第二次还是答不上来。我提了些问题，他回答不得要领。为此，我奉劝他不要选这个题目了。前辈研究成果已多，博士论文如果不能在前人研究基础上有所前进，再搞重复劳动，这不是太浪费了吗？

我谈的第三点，是何先生在寺院经济研究方面立下的不朽功勋。过去，我曾经比较系统地读过《大藏经》中的史传部分，并结合其他古籍和金石的相关资料，对汉、宋间出家人（僧尼）的生活和经济状况多少有些知识，想把它和世俗社会状况作一对比性研讨。十年前，我写了一个粗略的大纲，带了几百张资料卡片去外地，为一所高校的研究生讲了一个月的专题课（每星期讲三个半天），总的题目是《汉宋间的寺院和寺院经济》。回京后，我准备整理成一本书。正着手进行这项工作时，收到何先生所赠《五十年来汉唐佛教寺院经济研究》一书，内收 17 篇论文。首篇《中古时代之中国佛教寺院》是何先生在 1934 年发表的论文，长达 4 万多字，把汉宋间的寺院兴衰等情况讲得相当明白。另一篇《中古大族寺院研究》是 1936 年发表，近 3 万字。1934—1936 年，我还是个没有入学的小孩，何先生已将汉朝以后几百年间的寺院兴衰和人身依附等重要问题逐一谈到了，看后极为震惊和折服。随后，我又读了何先生指导的一位博士生所写晋唐间寺院经济的论文，它虽然存在年轻人难以避免的若干错讹，但也确实写了不少有价值的内容；再加上同年内，法国人谢和耐所撰《中国 5 至 10 世纪的寺院经济》在国内译成汉文出版了。当我通读这些，特别是何先生在 30 年代的两篇大作，再加上 80 年代两篇从内律研究寺院经济的论文后，我得出结论，已完全没有必要再去整理我在课堂上讲过的那些东西了。

何先生所撰论著极多，我所能读到的只是其中的一部分。就我所看过的来说，他对历史人物的评估，对上层建筑学术方面的研究，也都颇有特色和功力。上述三点只是我个人读后感受最深罢了。我在中学毕业后，曾经考取了北师大，如果当时入了学，必能聆听何先生的讲课，耳提面命，学习进步会快一点。但机会毕竟失去了。现在，只能通过阅读何先生公开发表的若干论著，从中学习并领会何先生的治学方法，效果虽然差一些，舍此别无他法。我再次在此祝愿何先生健康长寿，撰写更多论著，教育和哺乳后代学人。

《资治通鉴辞典》序

　　《资治通鉴辞典》是依据《资治通鉴》编撰的一部大型辞书。

　　《资治通鉴》是北宋司马光编纂的一部编年体史书。全书共 354 卷，其中正文 294 卷，目录 30 卷，考异 30 卷。正文记述了上起周威烈王二十三年（公元前 403），下止五代后周世宗显德六年（959），前后共计 1362 年的历史。这部编年史以政治史为主体，它既包括了秦汉和隋唐全国性大一统的盛世，也有着战国和三国、东晋南北朝以及五代十国全国性的大分裂时期。

　　说来，《资治通鉴》与我有着不解之缘。36 年前，我自大学毕业分配到历史研究所工作，正好赶上《资治通鉴》点校本初问世。张政烺先生要我们通读此书。我遵照张先生的指点，认认真真地通读了全书。后来因为工作和求知的需要，我又多次读过《资治通鉴》。可以说，每读一遍都会有新的收获，无论是治史、认识社会还是立身处世，它都给我以启迪。《资治通鉴》的确是一部有用的好书。

　　中华文明源远流长，记载这一文明绵延变迁的史学著作同样是一脉相承，诸体皆备。在汗牛充栋的史学著作中，有两部史书具有开创性、奠基性的作用。一部是汉武帝时期司马迁纂修的《史记》，另一部就是《资治通鉴》了。

　　《史记》和《资治通鉴》都是通史著作，但两书的体裁和宗旨又有很大不同。这里，仅就《资治通鉴》的纂写略作介绍。

　　司马光（109—1086）字君实，陕州夏县（今山西夏县）人，是北宋时著名的政治家和史学家。政治上，他反对王安石（1021—1086）推行的变法；晚年为宰相，完全否定新政改革，颇受世人责难。在著述上，他一生写作甚多，而以《资治通鉴》最为有名。这部书在九百多年来广为流传，变成了普及中国古代史的重要书籍。长期来，不少人对它进行专门研究，"通鉴学"成为一种专门的学问。

司马光年轻时，已深切感受一千多年来的史书太多，人们很难读遍，他立志编写一部简明系统重点突出的通史，从政治上总结成败得失的历史经验，供君主治国借鉴。

最初，司马光自撰周威烈王二十三年至秦二世三年的历史共八卷（周纪五卷，秦纪三卷），称为《通志》，在宋英宗治平三年（1066）进呈。同年四月十八日，英宗命他继续编纂历代君臣事迹，为此设置书局，允许他找人合作，官供费用。司马光先后物色刘攽（1023—1089）、刘恕（1032—1078）、范祖禹（1041—1098）等人协助，继续编写西汉以后的历史。这三位高级助手在政治观点上都和司马光一致，很不满意王安石推行的新政改变、在学术上他们又各有专长，司马光对整体工作有过大致的分工。刘攽负责两汉，刘恕负责魏晋南北朝、隋和五代十国，范祖禹负责唐代资料的搜集，在这三个助手中，刘恕所作的贡献最大。

工作刚开始不久，宋英宗去世。神宗即位，认为司马光所编历代君臣事迹"鉴于往事，有资于治道"，敕赐书名《资治通鉴》。

《资治通鉴》的编纂，共分三个步骤：

首先，作丛目。每个助手分段负责收集大量原始资料，标出事目，严格按时间顺序分别附注于各个事目下面，以使事情的轮廓比较清楚。

其次，作长编。这是在丛目的基础上加工作成的。要求叙事周密详备，条理清晰。按照统一规定，凡是没有日期的资料，附于该月的后面；没有月份的资料，附于该年记事后面。没有年代的资料，审定某一重要事情，估算时间早晚，附于一年内叙述。若是事同文异的资料，只选录记载详备者，如果是诗赋不包含讥讽，诏令不涉及诫谕，仅限于任官，还有妖异怪诞无助于儆戒，诸如此类的史实，一律删削不录。总的原则是"宁失于繁，毋失于略"。因此，仅仅唐代的长编即多达600余卷。

再次，定稿。删削长编，考核异同，修辞润色，做到文字精练，都由司马光一人独自去做。原来长达600余卷的唐纪长编，经删订只存81卷。在删改长编的过程中，他将那些不同的记事和取舍理由分别整理汇集成《考异》一书。神宗元丰七年（1084）十二月，《资治通鉴》全书定稿完成，连同《考异》等奏送朝廷。上表说到自己从小至老，嗜好史学，编纂本书费时十九年，常常夜以继日，全部精力投入写作。神宗敕令嘉奖，"褒贬去取，有所据依"。随后，将它镂版刊行。

《资治通鉴》的内容，贯彻着司马光的编写意图，体现出如下重要的特点：

一、深究国家兴衰：司马光认定，"治乱之源，古今一体"。他为此特别注意历代诸国的兴衰存亡，说是"专取关国家兴衰，系生民休戚，善可为法，恶可为戒者"。国家的兴衰常体现在君臣们的言行、治绩中，认定为治之道重在用人，如何知人善任，君主纳谏，贤臣善谏，对良将、循吏，对信赏必罚、知过改错等，密切注意。而"系生民休戚"的事，常常体现于百姓负担的轻重和他们进行反压迫的各种反抗活动中。因此，在本书中对上述两方面都写得非常具体，总的目的都是为了"资治"。

二、重视战争研讨：战争是政治的集中体现，战争胜负往往关系一国兴衰，书中描写战争，很注意作战双方的战略谋划，很重视政治对军事的影响。

三、重视国内多民族的关系：在一千三百多年中，国内各民族的活动非常频繁，前后消长变化也很大，书中对各民族的政治、社会活动给予了充分的注意。

四、兵、刑、礼、乐等，事关一国文武治道、历法变革涉及社会生活、行政建制、地理状况，都是国家的重要组成部分，本书也多有叙述。

五、土地、赋税、钱币等经济制度，农田水利兴修，河道运路的疏浚，长城的兴建，都是事关国家的治道，还有宗教、哲学等文化活动也因同样的道理，在书中也多有扼要的说明。

六、书中很少写符瑞、神怪、卜筮，极大地减少了旧史中的迷信色彩。

七、编年体史书严格按时间顺序记事，有些重大政治活动常常牵涉多年，分散记载，不易使人了解全局。《资治通鉴》为弥补这一缺陷，在严格编年记事的同时，又多次采取追述或是补叙的方法，用以说明某一史事之本末，使它成为有血有肉的整体。例如，秦始皇三年（公元前244）记赵国以李牧为将伐燕，并大败匈奴，"单于奔走，十余岁不敢近赵边"。接着，又以"先是"开头，追述秦、赵、燕三国如何备边防患，最后归结说，"及战国之末，而匈奴始大"。既探索了多年来北方的边防状况，又指明了匈奴的强大，为秦汉时与匈奴的频繁活动作了良好的溯源。

《资治通鉴》依据旧史改编而成，它以周威烈王二十三年，"初命晋大夫魏斯、赵籍、韩虔为诸侯"，作为全书的开端，而没有采纳《史记·六国年表》继《春秋》之后，将周元王元年（公元前476）作为战国之始，这是建基于司马光尊王重礼的思想。他在这条记事后面写了很长一条"臣光曰"的评语。一开始便指出，"天子之职莫大于礼，礼莫大于分，分莫大于名"，并进一步解说，礼指纪纲，分指君臣，名指公、卿、大夫。他就是以"礼治"贯穿于全书，用以维系等级制度，"贵以临贱，贱以承贵"，说明书中所总结的基本上是帝王的资治术，目的在于保持天下长治久安。自战国以至五代末年，从《史记》以至《新五代史》，正史即有19部，1940卷，2820多万字，《资治通鉴》全书只有294卷，300多万字，分别占正史的10%左右。然而，本书仍有不少内容远出上述正史以外，它是旁采杂史、小说，至今尚能查明的，这类书即已多达300余种。由此可知，编纂时所投入的劳动量是很大的。

《资治通鉴》修成以后，社会影响非常大。宋、元之交的胡三省（1236—1302）为全书作了音注，并对历代典章制度、地理沿革、文字音训等都作了全方位的注解。

《资治通鉴》全书的篇幅很大，司马光本人已感到一般读者是难予阅读，于是，亲自将它略举事目，撰成《通鉴目录》。现在看来，目录内容过于简略，不足以说明史事。中国社会科学院历史研究所的部分中青年同志合作撰写完成的《通鉴辞典》一书，我认为至少存在着如下几条特点：

第一，设条以事为主，体裁新颖详备：南宋袁枢（1131—1205）鉴于《资治通鉴》记载不少大事，往往相隔数卷，前后难以照应，他将全书所述内容按专题重新编排史实，每篇各系年月，自为首尾，使读者对前后始末一目了然，他所作《通鉴纪事本末》共设239个专题，将《资治通鉴》的有关内容分别纳入各有关条目中。它的缺点是题目偏大，内容有些庞杂。仍有不少重要史实，由于没有立条，也就无法编入书中。而且，所立各条也只是移录《资治通鉴》的文言文，不便今日读者。《通鉴辞典》完全按《资治通鉴》年代的顺序，凡是本书中所记比较重要的事件，都一一设置条目，力求首尾详备，全书共分 4679 题。作者以现代口语编写《资治通鉴》的记事，极便于广大读者了解全书最重要的内容。

第二，注意首尾一贯：本书立条是按情节轻重，区分大、中、小三类，某些文字不多却很重要，而按年代分散的事迹，《辞典》尽可能加以综合集中，便于主题突出，集中说明某个问题。对于重要的年代，一律加注公元。重要日期，沿例注明夏历月日；重要古地名，也大都括注现代地名，以便增进读者对时间、空间的了解。

第三，删除封建糟粕：《资治通鉴》对旧史中的迷信内容删除未尽，而且还在不少场合，宣扬天人感应等错误论调等，《辞典》一律略而不取。司马光在《资治通鉴》全书中，增添了二百几十处史论，其中有沿用前人成说的八九十篇，有他本人用"臣光曰"所写的一百余篇。这些史评不乏封建说教，我们只吸取部分有价值的，分别纳入有关的条目中，其余的统统删除。

第四，补充史事：本书称为《通鉴辞典》，所设条目自然是取资于《资治通鉴》；但《辞典》的具体内容，除了直接取材于《资治通鉴》之外，大多数条目还从《战国策》以及各有关正史的纪、传、志、表乃至杂史和笔记中，分别采择有关史事，增添新资料，以使所立条目解说得比较透彻明白。胡三省的《资治通鉴音注》，既有注释、校勘，又有考释，这本《辞典》也尽可能酌量采择加以收入，以充实丰富所立条目的内容。

编写《通鉴辞典》，无疑是一项有意义的学术活动，我们为此作了应有的努力，但限于水平，所立条目是否存在重大遗漏，词条内容编写得是否完全妥当，我们不敢自视很高，盼望广大读者提出宝贵的批评意见。中国旅游出版社为本书的编写和出版，给予了充分的帮助，我们谨在此致以衷心的谢意。

（原载《中国旅游出版》1993 年）

《韦执谊评传》序

　　805 年春夏之间，唐朝发生了短暂而颇具新意的改革运动。它虽然很快失败了，但在历史上仍占有一席重要地位。

　　永贞改革是在唐王朝由盛转衰的情况下出现的一次革新尝试。在这次改革之前 50 年即 755 年，以安禄山为首的河北藩镇势力发动了武装叛乱，广大黄河中下游地区备受蹂躏，经过八年混战，叛乱被平定了，但往日统一安定富强的大唐帝国由是一蹶不振。为了重整往日大唐雄威，自那时以来，不少仁人志士先后从各个方面作了不懈努力。顺宗时，由王叔文、韦执谊为首一批人推行的政治改革，便是其中重要的一次。

　　关于永贞改革的进程和意义，近三十年来，已发表了若干论文作过有益的探索。参与这一改革的代表人物，常被称为二王（王叔文、王伾）八司马（韦执谊、韩泰、柳宗元、刘禹锡、陈谏、韩晔、凌准、程异）。迄今为止，人们对王叔文和柳宗元、刘禹锡的评述为多。王叔文为革新集团重要首领，柳宗元和刘禹锡同是著名文学家和思想家，因而，受到了人们更多的注意。

　　海南大学林巨兴先生独辟蹊径，选择韦执谊撰写了传记，这是颇有见地的。韦执谊身为宰相，在短暂革新工作开展期间，各种重要政策通常由他执行。《评传》以韦执谊行事为纲，充分介绍了有关革新的具体内容，使读者从中可以获得有血有肉的不少生动史实。当改革失败，韦执谊被贬海南以后，据民间传言，他仍是矢志不渝，在当地做了若干力所能及有益于世的工作，从而备受海南民众的爱戴。林先生现在海南工作，他揭示这一史实，实有深意存焉。

　　当然，我们非常清楚，韦执谊生活在距今一千一百多年前，他出身名门世家，又是通过科举进士及对策制举高第，从他传世的作品及其行事来看，都是忠心耿耿地为改善地主阶级专政而努力工作的。王叔文、韦执谊集团的成员，谁也不会超越他们自己的阶级属性，他们连想也不曾想过，更不要说依靠和发动人民群众进行政治斗争，他们愤恨宦官专政，积极设法夺权，而其行动却仍然要依赖宦官李忠贤等人的支持，这种看似矛盾的社会现实，在往后牛李党争中的双方也是无例外地各自攀附不同的宦官为后盾。与官僚集团不同，在唐朝横行了一百多年的宦官最终被人民大众打得落花流水，让随之得势的朱温轻易地把宦官残余势力清洗干净。

最近，中国社会科学院历史研究所杨向奎教授将《唐代改革家韦执谊评传》（打印稿）给我，要我在书首写几句话。我通读了全书后，从中获益不少，因就有所感，写此短文。

（原载《韦执谊评传》，南海出版社公司 1995 年版）

读点校本《建康实录》

　　点校好一部古籍并非易事。《建康实录》是研究六朝史颇有用处但撰写得并很不好的一部资料书，历代虽有抄刻，存在错误极多，要把它点校好尤为不易。经张忱石先生整理的点校本《建康实录》（中华书局1986年10月出版），标点分段清晰，校注详明，极便学人攻读。晚唐李济翁早已指出，"学识如何观点书"（《资暇集》卷上）。通读点校本《建康实录》，深感点校者知识深厚，辛勤劳动，才能取得如此突出成果。在我看来，它至少体现在下述诸方面。

　　第一，本校做得出色。点校某一古籍，先要明了该书的版本源流及其保存现状。张忱石先生通过精密调查研究，看到了包括南宋刊本在内的多种《建康实录》版本，经过逐一比勘对照，发现宋刊本错讹极多，不宜作为点校底本，改选取校勘较好的清末金陵甘氏刊本为底本，自是慧眼识货，独具匠心。再将宋刻本在内的其他十种版本作为校勘使用，从而简省了不少校注的麻烦。全书校注中，有555个是校勘各种版本，订正甘本错误，使实录本文由于唐代传抄和刻印所产生的讹误得以大大减少，使它比较接近于原作，实是十分可贵的业绩。

　　第二，校勘广泛吸收前人成果。梳理前人成果，一是前人校对《建康实录》的成绩；二是不少学者论著中与建康地区有关的历史考释成果。前者如清人黄廷鉴撰写于道光二十年（1840）的《书校建康实录后》，近人郦承铨在20世纪30年代所撰《建康实录校记》，陶元珍在40年代初发表的《建康实录札记》，点校本都一一加以利用。陶元珍札记在校注中引用52次就是明证。更为可贵的是点校者并没有满足于现有成果，在充分利用郦承铨已有校记之外，新增加了四个实录版本的校勘，还增添了不少新注，把校勘成果向前推进了一大步。对于《建康实录》以外的有关成果，点校本广泛吸取了二十四史点校本的校勘记，还利用了清朝以至民国时不少学者对有关史籍的考释成果，还吸收了新近出版的诸如余嘉锡《世说新语笺疏》和周一良《魏晋南北朝史札记》等书的新成果，所有这些便使《建康实录》点校本的内容极大地丰富了。

第三，重视他校，成绩非凡。许嵩自称，他是"述而不作"，"今质正传，旁采遗文"。可见《建康实录》的资料来源主要是正史。因而在点校实录时，若仅仅局限于原书的本校上，便有不少问题难以解决。纵观点校本的1858条校勘记中，不难发现有不少校记是从《三国志》《晋书》和南朝诸史，乃至上溯《史记》《汉书》，下及《隋书》、两《唐书》，旁及北朝诸正史中的资料，加以校勘而撰写的。还有另外一些是比勘各种类书、笔记、小说、金石等，全书校勘直接所引书目达一百种以上，由此不难明白，认真校勘好一部古籍乃是多么不易。

需要特别提到的是《建康实录》有关刘宋史事，基本上不用沈约《宋书》，而是采用裴子野的《宋略》。但《宋略》原书早已亡佚，校勘实录刘宋史事，要尽可能多地探寻《宋略》原文，点校本便一一比勘了《资治通鉴》所引《宋略》。而在50多年前，蒙文通业已撰文指出《宋略》存于《建康实录》，今本《实录》卷十四全文引用了《宋略总论》，长达二千五六百字，而这篇文字在明刊本《文苑英华》卷七五四又全文具录，点校本将二者认真校对，为此撰写校注46个，改正错讹，很便于我们通读。再举一例，《实录》卷十八记梁昭明太子"召名僧自立三谛法义"，此句实录诸版本并无差异，可是，三谛法义之说有悖诸人的原意。因此，仅仅本校在此已是无能为力，于是只能借助于他校。校注〔二〇〕引《广弘明集》卷二四，及《全梁文》卷二一，校订"三谛"乃"二谛"之误，"法义"乃"法身义"之误。指出"三谛"是其所破，非其所立；并旁引《册府元龟》卷二五八《令德》条所记也是"自立二谛法身义"，遂据以订正。类似事例不止一二处。由此说明，若非点校者具有多方面的学识和博览群书之功，诸如此类的错误是很难发现并加以订正的。

第四，订正不少干支记事错讹。实录既是基本上删节旧史成书，而又增补了不少建康地区有关山川城池宫苑的建置和兴毁的内容，将孙吴至陈末400年间的史事编成20卷。由于许嵩对旧史删节不慎以及有关记事来源不一，致使《实录》的不少史事，在时间上出现很多错谬。有的系年不对，有的月日参差，甚或前后倒置。点校者细心地依据日历逐一核对，还借助《资治通鉴》有关记事系年月日，将《实录》的差错进行了校正。在全书大批校注中，有 423 条是涉及时间问题的。以该书卷九为例。校注〔三十〕，指出《实录》诸本都是十一月"壬午"，而是月实际并无壬午，《晋书》卷九《孝武帝纪》作十一月"壬子"，为二十七日，是。因据以改正，此乃纠正系日之误。校注〔四九〕二月戊申条，指出二月癸酉朔，无戊申，三月壬寅朔，戊申是三月初七，《晋书·天文志》作三月戊申，是。此乃实录记事系月之误。校注〔五一〕闰月戊申条，实录系于太元十三年夏六月之后，而当年是闰正月，闰月记事应置于夏六月之前，此《实录》记事前后颠倒之例。校注〔五七〕秋七月戊申条，指出《晋书》和《宋书》的《天文志》所记时间都和《实录》一致，而《晋书·孝武帝纪》作七月丁巳。据长历，太元十五年七月丁未朔，丁巳为十一日，壬申为二十六日，在时间上暂可并存，难以判断孰是孰非。这些表面看来颇为琐碎但却是很重要的细致校勘，对读者慎重利用该书资料大有裨益。点校本《建康实录》的优点并不限于上述诸点，其余方面不再在此一一赘述。书首刊有将近二万字的长篇点校说明，已对《实录》作者许嵩的生平、身世及其著作的文献价值，从多方面作了强有力的解说；同时，对《实录》的缺点和论误，也列举事例，作了实事求是的说明。不论是谁，如果不是对《实录》作过深入细致的钻研和校勘，是不可能写得如此具体和富有说服力的。这篇点校说明实是一篇很有价值的学术论文。我认为有必要指出，长期以来，学术界研究六朝史很有成就的学者往往不大重视《建康实录》一书的资料价值，甚至点校六朝史的专家们，或是对《实录》完全没有利用（如《三国志·吴志》），或是未能充分利用（如南朝诸史）。现在经过张忱石先生的辛勤劳动，充分揭示出了该书的资料价值，并为此写出了十多万字的校勘记逐条分注附于每卷之末，所有这些，给人们今后很好利用《建康实录》的资料展示了良好的前程。

毋庸置疑，任何一位学者点校古籍，不可能做到至善至美、无懈可击，集体点校的《资治通鉴》和二十四史的整理，也都无一例外，存在或多或少的问题，有待学者们不断使之完善。同样，《建康实录》的校点本也有些问题，尚待今后加以改造。

首先是标点，我们没有必要逐条列举那些明显是看校样时疏忽而未能及时改正的标点错误。只想举例说明某些理应修改的句读。

一〇六页："八月，京下督繇楷降。"

"晋时鄱阳历阳县有石山临水……"

吴将孙楷降晋，"晋"字应移行置于"降"字下。降晋事在天玺元年（276）八月，而《实录》系之于贺邵被杀之后，《三国志》卷六五，《资治通鉴》卷八十，都记载贺邵被杀于天策元年（275），因而，在八月条下还应加校注说明。《实录》在此之前，已记吴主改元天玺元年事，记事颠倒讹误。

一〇七页，吴后主孙皓曰："从大皇逮朕，四世太平主，非朕复推！"从孙皓的狂妄心情来看，去掉两个逗号，只在"四世"之后加逗号，比较符合孙皓的说话原意。

四二八页："是岁，朱修之归。自黄龙初，修之见獾……"

按，黄龙是地名，不是帝皇年号。《宋书》卷七六《朱修之傅》，"鲜卑冯弘称燕王，治黄龙城"。修之"泛海至东莱……元嘉九年至京邑"。黄龙是北燕都城，即今辽宁省朝阳市附近。因此，"归"字后的句号应移置在"龙"字之后。《实录》同卷四二九页，记元嘉十二年，"爵黄龙冯弘为燕王"，四三一页，记元嘉十五年，"黄龙国使使贡献"，都可作为上述解释的佐证。

六七〇页，"朱晓曰：'明公试思，桀犬何尝不吠尧王。'以为知言"。

所谓"明公"与"王"都是指梁王萧衍，句号应移置于"尧"字下，引号亦相应改移。

其次是校勘，由于实录错讹极多，逐句校勘，工作量很大，因而难免存在漏校之处，例如：

五六页，步骘"累迁位持节……"按，六朝官制，没有"位持节"名目，只有"持节""假节""使持节"之区分，《三国志》卷五二本传作"使持节"，因疑实录之"位"乃"使"之讹。

三一二页，车胤"拜中书侍郎，领国子博学"。博学置此，文义不通，博士是官名。《晋书》卷八三作"博士"，疑是。

六七七页，天监十六年正月诏，"尤贫家，勿收今年三月调……"南朝赋税制度没有"三月调"的名目，而是广泛存在着"三调"。《梁书》卷二，《南史》卷六梁武帝诏书均作"三调"，疑是，"月"字衍。

一〇六页，"时东湖太守张泳以不出算缗，亦遣就斩之"。按，孙吴时，不存在东湖郡名，《三国志》卷四八作"湘东太守"，洪亮吉《三圆疆域志》卷下孙吴有湘东郡。"东湖"疑焉"湘东"之误。

五八五页，建元元年七月诏，"南武进王业所基，复十年"。按，萧道成先世为东海兰陵县人，其祖过江居晋陵武进县，侨置本土，加以"南"名，只有南兰陵，而没有南武进名称。《南齐书》卷二，《南史》卷四记此事均无"南"字，疑是。

六二六页，"谢超宗，陈郡夏人"。按，《南齐书》十四《州郡志》，陈郡有阳夏县而无"夏县"，《南齐书》卷三六，《南史》卷十九《谢超宗传》均作陈郡阳夏人，《实录》所记疑误。

六三六页，陆惠晓"以吏部为辅国，南交州刺史何点常云：……"按，南朝时不存在"南交州"名称，《南齐书》卷十四有南兖州与交州。洪孙《补梁疆域志》卷一有南兖州，卷二有交州。何点是齐、梁时的隐逸之士，梁初，强为侍中，天监三年病故。他没有担任过地方官。其事迹见《南齐书》卷五四，《梁书》卷五一和《南史》卷三〇。陆惠晓曾任南兖州刺史，具见《南齐书》卷四六，《南史》卷四八，因疑"南交州"乃"南兖州"之误，从而上段引文应校点为："（陆惠晓）以吏部（出）为辅国（将军）、南兖州刺史。何点常云：……"

七六九页，光大元年五月，华皎反，引周为援，"六月，诏征南大将军淳于量讨平之"，九月，周兵"与华皎水陆俱进，淳于量、吴明彻等逆击，大破之"。按，同一件事，六月已云讨平，九月又进击，显然不妥。查《陈书》卷四，《南史》卷九，均记华皎于五月乙未（二十五）反，丙申（二十六），淳于量讨之，至九月，才讨平。因疑《实录》所记六月讨平之一句，"平"属衍字，六月亦可能属五月之误。

（原载《书品》1988 年第 4 辑）

《魏晋南北朝五礼制度考论》述评

四五十年前，我全文通读了二十三史，其中天文、律历，自己完全无知，读后仍是茫然。礼乐诸志为时讳所忌，念时并未深究，粗知其梗概而已。时移世转，进入新世纪，礼学研究早已成为时尚。我老眼昏花，缓慢读完梁满仓先生新作《魏晋南北朝五礼制度考论》（社会科学文献出版社2009年5月出版，以下简称《考论》）。它论述了自先秦以迄隋唐之际的礼制。看后，实是感触良多，爰捉笔写点观感如次。

其一，作者提出研究礼文化，应在传统三礼、五礼之外，要对礼俗、礼行严加注意，细致考察礼的具体实践。为此，他在三礼、五礼之外，提出了"四礼"新说，只有礼学、礼制、礼俗、礼行"四礼"具备，才足以比较全面地体现出真正的礼文化研究。他为此将礼行、礼俗贯彻于全书诸章节的写作中，从而充实丰富了这本书的内容，是本书极为可贵的重大特点。

其二，魏晋南北朝时期人们对礼的认识比前人有所深入，不再停留在礼为教本的简单命题上，促使新的认识日趋普遍化，胡汉诸族统治者和诸色人等对礼的作用认识逐步深入，不再囿于传统的说法。三礼之学正式形成及其持续深入发展，郑玄和王肃注解礼学的不同理解及其在学术界引起不同见解的纷争，推动了礼学的讨论向前迈进。

其三，吉、凶、军、嘉、宾五礼之学，首见于《周礼·春官·大宗伯》。所记五礼内涵随着时代的发展，陆续产生新的变异。《考论》一书本着"师古"而又"适用"的原则，认为魏晋南北朝时五礼制度的发展经历了孕育、发育和基本成熟三大阶段。汉末三国是五礼制的孕育阶段，两晋、宋、齐时为其发育期，南朝梁、陈及迁都洛阳后的北魏和齐、隋时为其基本成熟阶段。书中为此作了相当详细的论证，言之自成体系，颇为有理有据。

其四，《考论》重视教育与学术，扼要认真讨论了四百年间的官学和州郡学，指出了官学（国子学、太学）占据主要地位的作用。同时，又没有抹杀同时一并存在的私学和家学，颇为恰当地具体解说了私学、家学在当时具有不可替代的重要作用。它们互相依存、支撑，确是弥补了官学的不足。官、私学的并存，使礼学在辽阔的领域有着长足的发展。书中且对北魏曾经独特存在一段时期的中书学，作了专题讨论，也都颇富新意。

其五，《考论》分设专章，逐一考察了魏晋南北朝时期的吉、凶、军、嘉、宾五礼的具体实施情况，体现了作者认真推动礼行、礼俗的实践性原则，内容充实丰富，对读者富有感染力。本书每一章节，大量援引了众多史实进行论证，行文极少闲话和空话。引用史文真实，很少错讹，反映作者十年间为此付出了艰辛劳动所取得的丰硕成果。文字表达也不呆板，既有别于某些人作品的泛泛之言，也和另一些仅仅罗列排比资料，不加钻研分析，论点不鲜明的作品大不相同。

其六，《考论》所写实际内容业已远远超出本题之外，几乎每一章节都贯串了自先秦两汉以至魏晋南北朝史事，其中有关秦汉史事虽存在某些不相衔接和不应有的疏漏，但从全书看，做到了上下连贯，专治魏晋南北朝史学的工作者，能做到这一点，已是相当难能可贵。

基于上述诸观感，我认为《考论》乃是一本对断代礼学史研究具有开创之功的良好著作。

至于本书在资料使用上的缺憾，第一是过多地引用《三礼》的原文。在这一点上，陈寅恪先生研究隋唐礼仪对相关资料的处置方式，很值得后人学习和借鉴。我的两位老师姚薇元和石泉都是陈先生的学生，且在陈老师的指导下都写作了质量较高的研究生论文，他俩都亲自对我说过，陈先生能完整背诵十三经的原文。然而，从现存陈先生的著作，我们罕见他轻易援引先秦典籍。他甚至公开说过，"寅恪平生为不古不今之学"，"不敢观三代两汉之书"，很可以概见他治学之谦逊和谨严。我对先秦史一窍不通，就东周史而言，我仅读过童书业、杨宽、蒙文通以及台湾学者杜正胜的《编户齐民》。诸位学者对东周史的认识并不一致，但都坦承春秋战国时代在社会各个方面有着重大的深刻变迁。三礼之学的产生正处在这一重大变革时代，应该怎样历史地面对它，值得三思而行。我虽曾粗略地翻看过十三经中的某些部分，目光关注重点是汉、晋、唐、宋人对原作的注释和解说，自己写作时不敢轻易地贸然引用原文。《考论》一书除了个别地具体指明某礼在汉魏时已有变化或已不存在而外，绝大多数情况是径引经书原文而罕有辨析。作者既然接受他人研究《周礼》成书于西汉初的成说，如何鉴别自先秦至汉初以及汉初至魏晋南北朝时《周礼》的义解变易情况呢？此乃涉及深层次如何运用经典的问题。《考论》所展示的，通常是引用《三礼》和《孝经》等书的原文之后，紧接着直接援引魏晋南北朝史事以证之，如此大跨度的引用，恐怕难以轻易为读者所能接受，我对此是存在困惑的。

第二，《考论》是一本专著，不是论文集。按我的理解，同一专著中应尽可能减少某一资料的反复引用，而论文则因选题的重点不同，又不是一次完成，某一资料是不可避免地在不同篇目中加以援引的，将已发论文汇集成书，就难以避免在不同岁月写作留下的痕迹。《考论》一书虽然并非短时内撰成，但在同一页内两次或两次以上引用同一条资料原文，在本书中多次发生。还有同一条资料在全书中重复六七次引用，既显得累赘，也无形中造成了此书篇幅的膨胀，大概是作者所意料不及的。

礼学的内容实在太多太广，仅从《通典》所记唐以前65卷的《礼典》内容，可圈可点可议的条目已难以逐一加以列举。《考论》研究军礼，将"军旅鼓吹"列为军礼之首，位居军事训练、誓师和军法之前，我不能认为它是十分妥当和正确的。

说实话，几十年前，我读魏晋南北朝诸史时，也曾对"鼓吹"乃至"班剑""百口"等频见于史策的条目非常关切，误认是社会史上的重大项目，为此逐一抄录，积累了不少相关资料。其后，读书稍多，加以连贯考虑，认识逐渐发生变化。就鼓吹而言，《汉书》卷二二《礼志》已屡记"鼓员""鼓吹员""歌鼓员""骑吹鼓员"等。《宋书》卷一九《乐志》引汉人蔡邕说，"鼓吹，军乐也"。南朝人沈约云："汉世有黄门鼓吹……孙权观魏武军，作鼓吹而还，此又应是今之鼓吹……魏晋世，给鼓吹甚轻，牙门督将五校，悉有鼓吹。"东晋初，临川太守谢摛为杜弢所杀，"葬给鼓吹焉"。《梁书》卷二五《周捨传》记豫州大中正周捨身亡，梁武帝赠与侍中、护军将军，鼓吹一部，朝服一具，衣一袭。可见东晋南朝时，非止一次地给死者鼓吹。

东晋江夏太守谢尚在武昌任安西将军庾翼咨事，《宋书》卷一九《乐志》记"翼与尚射，曰：'卿若破的，当以鼓吹相赏。'尚射破的，便以其副鼓吹给之"。此事亦见于《晋书》卷三九《谢尚传》。其后，谢尚派兵击破苻健将杨平于武昌，"征授给事中，赐辂车、鼓吹，戍石头"。此所授乃是真正鼓吹。由此可见，赐鼓吹存在正副和生死之别。《宋书》卷一九称，鼓吹"今则甚重矣"。是知南朝时，鼓吹稍被看重。《考论》专为南朝鼓吹，列制了五个表格，旨在说明军旅鼓吹的头等重大作用，真是用力甚勤。将鼓吹置于讲武练兵、军队誓师和军法之前加以论述，我以为有点本末倒置，缺乏应有的说服力。强调其作用过分，殊为失当。世所习知，军礼中包含命将、祭告天地与宗庙、祭旗、庆功、露布、献俘、抚恤、赏罚等，众多大事，都是军礼中的大务和要务，鼓吹充其量不过是从属于赏功的支属，怎能越级僭位居头等重要地位呢？其时，命将出师，有持节、使持节、假节等区分，也都理应列入军礼行列。《考论》所议誓师与其他军法之礼当然重要，但书中所列诸项目尚难比较全面概括军礼的完整面貌。对比之下，区区鼓吹，曷足道哉！作者辛勤列表申述，实重其末节耳。《通典》卷一四七记晋皇帝"幸东宫，鼓吹作仪"，《宋史》卷一四〇、一四一用两卷专记宋代鼓吹事，也都不能说明鼓吹在军礼中有何等重要地位。《宋史》卷一四〇云："鼓吹者，军乐也。……汉有《朱鹭》等十八曲，短箫铙歌序战伐之事，黄门鼓吹为享宴所用，又有骑吹二曲。说者谓列于殿庭者为鼓吹，从行者为骑吹。魏、晋而下，莫不沿尚，始有鼓吹之名。江左太常有鼓吹之乐，梁用十二曲，陈二十四曲，后周亦十五曲。"北宋神宗元丰中，杨杰言："……鼓吹者，军旅之乐耳。盖鼓角横吹，起于西域，圣人存四夷之乐，所以一天下也；存军旅之乐，示不忘武备也。"唐宋人谈论鼓吹而追述及前代事，因录出以供参考，亦可说明鼓吹之于军礼中的地位实为不足道也。

《考论》在第101页指出："宾礼包括军主与臣下，皇帝与外国使臣以及臣民亲友之间相互接待之礼仪规范。"概述相当中肯。可惜在书中缺乏必要的具体论述。写宾礼专章时，很看重元会之礼、朝觐礼、巡狩礼、二王三恪礼，所言自是不错。其中设有专节谈主客之礼，讨论书信与礼仪实践，并引用颜之推所说，"尺牍书疏，千里面目也"。说得真好。但我不理解，同是颜之推所云："江南轻重，各有谓号，具诸《书仪》；北人多称名者，乃古之遗风，吾善其称名焉。"书仪在《考论》全书中却完全没有提到。须知书仪是有关典礼仪注式的著述，是人们写信的程式和范本，在魏晋南北朝时期的人际交往中占有相当重要的地位。关于书仪源流，周一良先生早在《书仪源流考》（《历史研究》1990 年第 5 期）一文中即已论证始于西晋人索靖的月仪。至于写信程式和范本的书仪，可能在两晋以前业已存在。为此，我不惮烦琐，将《隋书》卷三三《经籍志》所记魏晋南北朝时的书仪目录逐一抄录如次。

《内外书仪》4 卷，谢元撰。《书仪》2 卷，蔡超撰。《书笔记》21 卷，谢朓撰。《吊答仪》10 卷，王俭撰。《书仪》10 卷，王弘撰。《皇室书仪》13 卷，鲍行卿撰。《吉书仪》2 卷，王俭撰。《书仪疏》1 卷，周洽撰。《新仪》30 卷，鲍泉撰。《书仪》10 卷，唐瑾撰。《言语仪》10 卷，佚名撰。《仪》2 卷，严植之撰。《迩仪》4 卷，马枢撰。《妇人书仪》8 卷，佚名撰。《僧家书仪》5 卷，释昙瑗撰。《文仪》2 卷，梁修端撰。《赵李家仪》10 卷，录 1 卷，李穆叔撰。

十分可惜，上列诸书仪，今已无一存世，但由此尚可察知若干侧面的问题。

其一，从作者王俭、王弘等琅邪王氏，谢元、谢朓出于陈郡谢氏，足已看出，其时，江东的世家大族间是很注重以书仪笼络彼此情怀的。虽然南朝诸史本传并不载其撰书仪事，但《旧唐书》卷四六、《新唐书》卷五八仍逐一记其书与作者，说明直至唐代，他们所撰书仪仍是流传于世。《宋书》卷五三《谢方明传》称，孙恩等起兵浙东，"于时荒乱之后，吉凶礼废。方明合门遇祸，资产无遗，而营举凶事，尽其力用；数月之间，葬送并毕，平世备礼，无以加也"。说明东晋末，农民起义军对大族的打击力度很大，而残余的大族地主分子仍在尽力推行原有的礼仪法规，维护他们的仪礼程式。

其二，《南史》卷六二《鲍行卿传》云："以博学大才称。……（仕梁），撰《皇室（书）仪》三十卷。"《旧唐书》卷四六、《新唐书》卷五八均有记载，作者为鲍衡卿。行卿、衡卿，很有可能是同一个人。

其三，《梁书》卷三〇《鲍泉传》称："泉于《仪礼》尤明，撰《新仪》40卷，行于世。"这本书，《隋志》和《南史》卷六二，均作30卷，疑得其实，泉据《仪礼》改订礼仪，自是适应时代的需求所为。

其四，《周书》卷三二《唐瑾传》称："撰《新仪》十篇，所著赋、颂、碑、诔二十余万言。"《北史》卷六七记事全同。《新仪》10卷，应即《隋志》所云《书仪》10卷。更值得注意的是《隋志》记《妇人书仪》8卷，未记作者名，而《旧唐书》卷四六、《新唐书》卷五八均记该书为唐瑾撰，且同为8卷。此人仕于北朝，并非颜之推所云皆是南朝人。妇女之间书信往来，且有一定程范，足见社会上各阶层成员间的书信往返，均有一定范本可循。通观《隋志》所记诸书仪，除少量不见于史传，情况难明以外，大都是南北朝人作，与颜之推所云书仪盛行于南北朝之说相符。

其五，释昙瑗撰《僧家书仪》，是南北朝时期佛教大盛行，僧侣间交往十分频繁，有关书仪因之应运而生。《高僧传》《续高僧传》《宏明集》等书的记事，足以充分说明。

其六，《新唐书》卷五八记徐爰《家仪》一卷。徐是南朝刘宋时人，《宋书》及《南史》本传并不记其事，《隋志》和《旧唐志》亦无。赵宋人撰新志的记事应有所本。清代秦荣光《补晋书艺文志》因亦据以录入。

其七，《二十五史补编》所收清人丁国钧和秦荣光二人分别所撰《补晋书艺文志》均将《内外书仪》作者谢元写作谢玄，但文廷式、黄逢元、吴士鉴所撰同名的补志都未收入。我怀疑谢元即谢玄之说无据，姑且录以备疑。

其八，周捨、严植之、马枢等人，《梁书》《陈书》均有专传，但都不记撰书仪事。前引《隋志》所录他们所撰书仪，两《唐志》皆无记录，当是其书早已佚亡。

综上所述，早佚诸书仪，包括了皇室间、大族高门间、吊吉礼之间、妇女之间、僧侣间，以及言语、文字和不同姓氏间书仪，反映出书仪在广大社会人际间交往的诸多具体状况。

礼仪可议问题很多，我提及它，是因为书仪在社会上长期广泛存在，《宋史·礼志》虽不记六朝至唐的任何一种书仪，却记录了宋代几种书仪，其中司马光《书仪》8卷（今本作10卷），至今完整传世。核查其内容，内分公文、私书、家书式、冠仪、婚仪、丧仪，即包括书信和礼仪两大方面的内容。应是就《仪礼》内容，能行于宋时者加以变迁改写而成。唐代书仪也早已荡然无存，但敦煌出土文书中保存了不少唐五代的书仪。吴丽娱先生据以撰写近60万字的专著《唐礼撷遗——中古书仪研究》，认真剖析了唐五代的礼仪制度。几年前我读了它，深为折服，正拟写点读后感，因脑疾发作入住医院而作罢，具体感受今已遗忘，深以为憾。吴书以点入手，重点剖析了唐五代礼仪，颇富说服力。而本书作者定位于全面完整解析礼仪，两书各有所长。鉴于礼仪涉及面广，梁书未能涉及问题颇不少，爰就吴书讨论过的书仪问题，《考论》完全没有提及。我就此发点议论，以供梁先生再深入研讨礼仪时参考。

（原载《书品》2009年第5辑）

归义军经济史的杰作

近读陌生朋友刘进宝教授馈赠《唐宋之际归义军经济史研究》（中国社会科学出版社 2007 年版），感触良深，这是一本富有创新观点的好书。

多年来，我已认识到敦、吐文书之于唐史研究，有如简牍之于秦、汉史研究。它们都提供了最原始的第一手珍贵资料，亟须倾心投入，踏实仔细钻研，准确掌握其内容，对研究明历史真相大有裨益。可是，几十年来，我对秦汉简牍，唐代敦煌、吐鲁番文书，都只是粗略地有点涉猎，所读不多，更没有下过工夫进行钻研，是以对专家们所撰有关简牍和敦、吐文书的专著，实在是没有多少发言权。我在撰写汉唐史的相关论著时，是在万不得已的情况下，才小心翼翼使用这方面的少量珍贵资料，如此作为，实是力不能胜的藏拙之举。

50 年前，我初读劳干先生的《居延汉简考释》石印本，同时还读过他娴熟地运用居延简的资料结合历史文献所撰写的几篇具有开创性，富有特色高质量的论文，令我十分敬佩，由是留下了深刻印象，至今仍能依稀记忆。近二三十年来，相关论著发表众多，就我读过的依据简牍或敦、吐文书所撰篇章，给我留下的印象颇难与劳干先生当年运用简牍所撰论著所能比拟，高水平的相关论著为数实是较少。

处于唐宋之间的归义军节度使存世一百余年（848—1036），它是地处祖国西北河西与西域间的一个地方性边陲藩镇。唐五代和宋朝的史书对它的记载非常稀少，而从敦煌出土的大批文书可以较好地填补史书的空缺。可惜文书大多残缺不全。我注意到有些学者为新出土秦汉简牍及敦、吐文书所作拼接、填补残文缺漏等大量有益工作，整理成专书。相当可惜的是，很少有人为此作深入的探讨，把将整理出的资料与分散的零星历史资料，深入穷搜，将二者结合作出翔实和深入的论证，使历史研究升华至一个新境界。

新读刘进宝先生的这本著作，让我大开眼界。它是作者花费十余年时间辛勤劳动的结晶。因而此书出版未久，苏金花先生评为《从细处人手，立其大者》（《中国经济史研究》2008 年第 1 期），杨宝玉先生也撰专文评介（《中国史研究动态》2008 年第 4 期）。二文对该著作已有了相当全面和适当的评价，无须我在此复述。在我看来，本书具有两大特点，一是优点，这是主要的；二是缺点，文末再说。

本书就优点而言，它不仅大量使用破损严重的残文书，并逐一寻找原件或图版进行了细致的文字复核，正其讹读，还将残文书所记资料的时间与地点，进行缜密思考，逐一作了核校和考证。他发现多部残文书中往往记有同一人名，为此努力加以勾勒和审核，从中找出相对可靠的年岁及其事实的内在联系。这类非常具体琐碎的求真务实工作，需要耗费大量的时间和精力，突出地显示了作者辛勤劳作的扎实功夫。

作者既充分利用众多归义军时代的残文书作了透彻钻研，夯实了可靠的基本原始资料为本，进而努力探索搜寻中原内地的相关文献记事，用以进行综合对比研究。这种非凡的辛勤劳作，我以为可以与 20 世纪劳干先生开创性地将汉简资料结合汉代文献所进行的不朽业绩相媲美，实是难能可贵。当今学风浮躁甚嚣尘上，此举尤为难得。

本书以土地制度开篇，写作重点是赋税、徭役两章。书中十分细致地分析考察了敦煌地区对税子、官布、税柴、税草、商税的税名及其征调方式，分析了地子与地税的异同以及地子、税布、税草的税率。征税已由唐代的里正改为以乡为单位，交某头头负责，显示了它与中原内地的征税有所差别，呈现出敦煌地区的地方性色彩相当浓厚。徭役方面，讨论了都头、牧子、打窑、酒户、音声人、烽子、门子、厅子、渠河口作等役色，还论及附着在土地上的户役等，表明了敦煌地区的役调别具特色。

书中对于"不办承料"文义难明的词句，作者不认可史学界广泛认同为不承担赋税的解释。力排众议，通过仔细爬梳和缜密考订，认为"不办承料"乃是史书习为常见的"无力耕田"之意，解说有理有据，富有很强的说服力。

书中对于某些目前尚难圆满解说的问题，如"自田"（第 76 页）、

"户税"（第178页）等，作者不随流俗，人云亦云，他标示"存疑"或"待考"，留下今后继续进行研究的余地。严谨治学态度是很可取的。

敦煌地区的产棉问题，有的学者认为沙州毗邻西州，力主其地在唐代已盛产棉花。本书通过对"緤""叠""氎"等字在历代史书上的记载，以及几部重要字书对它们的注解，经过多方考订，揭示緤、氎既是棉布，也可能是毛布。他搜寻了众多记事，澄清了归义军时期敦煌地区并没有种棉的记录。沙州不能与西州等同，驳论实在可以成立。近几十年来，学界同人对国内何时何地开始种棉十分关注。1985年，有人在《北京晚报》撰文，说上古夏代，中原已经种棉。十几年前，一位朋友以其所著《商代经济史》（52万字）送我，该书第499页云：1936年，殷墟127坑出土甲骨，有些碎甲上附有布纹痕迹，已经科学鉴定，为"棉纤维之纺织品"。由是得出结论，商代中原安阳地区业已植棉。我不懂龟甲文，但对此说很不以为然。我以请教方式对作者说，棉花是广大民众很喜爱和必需的日常生活用品，如果商代安阳地区业已种棉，理应迅速得到推广，为什么历经周、秦、汉、晋以至唐、宋时，在中原地区绝未见民间种棉以及使用内地棉布的记录？作者难以回答我的质疑。

本书首篇土地制度，作者从唐前期的均田制谈到中唐后的田制变化。当吐蕃占领河西时，在敦煌等地贯彻实行计口换田的突田制（一突相当唐制十亩）和按户征纳实物的突税制。自计口换田之后，未再进行土地还授工作。张议潮推翻吐蕃统治河西地区之后，瓜、沙等地均由归义军掌握。调查户口，调整土地，并不触动旧的土地占有关系。吐蕃占领时期，所在荒废地增多，归义军政府乃于所在推行新的请田制。户状所记每户田土均有"请""又请"字样。诸田统称为"都受田"，标示了民请和官授田地皆成为私有。"都受田"中的居住园宅，不需向政府纳税。但"请田"并非无偿给予，需要向政府纳价，再由官府给予凭由，它是二者不可缺一的两个重要环节。农民无力便不能耕其地，乃将田地出租。归义军的都受田簿，不再有"已受""未受""合受"等区分，一律是"都受田"，成为农民的"请占田"，通过"请射"和买卖，成为了私有地。私有地可以相互对换，进行经营。这些变化是有别于唐初以来的请田制度。从唐前期土地制度发展为中唐后乃至吐蕃占领期间和归义军时期的土地制度的演变，言之相当清楚。但我读后仍有两个问题不甚理解，今在此提出请教。

一是请田制。我认定至迟在北朝时业已存在，《隋书》卷二四记北齐时，"百姓请垦田者，名为永业田"。请田由是经唐前期一直延续至归义军时期。同曰请田，中唐后的请田到底出现了何种质的变化？其变化的标志又何在？我是没有也未看出其间有清楚的解说。二是说北宋中叶以后，已是地主土地所有制占主导地位（第7页）。北宋中叶是指什么年代？它为何成为地主土地所有制占主导地位的重要分界指标？说均田制实施期间是土地国有制占主导地位，我可以理解。天宝以后直至北宋中叶以前是何种土地所有制占主导地位，在书中似未有很明确的交代。归义军时代以前的中晚唐时期又是何种土地所有制占主导地位，似亦没有明说。在此姑且不言中唐后至归义军出现前的许多变化，只以五代至宋初言之。五代《五灯会元》卷四记时人所言，"千年田，八百主"，我认为足以表明其时土地所有制出现了重大变化。《长编》卷二记宋太祖对典禁卫的石守信等人说，"尔曹何不释去兵权，出守大藩，择好田宅市之，为子孙充永远不可动之业"？《宋史》卷一七三《食货志》，"太祖即位，许民辟土，州县无得检括，止以见佃为额"。这二三史例难道不够说明唐宋之际，早已是地主土地所有制的明证吗？刘先生将这一变化的分界标定于北宋中叶，浅学如余，殊为难解。

还有一些提法，笔者也不甚理解。举例说，"在敦煌，由资产税向土地税的过渡较之内地要稍早，即已抢先一步完成了内地在宋代才完成的过程"（第181—182页），还说"从唐前期的'税丁身'到两税法时的'税资产'，再到宋代的'税土地'……归义军时期的赋税制度为我们提供了绝好的个案材料"（第182页）。就我所知，中国历史上的税亩制由来很古老。南北朝对立时的南朝，即是计亩征税与田亩列于户资之内。唐代的两税法从来不是简单的税资产。唐天宝之后，自唐代宗以及两税法实施后，亩产税始终是主流，夏秋两税名称即是按土地计亩征税的产物。作者同意一位日本学者依据敦煌文书所作的推论，我不认为其言具有说服力。荣新江先生的《归义军史研究》首章便将归义军时期的归属，逐年作了简要论述，从中明白了归义军政权与宋及辽、金、夏诸国的关系，由此易于得出正常的结论。王国维在20世纪初说，沙州在宋太宗时，"已就田课矣，不就丁课矣"。丁课应指宋代的丁口之赋，而非唐代的丁税。宋初所定税制，丁口之赋，是列为五税之一，不宜将归义军赋归入唐制。至于日本学者所称"资产税"，以之系于唐代两税法以贫富为差之内，称之为资产税亦为不妥。宋代的城郭之赋、杂变之赋，征及金铁、物产之品，那才是真正的资产税。学者们忽近贵远，关注唐代的两税为资产税，而无视宋朝现实的资产税，乌可信乎？再考察历史，《太平寰宇记》卷一五三具体记载了沙州与唐、宋政权的关系。明确说，沙州非内地州，是以只记唐天宝户，而无宋户。《续资治通鉴长编》卷一一九记仁宗景祐二年（1035），"赵元昊自制蕃书十二卷……举兵攻回纥，陷瓜、沙、肃三州，尽有河西之地……复举兵攻兰州诸羌……留兵镇守，绝吐蕃与中国相通路"。因此，《元丰九域志》将沙州列为"化外州"。《宋史》卷八七《地理志》记"兰州，元丰四年（1081）收复"。兰州位于沙州以东，是北宋秦凤路所辖，其地乃宋、夏反复交争拉锯之地。赵宋政府与边远的归义军政权并不存在亲密无间关系，归义军政权在经济和政治上又别无新建树的记录，宋政府也根本没有向它学习取经之缘。何能说，宋代的田亩税是从沙州归义军学习而来呢？

　　我说《唐宋之际归义军经济史研究》存在最大的缺憾是它没有写当地的农业史。中古时期最重要的产业是农业。作者清晰地知道，古代的敦煌是农、牧业并重的地区，其种植业包括粮食作物、经济作物和园圃作物。却因为已有学者对它有了较多涉及，便放弃了对它进行全面论述，这是难以令人取信的遁词。科学研究的进层是永无止境的。同样是敦煌地区的赋役状况，早在 2000 年时，雷绍锋先生已在台北出版了长达 30 万字的《归义军赋役制度初探》，刘先生在其后难道不是同题另作了吗？且在书中几度提及雷书，并在赋税制度方面提出了若干不同于雷说的创新意见，做到了后来居上，自是很可贵的。当然，即使在赋税制度方面，两人仍然存在不少意见一致的内容，这也不足为怪。在科学研究的征途上，任何人不可能穷尽真理，提出后人永远不可逾越的新意见。同是研究归义军的徭役制度，刘、雷二先生的立目与讨论的内容，几乎是互不相干。雷书所涉及的役事内容，远比刘书广泛且多，说明归义军的役事存在更多的研究空间。顺便提及，雷先生赠书给我已越七八年，至今我不知他在何地工作，也没有与他有任何联系，未曾相识，甚为遗憾。

　　作为某个地域完整的经济史，如果不写当地主要产业的生产与发展的历史，那是重大的致命性的缺憾。河西地域自汉武帝设置河西四郡以来，当地经济面貌迅速改观，政治上长期归中央政府直接领导。千百年来，凉州以畜牧闻名，沙州以农作著称。沙州农牧之盛，已是历历在目，只在十六国至北魏时，敦煌镇所在因战乱等原因，人口一度稀少，农业曾陷于衰败境地。盛唐时，整个河西地域呈现一片繁荣景象。东城老父称道玄宗开元时，"沙州敦煌道，岁屯田，食边食"，且有余粮经河运进入太原，以供应朝廷。天宝后，社会巨变，河西农牧业依然存在，但和内地州县相比，原先已有差异的状况，至是更有了新的变化。举凡作物品种、耕作方式、水利灌溉乃至作物的收刈管理，都具有其地自身的特色，畜牧业比盛唐时更为发达了。我所阅读过的敦煌文书数量非常少，尚能粗知其地的某些农牧事宜。作者对敦吐文书十分熟谙，又掌握不少文献资料，且身为兰州市榆中县人，又复值精力充沛的年华，自可大有作为，较快地撰写出别具异彩内容丰富完整的归义军经济史，我是翘首以待。

（原载《书品》2008 年第 4 辑）

关爱与奋进

历史所建置 50 周年将至，忆往昔，选录本所几位学术老前辈对我的关爱，书以志怀。感谢他们的帮助，给我的学术生涯产生了重要积极作用。

1956 年，我孑然一身来历史一所报到。参加欢迎会的张政烺先生对新生们说：《资治通鉴》点校本新近出版，是史学界的一大喜事。他扼要介绍了该书的史学价值。然后提议，所有新来历史一、二所的朋友要系统通读，增长知识。我的古汉语基础知识很差。那时，众多古籍尚未标点校勘，初读必然很困难。我遵命先读了《通鉴》，再读他书，获益不少。并为此后长期从事汉唐间政治、经济史的学习、工作，奠定了良好基础。

若干年后，我有幸多次在张先生的指导下，定期完成了上级交给历史所的临时性任务。其中费时年余，编辑东北古史资料颇富代表性。它选录自上古以至辽初的相关资料。先由张先生起草收书目录、选用版本、统一体例以及如何摘录等，作出明确规定，然后由四个人分工操作。分配我收录魏晋至唐五代部分。其间曾多次开会讨论，以解决工作中遇到的不少具体问题。我们都用活页分条抄录所需资料，标点加工，最后交张先生汇总审定。通过此项工作锻炼，启迪我对祖国诸族先民的活动地域产生了浓厚的探讨兴趣。

1959 年，我被借调去中国历史博物馆参加建馆工作一年，协助该馆陈列秦汉、六朝史的出土文物，写出相应的文字说明和培养讲解员。工作初步就绪，举办过几次内部试展和评审。在专家评审会上，历史所贺昌群先生屡屡发表他对汉代土地所有制的意见，会下且找我谈，逐渐引发我对土地制度和经济史的研究兴趣。就在那年，他对我说，今后你写出的秦汉史论文，我乐于帮忙修改。在那盛行大批判很难独立搞研究的年代，我偷偷写出了 18 万字的汉史文稿，秘密送去。他用铅笔仔细作了修改，鼓励良多，获益不少。1960—1962 年，连续三年除夕晚，万家欢乐庆年节时，已是 60 岁高龄的贺先生迎着鞭炮声，自干面胡同步行来建内 8 号楼集体宿舍，看望赵幼文先生和我，非常关心我的生活，送礼而外，谆谆勉我上进。此情此景迄今不能忘。当他知道我已由秦汉史组调隋唐史组工作后，主动将他曾为唐史组青年开列的唐史资料目录给我一份，还给我一份已写定的"刊行新旧唐书合注的说明"（未刊）。这对我学习唐史大有帮助。他临终前三天，1973 年 9 月 27 日下午，强忍痛楚，挽留我交谈逾三小时，一再嘱我保重身体，不必为一批文稿丢失而灰心泄气，秦汉史不要荒废，你有了一定基础，要加强研究。临终关照，永远令我难忘。

孙毓棠先生 1957 年"反右"蒙难，转来历史所工作。1958 年冬，我从武汉调京，领导让我多关照他。初次看到孙先生，他是那么坦诚、谦逊，主动将新中国成立前在清华大学讲授秦汉六朝史的讲稿给我看。那是用中、英文混杂写成，内容别具特色，读后顿开我眼界。1962 年，他在历史所几次主讲西欧中世纪庄园制，首先注意区分西欧、东欧和东亚社会发展的异同，明确指出西欧中世纪不能等同于中国古代。他学通中西，其言富有说服力。几年后，上级让历史所就中西封建社会的异同撰稿，供郭沫若院长接见古巴科学院院长交谈时使用。由孙先生主稿，王毓铨先生襄助，还吸收了我参加。为此我们多次座谈，逐一条列东西方社会各自具有的重大特点，再进行异同比较。孙先生据此写出初稿，再经讨论，反复修改。对学术工作十分认真负责，很值得后辈学人学习。

1973 年秋，一天傍晚，突然有人叩我家门。开门，意外看到的是孙先生。他笑嘻嘻地讲："听说你失业在家，今找到一件差事，让你干干。"我没有问他，何以知我失业？又怎么知我的住址？他自建内 7 号楼步行至东大桥 19 楼找我。关于失业事，是驻所军宣队促成的。1972 年秋，历史所全体人员从河南五七干校返京。不久，军宣队决定，凡没有参加《中国史稿》编写组的人天天学《毛选》，一律不准向本所图书室和科学院图书馆借书。我自己没有书，此举确是使我失业。那天，孙先生手拿两册平装本《资治通鉴》和红铅笔一支。他告诉我，中华书局准备重印《通鉴》，事先检查书中所用标点有否错误，加以改正。你仔细通读全书 20 册，发现标点不当处，随手用红铅笔改正。遇有文字排印讹误，亦用红笔画出。你干完后，我再请吕叔湘先生过目（复查）。他想得很周全。1976 年，《通鉴》重印出来了，孙先生通知中华书局送我一部以酬劳。通过这件个人交往的小事，充分显示他关爱后辈的周全。

正在审稿的孙先生有次主动和我谈及大百科全书事，问我能为它写了多少条。我说，大百科全书是属于经典性著述，权威性高，我才疏学浅，不敢贸然承担，免使贻误读者。孙先生大不以为然，力劝我承担。他顺手抽出秦汉史特长条和若干长条交给我，让我提意见。随后，我用铅笔在打印稿旁写了些意见送还，他看了，立马表示采纳。再次开导我一定要我为大百科全书撰稿。本来，唐史卷的特长条唐长孺先生原是指定我写，我狠狠地谢绝了。这时候，我给唐史卷主编唐长孺先生去信，承诺可以撰写若干，并负责初审少数条目。这一行动是和孙先生一再忠告劝说有以致之。

王毓铨先生曾和我在同一研究室工作。他十分关心我的生活，很使我不能忘怀。我感谢他把新中国成立前开明书店出版的吕思勉著《秦汉史》、《两晋南北朝史》四大册书送我，极便于我学习。我注意到他的学术主攻方向已从秦汉史转向明史，因而较少向他请教。但在好几年内，不定时和他一道多次参加完成上级交来的临时性任务，清晰看到了他的博学多能。20 世纪八九十年代，他先后五次给我写信，主要和我讨论有关徭役的问题。那些年，我写过六篇论文专谈徭役，还出版了一本《唐五代赋役史草》。自知水平低，故未曾送他。他都设法一一找到看了。来信很坦率，有质疑，有反驳，也有赞成。旗帜鲜明，十分友好，没有任何专家架子。且曾几次约我去其家，纵论历代徭役对民众的危害有过于赋税，明代赋役制中的差役不可小视。他的多次教示，启迪我对不少具体问题有待重新研讨和评估，很使我受益。1984 年，他将其学术选集送我，谦逊地在封二写着，"集名莱芜，以其中文字如草莱之芜秽也。敬请指正"。前辈学者虚怀若谷的精神令我神往敬佩。

早在"文化大革命"前，王先生曾建议我抓紧外语学习。我考虑日本学者对中国古史研究成果卓著，决心学点日语。限于当时客观条件，我是多次私自去通晓日语的谢家先生家，向他请教。谢先生教我用英语拼音法学习日语假名。那时，我还比较年轻，自学有过点滴进展。70 年代，曾汉译出三篇汉晋时代的日语史学论文。1978 年，心梗、脑血管病齐发作，精力匮乏，自此科研被迫减速，晚间工作全停，日语学习已无暇顾及。其后，王先生将国外送他的英语原著转赠给我，由于阅读能力差，实际所读不多。1986 年，王先生通知我，他经由其外国朋友拟邀我去美国访问学习半年。我很感谢但谢绝了。我对他说，1985 年，一位德国研究蜀史专家来华访问，通过译员告知，愿邀请我去德国访问三年。我是外语盲，怎么能外出胡混呢！

杨向奎先生博学多能，晚年重点研究清史，他曾主持历史所学术秘书处工作多年，他不顾诋毁，坚持发表我的处女作《唐代的客户》，他主编《中国古代屯垦史》指定我撰写三国以至唐五代的相关部分，对我最早完成书稿，他在口头上和所写书序中，均加以鼓励。他 80 岁大寿，打电话要我撰文。随后，他看了拙作对前辈学者论著有所批评，给我打气鼓励，很使我感动。

50 年过去了，历史所已由初创时的诸多稚嫩，迈进了知天命的成熟期。原为擎天柱的前辈著名学者在耄耋之年相继谢世。像我这样 20 多岁来所的青年，早已变为古稀老人。理应正规接班，光大学术的我们这一代，非常惭愧，除个别人在某方面有较深造诣者外，整体学术水平实难与前辈学者比肩，明显是跌入了低谷。现今 60 岁左右的一代比我辈稍强，是历史所新老交替的中坚。可是，后劲也仍显不足。真正改变中衰的学术劣势只能寄托于广大中青年大众了。瞻前顾后，50 年风风雨雨，诱惑与浮躁的社会大环境，短视使人们不能或不愿坐冷板凳、下苦工夫。乐于追风或是长期飘浮，造成了学术上的贫困。现今的社会生活条件变化大，进入电脑时代的学术研究大可摆脱以往抄卡片、爬格子的老套，极有利学术的腾飞。不过，诱惑浮躁之风远未消逝。君不见，世间简单敲动键盘，囫囵利用电脑贮存和网络资料，稍加梳理，大部论著即行面世。如此未经大脑认真过滤、缜密思考的作品，实难誉为上乘创新之作。历史所老一辈有成就的学者乃是大浪淘沙、经历时代的筛选所保存的社会精英。研究机关有充裕的科研时间，需要也可能造就一批真才实学在不同学科领域，有很深根柢、有个性的特长的专家。诱惑和浮躁，急于求成，经验证明，快餐式作品纵能左右逢源于一时，总难免昙花一现地零落。

　　至于我自己，经历近 50 年的跌跌撞撞，感谢前辈学者的关爱，拓展了我的学术视野，粗知为学之不易。通过实践磨炼，已是有所进步。但终究学力浅薄，是不称职的，是蹩脚的。我很注意资料使用的原始性，为此可以不惮劳烦，个人随心所欲选题写作，我不会东拼西凑。识见水平低，学术创新甚少，挑战权威乏力。若让我挑重担或任某某主编之类负重大责任的工作自是难以胜任。大学生时期，我在班级和学生会工作，限于能力，工作无甚特色。来到历史所以后，我坚决推辞研究室和学会的工作，平淡地了此一生，我颇有点杞人忧天，深为某些人不量力，无限自我膨胀、吹嘘炫耀、热衷钻营主编的人汗颜，何其欺世盗名若是哉！

　　我自知力薄，凡涉及公众的工作比较谨慎。前已提到孙毓棠先生诲我为大百科全书撰稿促我向前。及孙先生撒手人寰，周一良先生继掌中国史卷主编。原先，历史卷是按大的朝代分册主编，各自设目，独立性很大。统稿以后，发现各段间互不通气，不少事前后照应很差。中国历史发展长河中，政、经、文化的诸多情况通常是血肉相连的。准此进行统一改编，分类重组，发现很多条目无法上下通贯，存在大量空白，亟待逐一修补充实。周一良先生亲自二次给我写信，大百科全书出版社也几次派专人到历史所找我，让我和田余庆先生、陈得芝先生三人，在三个月、最多不超过半年内，分工独立，各自圆满完成全部修补工作。任务既重且急，时间紧迫。我的能力呢，在此之前，曾按规定的内涵为经济卷撰写过自秦汉以迄明清的专条，文字不长，内容必须兼顾众多朝代诸多方面，力求准确全面，我不敢苟且，足足费时三个多月。该条后来虽亦为中国史卷移用，但工作进度如此迟缓，正是学力浅薄所致。我自忖量力而为，必难如期完成重任；与其敷衍草就，不如让贤与能。于是畏葸不前，终于深怀歉意，坚决谢绝了这项工作。非不愿也，力所不能也，宁不哀哉！后起博学之士必不若余之逆转愚骏，宜其为大厦栋梁之才，奋起繁荣祖国文化大业。

（原载《求真实务五十载》，中国社会科学出版社 2004 年版）

汉晋唐时期农业综论

一

我国是有悠久历史的农业大国，又是在不断进取和发展的农业国家。汉晋唐时期农业研究，既要粗线条分区考察，又要相对微观地考察长达千余年内祖国大地农业生产不平衡发展概貌。

上古时期，先人在极为艰苦的环境下依赖采集和渔猎活动，采集野生食用植物，渔猎野生动物，借以维持人的生存。通过生活实践的摸索，逐渐认识到生物繁殖生长的某些规律，缓慢而又逐步地开拓了种植和饲养活动，使之有效地繁衍。人们学会了从事种植和饲养，农业的萌芽，带来了一场巨大的革命。由此先人们不再完全被动地依赖自然界，而是使自然界成为自己赖以生存的可靠的衣食之源。

随着农业生产的出现，人们由被动适应自然，转变为积极地改造自然，以使自己的所需生活资料得到可靠保障，并使人们的生活质量不断提高，农作由是成为人们最基本的生产部门。农作的长久不衰和生产力旺盛乃是社会得以存在发展的基础，因而也就成为国家最重要的经济基础。

汉人班固《汉书·食货志序》云："食谓农殖嘉谷可食之物，货谓布帛可衣。……二者生民之本，兴自神农之世。"突出说明了中国农业渊源非常久远。唐人杜佑《通典序》云："理道之先在乎教化，教化之本在乎足衣食。……管子曰：仓廪实知礼节，衣食足知荣辱。夫子曰：既富而教，斯之谓矣。"他以伟大思想家孔子和管仲的言论证明自己关于衣食重要性认识的正确性。班固和杜佑都引用了《尚书·洪范》八政"一曰食，二曰货"的文字，显示自己对"衣食足"的特别关切。唐人孔颖达疏解曰："一曰食，教民使勤农业也。二曰货，教民使求资用也。……八政如此者，人不食则死，食于人最急，故敦为先也；有食又须衣货为人之用，故货为二也。"由此看来，汉、唐人士极为关注群体的生活条件和生活方式。汉、晋、唐时代人们的生活方式是在一定社会条件下，以中原华夏民族为主体包括境内各个民族与各个阶级生产与生活特征的总和。

民以食为天，粮食生产是农业生产的核心，它在整个农业生产中居主导地位。历史经验反复教诫我们，粮食收成的好坏直接制约着人们生活的丰富以至社会的安定，它常常是社会治乱的晴雨表。粮食丰收，天下太平；灾荒年岁，社会动乱频仍；各种社会矛盾易于激化，从而极大显示了粮食的基础作用与政治地位。当然，并不等于说，农业生产就是粮食生产。秦汉以来，历代官府推行重农抑商政策虽另有其政治意图，但紧紧抓住粮食生产，劝课农桑，明文规定农为政本，不少受表彰的良吏多是在劝农等方面作出了重大贡献的人。重农之政使中国这一古老的生产部门，得以在不同时代呈现出常新的面貌。

我国国土幅员辽阔，各地自然环境大不相同，生殖情况千差万别。一般说，西北地方盛行畜牧，东南方域种植为重。战国、秦汉以来，先后生活在北方缘边的诸族充分利用当地水草丰盛的条件，长期以牧（游牧、定牧）为生，基本上食肉衣皮；同时期南方不少地方，"依阻山泽，以鱼采为业"。自然环境的差异，造就了社会现实生活的多样性。在一定时期内，南北各地人们之间的生活样式存在着重大差异，不过，彼此之间并没有也不存在不可逾越的鸿沟，内地农民以种植业为主体，但并非单一粮作制，而是以种植带动多种经营，桑、麻、林、果，饲养家畜、家蚕，发展渔业。边境牧民以牧为生，也不排斥部分地从事农作，或是通过贸易获取粮食，并非单纯食肉衣皮。那些渔猎为生的人同样在努力改变其生活生产方式，积极进取。因地制宜以发展农业，不是任何个人和集团随心所欲能够做到的。大量历史事实昭示我们，各种不同的经济生活方式，并不是民族间固有习俗的差异，而是在很大程度上和各个地域的特殊性息息相关。

农耕和畜牧都离不开土地，我国上古的先人对此已有较深的认识。《尚书·禹贡》分别谈到了全国各地的土壤。冀州："厥土惟白壤，厥田惟中中"；兖州："厥土黑坟，厥田惟中下"；青州："厥土白坟，厥田惟上下"；徐州："厥土赤埴坟，田惟上中"；扬州："厥土惟涂泥，惟田下下"；荆州："厥土惟涂泥，厥田惟下中"；豫州："厥土惟壤，下土坟垆，厥田惟中上”；梁州：“厥土青黎，厥田惟下上”；雍州：“厥土惟黄壤，厥田惟上上”。这是战国时人按当时土地开发程度概略地判定全国九州土地质量的高低。

《周礼·职方》从另一角度谈到了诸州农畜所宜。扬州与荆州：“其畜宜鸟兽，其谷宜稻”；豫州：“其畜宜六扰（马、牛、羊、豕、犬、鸡），其谷宜五种（黍、稷、菽、麦、稻）”；青州：“其畜宜鸡狗，其谷宜稻麦”；兖州：“其畜宜六扰，其谷宜四种（黍、稷、稻、麦）”；雍州：“其畜宜牛马，其谷宜黍稷”；幽州：“畜宜四扰（马、牛、羊、豕），其谷宜三种（黍、稷、稻）”；冀州：“其畜宜牛羊，其谷宜黍稷”；并州：“其畜宜五扰（马、牛、羊、豕、犬），其谷宜五种”。这是对各地人们从事种植和饲养中积累的经验所作的总结。

上述二书开列的九州名称互有歧异，具体所指地域也很难详究。但可反映出战国、秦汉之际的人们，对全国土壤开发利用情况和诸州畜、谷所宜，已有了粗略的认识与概括。所谓万物生于土，土是基础，植物生长和发育离不开土地，各种动植物的生育也不能脱离土地。为了突出主题，避免枝蔓，本稿有意不涉及诸如井田、爰田、授田、占田、课田乃至均田等田制方面的具体内容，以及有关土地制度性质方面的讨论。

地域辽阔的中国，各地区生产发展不平衡是非常明显的。笔者想跨朝代摸索其发展变迁的轨迹，纵向探讨某一地域的农业发展，自然离不开特定的时间与地点。我国历代的政区划分，各朝互不一致（往往在同一朝代，政区前后变化也不小）。即使同一名称所指的地域，也常常是大不一样。如以某朝代的政区为标准，很难跨朝代进行研究。例如自汉至唐，历代都有冀州，[①] 可是，汉代冀州包括了今河北省大部分以及天津地区和山东省各一部分。西晋时，冀州辖地已较汉代有所缩小，所属魏郡等地已改置司州；北魏时，冀州仅辖今冀南衡水地区兼及鲁西北德州、乐陵地区；到了唐代，冀州实际辖地只有今冀中冀县附近小块地区。如果说研究冀州地区农业发展史，就不知从何着手。又如，同是扬州，在汉代，它包括了

---

① 上引《禹贡》《周礼》所记汉以前的冀州，其地理界限虽不明，肯定比汉代冀州更为广大。顾炎武《日知录》卷二《惟彼陶唐，有此冀方》云：“尧、舜、禹皆都河北，故曰冀方。……古之天子，常居冀州，后人因之。遂以冀州为中国之号。”南宋罗泌《路史》云：“中国总谓之冀州”，则是将冀州视为古代中国的别称了。岳麓书社 1994 年版，第 47 页。

今江苏、安徽两省南部以及浙江、江西和福建诸省地。东晋时，已将汉、吴时扬州所属今江西、福建地区析置江州，扬州辖境已大为缩小。唐代的扬州只指今江苏长江以北与淮河以南的部分地区，长江以南的大地不再为扬州所属。因此，汉、唐间的扬州研究也是无从着手。聊举事例说明，若以汉代某一政区为准立论，是很难明白该地区在六朝和隋、唐时期的农业发展面貌的。如果按目前我国现行政区为准，上溯进行考察，为当地现实服务，自是一种研究途径，它具有较强的实用性。但当前我国的不少政区划分与自然地理环境并不一致，以它为准进行研究，势必将同一自然地理区域割裂，显得相当别扭和不协调。

"今天的中国是历史的中国的一个发展，我们不应当割断历史。"我国自古以来便是一个由多数民族结合而成的国家。因此，笔者很同意谭其骧先生《历史上的中国和中国的历史疆域》一文所提出的许多具体意见，不能将历代王朝与中国画等号。他主编多卷本《中国历史地图集》具体贯彻了众多富有开创性的主张，这也是我撰写文稿时的重要依据。

面对上述难题，受到前辈论述的启发，我决心变换角度，基本按照我国自然区划探讨各地区历代农业发展。自我感觉由是豁然开朗，景象万千。因为自然区域不像历代政区那样变化不定。当然，每一自然区也并非永恒不变，但它在一千多年间的变化缓慢，处于相对稳定的阶段。以它为基础进行上下探索，较易处理纷繁复杂的诸多问题。为此，我将中古时期农业，划分为黄土高原区、黄淮海平原区、蒙古高原区、东北平原区、河西区、西域区、东南区、荆楚区、巴蜀区、岭南区、云贵高原区、青藏高原区共11区，分别进行探讨。鉴于东南区有其特殊情况，可将它划分为平原（江淮平原、吴越平原）、丘陵（江南丘陵、闽浙丘陵、台湾丘陵）二副区。由是，就全国而言，实际总共为12区。除西藏地区而外，其他各地区大都按秦汉、六朝、①隋唐三大段分别立论，具体揭示各地区经济开发的不平衡状况，从中很可以看出若干值得注意的重大现象。

基本上按自然区划探讨各区在汉、晋、唐时期的农业发展水平，指出

---

① 拙著《汉晋唐时期农业》以"晋"为标题，此处又称"六朝"，都是简约文字，同样是指魏晋南北朝时期。称"晋"者，在220—589年近四百年中，只有西晋（280—317年）曾短暂统一了南北，在地区跨度上有重要意义。称"六朝"则指它从时间上，包括了这几百年的始终，二者各有所侧重。

其各自独特之处，这是迄今为止一般的经济史著作很少涉及的。多民族聚居的中国，民族的发展先后不同，生活的自然环境差异很大。同一民族在不同地区的生产状况也往往大不一样。近年来相继出版以朝代命名的数本农业地理专著，有助于读者了解某一朝代各地的农业发展面貌，但却未能解答某一地域在历史不同时期的发展变化，因而难以取代通古今之变的历史学探讨。

自秦、汉以至唐、宋之际，保存至今的文献资料，以中原内地为多。迄今讨论上古至唐、宋时的经济史论著，几乎都以黄河中下游为准，用它代表全国，实在是与多民族国家的真实面貌不很合拍。拙作分区立论，分别结合当地所处时代的政治景观，便于探索各地区农牧业生产实情，并不是简单地拘泥前人所说农、牧分界线。对记事繁多的内地农业资料适度筛选，对边地农、牧业具体状况一样加以留意，以便使各区的论述保持相对的平衡。希望通过探索各地区农业经济的特殊性，有助于丰富对古代中国农业经济整体面貌的认识。

划分自然区研究农业，是狭义的粮食种植业，或是包括林业、果业、牧业、渔业、加工业等在内的大农业。拙作在各区未采用同一模式，不在每一区内逐项一一列举，以免轻重难分，徒增篇幅。蒙古高原突出其境内各地牧业成就，不浓墨渲染其农作种植。内地诸区农业，着重写该区种植业发展状况，没有细写家庭养殖业，以免造成与牧区牧畜等量齐观的错觉。秦汉以来一千多年内的旱作农业，主要种植粟、豆、黍、麦等粮食作物，没有对它们的品种和地位及其变化状况一一深究。

按文献所记，自战国以至汉代已存在一定的粮食复种和轮作。北朝时，华北大地也有轮作复种，但在《齐民要术》以及南北朝的诸相关史书中，都很难发现具体记有粮食作物复种的确证资料。对于江南地区种麦，虽然有多处提及，鉴于麦性喜温凉，长江以南地区种麦，其品质和产量，远非江淮以北地区可比；既非充分发挥其效益，故没有对它作过多描述，而是重点注意农业生产面的扩大和生产地区进展的不平衡。自汉代以至唐宋之际，祖国大地的粮食轮作复种指数究竟有多少，实在很难具体估量。对粮食生产水平，拙稿没有作过高评估。粮食进入流通领域，我不认为已是临近近代生产的水准，或是达到了工商社会的前沿，这和我以往发表论著所表述的基术观点依然一致。

我国北方不少地区，古代已存在少量水稻种植。尽管其产量始终在整个粮食生产中不占多大比重，鉴于我国地理位置和夏季气温条件，北方所产米质良好，凡有水源处，几乎都具有种稻潜力。拙作为此较为留意北方的种稻，在河西、西域、蒙古高原、黄土高原、黄淮海地区，在东北大平原乃至西藏高原，凡有种稻记事的，我都尽可能收录。秦统一以前的陕甘高原原是西戎牧畜基地。秦汉盛世，那里是农牧兼行。东汉初年，洮河区域居然出现了种稻记载。中唐后，吐蕃多年侵扰；当地牧畜业比唐前期为盛，然而就在吐蕃占据的金城（兰州）地区，竟种植了不少水稻，这是值得注意的。类似现象，在华北各个自然区，可谓屡见不鲜。

桑（蚕）、麻是人们衣着之源，茶叶乃人们的重要饮料，还有林果蔬菜生产、渔业经营，均在各区中有所侧重地提及，但不是有录必书，以免赘疣。

数年前，笔者构思写作一部有别于农学史和农业史的较大型著作，曾设想要包括如下内容：

一、社会生产力状况是一切问题的基本出发点，决定重点研究我国中古时期农业生产力具体状况，为此必须努力探索适应农业生产水平的小农经济在这一时期的具体运作情景。

二、生产始终由人来进行，人是社会前进的动力。我国中古时期的人口数量及其分布状况怎样？各地生产发展及其变化与当地人口分布的关系。

三、生产需要依赖工具，在自汉至唐代的这千余年中，农业生产工具的变迁状况如何？它与生产的发展有何密切关系。

四、水是生命的源泉，人类生存，动植物的繁育，永远离不开水，各种农作物所需水量以及用水时间，彼此互不相同，为保证水源的供应，应具体探讨相关的水利设施。

五、农作物品种在上述千余年内，存在着不小变迁，有必要尽可能探索它们之间的变迁状况。

六、农业生产发展，依赖科学技术的进步，耕作方法和耕作技术不时出现重大改革，这些变革对生产的进步和深化有着哪些重大的意义。

七、粮食生产需要耕地，自汉代以后千余年间，耕地面积数量有何变化？每亩粮食产量如何？通过比较细致的考察，切实认真地评估其农业生产力发展水平。

八、地域辽阔的中国，南北东西的经济呈多样性，各地区生产状况如何？作多方位的探索，可帮助我们对上述千余年内中国农业经济的区域发展有全方位的认识，更好地了解农业发展的重要变化。

九、祖国周边地区面积很不小，因地制宜，长期盛行畜牧，西北方面尤为突出，因此，对牧区经济，应予足够重视。

十、历代的农业政策和政区建设，屯垦活动乃至严重天灾，作物和牲畜的病虫害等，都与农业密切攸关，也应给予一定关注。

在此设想基础上，曾拟订了写作计划，做了些切实准备。非常遗憾，由于种种原固，笔者已无力按原定准则进行写作，被迫退而求其次。目前完成的《汉晋唐时期的农业》是以上述第八条的主体进行写作的，它主要探讨了各地区农牧业生产发展不平衡的状况。

原定写作计划虽无力完成，但仍有必要向读者简要交代自己对上述诸问题的若干基本认识。

第一，农业经济在古代国民经济中长期占主导地位，它的具体结构怎样？长时间以来，人们习以为常地将马克思《〈政治经济学批判〉序言》所云"生产关系的总和构成社会的经济结构"作了片面的理解。只重视研究生产关系、阶级关系，而很少关注经济结构，我本人也并不例外。强调官府和地主阶级的残酷压迫，进而过分强调阶级斗争，严重冲淡了对经济结构内涵的研讨。近些年来，我缓慢地意识到这一缺陷，故对工商业与农业生产的写作，有意识地相应作了些调整。不能设想，谈农业经济结构，怎么能离开粮食和畜牧生产以及林业、渔业和粮食加工等具体内涵呢？当然，它也不能脱离分配、交换、消费等相关内容，只有这样，才能对农业经济结构有较完整的认识。

我国古代农业生产首先是粮食生产，中古时期，社会上固然存在官僚、贵族等特殊人群的大地产，他们拥有众多田产，没有采用大规模经营，而是将土地分散给小农耕作。

小农经济是广大农村生产结构的主体，原则上是小农户自行支配土地和产品，自耕农如此，佃种他人田土的佃农在生产实际操作中亦复如此，他们在保证交租纳税以外，可以因地制宜、因时制宜，独立自主地进行个体经营。以家庭为单位，或多或少拥有传统的农业工具，依靠自己家人的劳动，自主地进行生产，甚至耕、织结合，以使自己获得较多的经济效益。

由于小农经济自身的弱点以及政治和社会的诸多原因，往往导致他们贫困破产，以至流亡。不少流民来到山区、沼泽或边地，凭借简陋的生产工具，通过辛勤劳动，又能在他处营建新的小农经济，维持简单再生产。

我国古代农业经济，长时间内就是建立在小农经济结构的基础上。以个体小农为基础的传统农业的盛衰，往往是我国历史上不少皇朝盛衰的晴雨表。

小农经济是自给自足的自然经济，基本上不依赖市场。尽管我国商品经济出现较早，但在相当长时期内却始终未能获得高度发展，以利促进社会的重大变革。这种认识是我们处理古代农业生产时的基本出发点。

第二，人口问题。人口是生产力最重要的因素。不过，人们进行生产，不能离开自然环境和经济条件。一定的自然环境制约着人们的活动范围，并影响着人口的繁殖。因此，为了自身的生存，人们必须不断向自然界奋勇斗争，以便取得更多的收成。由是，人口发展通常与生产发展同步。人口分布的不平衡正是与所在生产发展不平衡状况密切攸关的。

人既是生产者，又是消费者。一定的人口数量在一定程度上能够反映农业生产盈缩的状况。近几年来，先后出版了多部人口史、移民史、人口发展史、人口与政区史，从各种不同角度探索了中国古代人口发展与分布的规律，人口学研究取得了重大进展，万紫千红，蔚然壮观。就笔者所见，葛剑雄《西汉人口地理》从有限资料中，对西汉人口的地理分布和人口迁移作动态研究，从中可看出西汉两百年间，全国人口布局与农业生产发展的密切关联。冻国栋《唐代人口问题研究》对唐代户口的自然结构与变动结构都作了细致研究，且从纵的方面考察了汉、宋间人口分布的特色，从横的方面剖析了唐代诸道乃至各道内部诸地区间的户口差异，从农业生产分区研究的角度看也是很得力的著作。关于东汉和魏晋南北朝时期的人口研究，也已有不少相关论著发表，并取得了不小成绩。不过，从我所关注的农业人口布局的区域研究看，其成果相对较弱。

第三，生产工具问题。人们进行农业生产，不管是处于什么水平上，都需要使用一定的工具。这是区别人类生产劳动与动物觅食活动本质差别之所在。新石器时代有了农业，也就是人们已使用磨制石器、骨器、蚌器、木器从事生产劳动。可以说，离开了农具，便很难设想有农业生产。农具的生产与发展是和农业生产并行的。农业生产从整地、播种、中耕以至收割、脱粒，还有灌溉以至施肥等，都需要使用不同的农具。在各种农具中，整地农具最为基本。从耒耜发展至耕犁有个漫长的过程。1929 年，徐中舒最早发表《耒耜考》，1959 年，孙常叙出版《耒耜的起源及其发展》，分别对它作了专门研究。近几十年来，全国各地考古发掘出土了数量众多的农具，《农业考古》杂志曾分类收编，笔者亦曾密切留意。秦汉以来，整地已基本使用铁农具。现今所出土汉、唐间的整地铁农具，由于氧化腐蚀，易于判明其用途的并不多，而其出土地域分布又很不平衡。学者们对某些实物的定名也不很统一。中古时，国内各地交通大多不便，经济发展易受限制，很难轻易地判明中原某地使用的农具，在较远地区乃至边地也在同样使用。北方不少地方出土了两汉时的大铁犁，有人说只是用于开沟，有人说是二牛抬杠用以耕地。为什么六朝以至唐末不再用这种大铁犁呢？有的学者依据各地出土零散实物，撰《汉代耕犁之构造》，说犁架有了犁床、犁辕、犁箭、犁铧、犁鐴（镜），以畜力牵引。且用肩轭，以牛䪊、牛环导牛。如果真是这样，汉代耕犁除犁辕较长，且未见有犁盘外，已难说它与唐代后期的江东犁有多少差异了。它与六朝时的数种耕犁不知有何具体差异。事实上，唐人陆龟蒙《耒耜经》所述江东犁，[①] 其部件数量和结构记载都很明确，可是已有几位行家各自据以复原的耕犁图像就互有若干出入，且难以轻易判断是非。世人皆知，中古时的工具改革进展缓慢。从两汉、六朝以至唐、五代，耕犁在不同时期和不同地点有着哪

---

① 《全唐文》卷八○一陆龟蒙《耒耜经》："耒耜，农书之言也，民之习通谓之犁。"（中华书局影印 1985 年版，第 8417 页）（明）宋应星《天工开物》卷一《乃粒·稻工》："吴郡力田者，以锄代耜，不惜牛力。"（广东人民出版社 1976 年版，第 20 页）说明有了铁犁后，仍有称犁为耜者。宋应星为明末江西奉新人，吴郡苏州府，正是唐人陆龟蒙所述江东地区。

些较大的差异呢？至少在目前，颇难找到有力的资料以作出明确论断。农具式样多、变化大，日常所用犁、犁镜、锄、镬等，品种繁多。1963 年，刘仙洲出版的《中国古代农业机械发明史》，主要从机械学方面科学地说明农机的原理。20 世纪 50 年代，荆三林的《中国生产工具发达史》，80 年代，犁播的《中国古农具发展史》，都是断代为编，并没有分地区介绍各地颇有特色的农具。耕翻田地是整个种植业的基础和前提，它有别于刀耕火种、火耕水耨的耕作方式，决不能等闲视之。只有对各类农具的创造与改进，及其在各地推行的国内具体情况，有较多的了解，尽可能少说空话，多一点实证，才能使农业生产力发展的研讨不至于行文空乏。非常遗憾，截至目前，还只能对各种农具作一般的说明，分地区去作翔实具体的讨论，尚缺少必要的足够资料。

第四，农田水利。水利是农业的命脉，自从农业创始以来，就离不开水利。南方粗放的火耕水耨耕作方式缺不了水，北方旱地农作也不能没有水。可以说，农业的每一个进步都包括了农田水利发展的积极成果。《史记·河渠书》历记自上古以至西汉时的农田水利工程。凿井、穿渠，以兴灌溉；都江堰与郑国渠，致秦富强，卒并诸侯。《汉书·沟洫志》记武帝言："农，天下之本也，泉流灌浸，所以育五谷也。"农田水利之功大矣哉！

总的说来，我国地域辽阔，秦和西汉时的农田水利，主要盛行于包括西域在内的华北地区。那时，江淮以南，虽然雨水充沛，尚未见兴建农田水利工程。东汉以来，淮南、江南才逐渐出现农田水利工程，努力发展陂塘水利灌溉，自此以至唐代盛世。全国南北不少地方出现众多的水利工程。《新唐书·地理志》备记诸州县水利，为其他历代史志所罕见。顾炎武《日知录》卷一二《水利》，赞誉它"凡一渠之开，一堰之立，无不记之……可谓详而有体矣"。唐代水田的开发利用，远非汉代所能及。以《水部式》为代表的全国性水利管理法规为整个水利事业开创了新局面。元代王祯《农书》卷三《灌溉篇》云："天下良田灌溉之利，大抵多古人之遗迹。"中古时期的唐人沿旧创新，成就斐然。

近二三十年来，新出版了多部水利史著作。就笔者所见，大多是从水运着眼，农田水利的内容并不多。相比之下，20 世纪 30 年代冀朝鼎《中国历史上的基本经济区与水利事业的发展》出版，该书篇幅不大，但从秦、汉至明、清时期的水利发展粗具眉目，且划分了经济区，至今仍值得重视。1990 年出版的汪家伦、张芳著《中国农田水利史》，在序论而外，分六章（先秦、秦汉、六朝、隋唐、宋元、明清）扼要叙述了自上古以至清朝各个时期的农田水利的主要成就及其基本特点，着重从生产角度探索了水利对农业发展的巨大作用，并对某些重要工程的技术成就作了比较详细的介绍，它是迄今唯一完整叙述我国古代农田水利的专著。

第五，粮食作物品种的变化。20 世纪 70 年代，我与友人合撰《我国封建时代的粮食生产》一文，第一个标题便是"作物品种的变化"，指出上古所称"百谷"，主要指黍、稷、菽、麦、稻。黍是黄米，抗旱，早熟，易于栽培；自上古至两汉，常以黍为祭祀上品。唐代以后，因产量低，种植大为减少。稷通常指粟，但尚有异议。另外还有明、清时兴起的玉米、红苕，本书皆不论列。粟耐旱、耐储藏，在华北长期种植，直到唐、宋时，粟仍是法定交租的粮食品种。元人王祯《农书》说："粟之于世，岂非为国之宝乎。"菽是豆，自战国以至六朝时，是重要粮食作物，唐宋以后，菽已退居经济作物行列。麦是夏熟作物，先秦载籍虽多提及，史前遗址中却较少发现，由是有人提出中国北方不是小麦的故乡。[①] 麦所需水分多于粟，而华北广大地区晚春缺雨。竺可桢说："华北冀、鲁、豫三省年雨量变率甚大，如种小麦，则四五月值小麦需雨量最急之时，华北四五月平均雨量已嫌不足，若降至平均以下，必遭歉收，所以若无灌溉设施，华北种麦是不适宜的。"[②] 由此看来，《周礼·职方》记雍州、冀州，谷宜黍稷，而不提种麦就不足为怪了。何炳棣说："华北雨量集中夏季……土壤不易保持水分。秋、冬、春三季降水量较少，尤不适宜麦作；即使在雨量较多的黄土平原，多雨与少雨之年雨量相差很大。四季之间，雨量分配亦不均匀，故种麦亦有困难。"[③] 这些情况在发展水利灌溉的西汉以前可能适用。但我们注意到《吕氏春秋》卷四《孟夏纪》称，四月"无大田猎，农乃收

---

① 参看罗琨《从先秦文献探索我国小麦的起源》，《中国史研究》1990 年第 3 期。
② 竺可桢：《论我国气候的几个特点及其与粮食作物生产的关系》，《地理学报》1964 年第 1 期，此转引何炳棣《黄土与中国农业的起源》（香港中文大学出版社 1969 年版，第 162 页）。
③ 何炳棣所称黄土平原，即是本稿所称黄淮海平原，而并非指黄土高原。

麦"。同书卷八《仲秋纪》记，八月"乃劝种麦，无或失时"，是知华北地区早已广泛种冬小麦。《汉书》卷二四记董仲舒对武帝说，关中"俗不好种麦"，损生民之具。武帝"遣谒者劝种宿麦"。氾胜之即以在关中推广种麦而著名。也正是汉代，冬麦（宿麦）、春麦（旋麦）之分别，正式见于史册。东汉光武帝至安帝时，对粮食生产所发十几次诏书，其中九次涉及种麦，显示麦在东汉粮食生产中的比重是在增长，这是随着农田水利的发展而发展的。汉代以后，江淮以南山地丘陵虽然种粟，生产成效远不如种麦。东晋元帝太兴元年（318）诏，扬州"土宜三麦，可督令燪地，投秋下种"。宋文帝下令在南徐（镇江）、南兖（扬州）、南豫（和县）等地种麦，都相继取得重大成就。再往南，地患渍涝，种麦难有成就。自汉代以至近世，麦在华北和江淮间大量推广种植是和水利灌溉攸关，它促成了粮食品种的更新。水稻种植需要大量的水，同时需要高温，在我国夏季，南北各地温差小，只要有充分水源灌溉，北方有不少地方亦可种稻，这就是北方旱地农物区不时出现种稻丰收的缘由。[①] 另外，自上古至汉代，大豆和大麻也是重要粮食作物。《氾胜之书》和北朝《齐民要术》尚列专篇讨论。唐代以后，它们已转化为经济作物了。

　　第六，农业科技问题。它是随着历代农业生产的发展而不断发展的，并表现在各个方面。各个时代农具制作技术的优劣和农具种类的多少，使它判明不同时代和不同地区生产力发展水平的高低。注意培养地力，进行园艺式的土地经营，都可以提高产量，亦属于农业科技行列。石声汉、王毓瑚、夏玮瑛、李长年、缪启瑜等人先后对古农书进行整理、注释、翻译，编《中国农学书录》，收录自战国至清末存书519种；逐一撰写题要，并围绕历代主要农书，相继发表了一些较好的论著，揭示中国古代农业科学的成就。20世纪50年代和70年代先后出版的《中国农业学史》上、下册，是农学家们集体编纂的阶段性成果。1980年出版的《中国古代农业科技》由石声汉等20余名学者执笔，分别对农业遗产、防治虫害、利

---

　　① 上注所引竺可桢论文说："以我国各省区而论，1952年和1957年两年的稻米单位面积产量中，各省区平均最高产量并不在江南的两湖和江浙，而在日光辐射强大的陕西省。上海市的稻米单位面积产量不及天津和北京，天津市的水稻单位面积产量要高出上海的三分之一，可以推想夏季北方辐射能的强大胜于南方是起了一定作用的。"

用土壤肥力、桑蚕、菜蔬、稻、薯选种等方面，进行了很有益的探讨。1989年，梁家勉主编《中国农业科学技术史稿》出版，论述更是全面系统，叙事自上古以至明、清，空间上注意到国内各民族地区。涵盖了农、林、牧、副、渔各个生产领域，做到了全方位的探讨。

随着农业科学技术的发展及其实践，也就相应地逐渐改变人与自然界的原有关系。生产发展，产品数量和品种增加，昭示农业科技是生产力的巨大作用。如何恰当地评价每个时代的农业科技成果，很需要认真斟酌。一般说来，上述《史稿》的处理比较公允。例如汉代氾胜之所创区田法，颇受历代不少人士推戴。王毓瑚辑《区种十种》，自汉至清，乃至新中国建立后，都有推行区田的记事，却很少见到有多大成果。《史稿》在汉代部分对区田的评议和剖析相当合理。关于历代农田轮作和复种的叙事，评议也较注意分寸，没有过分夸饰。

第七，关于耕地和粮食单产。历代耕地数，由于种种原因，处于不断变迁过程中，西汉后期，耕地827万顷。东汉耕地数，徘徊在693万顷至732万顷间。六朝时耕地数缺记。隋唐时的耕田数字较汉代多，数目又极大。汪篯先生曾撰专文考订，所言甚是。开拓荒地为农田，改良盐碱地，开发湖田、梯田……提高土地利用率，都是古代发展农业生产的重要途径。自先秦以至唐、宋，社会面貌不断变换，农业再生产照旧是离不开古老的土地。鉴于历代史书记事简略，现今要准确弄明汉晋唐时期的垦田面积数量，实在是困难极大。

至于历代单位面积产量，已有不少学者为此作了努力。笔者在20多年前，与友人合撰古代粮食生产论文时，也曾简要地推算出诸王朝的粮食单产。近十多年来，我分别拜读了多篇论述两汉、魏晋南北朝、唐代、宋代的粮食单产的专题论文，互相比较，具体数字虽有参差，同样都是依据各自掌握少量历史资料作技术的简单处理所得出的相应结论。现在看来，包括我们自己以往的计算在内，都是说服力差，实难令人信服。辽阔的农业大国，各地开发程度大不相同，南方与北方，水田与旱地，大亩与小亩，使用生产工具的不同，政治的良否，自然灾害的程度。一句话，生产发展很不平衡，差异太多、太大。耕作制度的改革，间作复种之产生，该如何切实具体评估呢？前些年，有些论文盛赞唐代江南麦复种制的成就，按其所列标准，岂仅唐代为然。《晋书·食货志》载太兴元年（318）诏："徐、扬二州，土宜三麦。可督令熯地，投秋下种，至夏而熟。继新故之交，于以周济，所益甚大。……其后频年，麦虽有旱蝗，而为益犹多。"东晋时，扬州包括了江南广大地区。江南原是水稻产区，今又推广种麦成功，有益新故之交的周济，岂不是早在唐以前，就已存在稻麦两熟制了呢？《晋书》卷二七《五行志》记"太兴二年，吴郡、吴兴、东阳无麦、禾，大饥"。江南地区的麦、禾正是指稻、麦。再往上追溯，东汉张平子《南都赋》记南阳地区，"其水则开窦洒流，浸彼稻田，冬稌夏穱，随时代熟"。释家云，稌为稻，穱为麦。似是南阳盆地所在，东汉时已进行稻麦复种。更有甚者，《周礼注疏》卷三六《秋官薙氏》郑司农注："今俗间谓麦下为夷下，言芟夷其麦，以其下种禾豆也。"司农郑众，河南开封人，汉章帝初为大司农，卒官。[1] 北人所称禾、豆是指粟、豆，皆秋收作物。如其言，早在东汉前期，黄淮平原大地也已存在麦禾（粟豆）复种。另外，历代存在若干高产量的记载，似不应一概不予理会。诸如此类事实，在计算粮食单产前，应作怎样的评估呢？对农业经济作计量研究，确很必要，也非常有用。面对众多歧异的历史资料，如何进行认真细致的工作，自宜格外慎重。如果仅凭法定度量衡制度，十分简易地推算出的单产成果，该如何经受历史的检验呢？鉴于我发自内心的彷徨，拙稿只好对此付之阙如。

第八，关于农牧关系。我国古代，种植业与畜牧业长期相辅相成，种植业由上古时的采集业缓慢发展而成，畜牧业是上古渔猎经济的继续发展。我国长时期并不存在单一的种植业农业经济。关中西安半坡遗址发掘表明，上古人民虽已种粟，仍喂养猪、狗，捕鱼、打猎。地处西陲的秦国，《史记·秦本纪》记其祖先"非子居犬丘（陕西兴平市）好马及畜，善养息之。……文公三年（公元前763），以兵七百人东猎。四年，至汧渭（陕西眉县）之会，……即营邑之"。显示在此之前，秦国是以游牧经济为主。王国雄说："秦之祖先，起于戎狄……其未逾陇

---

① 《后汉书》卷二四《郑众传》，中华书局1965年版，第125—126页。以下诸正史不再注版本。

以前，殆与诸戎无异。"① 可见，很难说华夏族人从来是以农为生。《睡虎地云梦秦墓竹简》专设有厩苑律，汉九章律中有厩律，晋有厩牧律，北魏太和中有牧产律，隋、唐至宋，均有厩库律，说明历代官府很重视养畜业。《汉书·食货志》记武帝盛世，"众庶街巷有马，阡陌之间成群"。此后，自中原以至江淮大地，虽以种植业为主体，同时也饲养相当数量的家畜，民间以畜粪肥田，有利促进种植的发展，以肉供食，可以稳固农、牧结合。

另一方面，祖国辽阔周边地区，特别是高原地带，有着天然丰富的草原。虽是多寒多风，却适宜畜牧。大致自战国以来，在祖国北部与西部，长期有着游牧民族生活栖息其间。草茂水丰，人口稀少，民随畜牧逐水草，"美草甘水则止，草尽水竭则移"，畜群膘肥体壮，其人食肉饮酪。衣其皮毛，车马为家，靡有定所。牛马衔尾，群羊塞道。草原广阔，很少农作。研讨祖国农业生产，不能忽视这些周边广大地域的畜牧生产，必须如同内地农业生产一样给予同等关注。

当然，生产并非千古一律，它在不断发展变化，永远不会停止在一个水平上。创修长城时，基本上以它为农牧分界线，长城内以农业为重，塞外是少数族人游牧活动地区。西域和西南、东北，不少草原地带也是重要牧区。历史实践表明，东汉以来，不少游牧民族相继内移，黄土高原自西而东，很大部分地域成为半农半牧地区。北魏入主中原后，黄河以北海河平原的不少地方，也成了牧场或半农、半牧场地，说明牧业地域并非十分固定。我们还注意到，中原政权努力移民实边，或推行军事屯田，屯垦地域有时相当广阔，不少草原变为农田。加以官府为了安集逃散，鼓励流民垦荒，滥垦滥伐成风，促成牧业衰败。鉴于上述种种情况，探讨农牧业生产便不能拘泥最初的农牧分界线，只能本着宜农则农、宜牧则牧的原则进行处理。南方湿热，仍存在有适宜牧畜的草山草坡，虽无法与北方草原媲美，也不能完全抹杀其牧畜之用，需要作必要的相应处理。

---

① 《观堂集林》卷12《秦都邑考》，中华书局1984年版，第529页。

二

分区讨论《汉晋唐时期农业》毕，有必要就此一千余年的农业发展作一概述。

经济，尤其是农业经济，在我国是长期存在着地区发展不平衡的特点。

黄土高原、黄淮海平原的中心区域均位于黄河流域，二区东西呼应，都是中国古代农业文明的主要发祥地，位居伯仲之间。黄土高原农牧业发展也许更早，又长期是历代首都所在，故列它为首章。周、秦、汉、唐时，黄土地是我国著名农产区，关中平原尤为突出。陕甘高原与"龙门碣石北"的晋北高原主要是牧区，兼有农作。高原干旱少雨，主要种植粟、黍；西汉中叶以后，才在关中推广种麦。高原内个别有水处，如陇东洮河、晋南运城地区，汉代已出现种稻。经六朝至唐，关中平原盛行轮作（粟、麦），稻田也是有所增多。断言唐代关中农业不如西汉关中之盛的观点实难同意。河东在盛唐粮储丰富，显示了晋地生产有了重大发展。

黄淮海地区受季风影响，虽同处华北，雨量较黄土高原多，旱作黍、粟、豆而外，开始种麦的时间远比黄土高原早，数量也更多。殷、周以来，黄淮海已是全国重要农区。汉、晋、唐时期的粮食生产长期在全国居于领先地位。说经济重心在华北，主要是就本区的经济实况立论。本区冀北盛行畜牧，可视为"龙门碣石北"的组成部分，但它所占地位实不如陕甘高原、山西高原重要。鲁豫平原地势低洼，不少地方在战国、秦汉时，仍很难以进行农作。东汉以后，人们努力排涝耕作，北朝至隋唐，又开始出现了在沿海修堤堰，防海潮，借以增加耕垦的新措施。汉、唐间的黄淮海平原大地屡受战争破坏，一俟社会安定，生产恢复迅速，农业生产呈现波浪式前进是本地区的特点。与黄土高原主要产麻、麻布不同，本区盛产桑蚕，鲁豫平原所产，量多质好，在全国居第一位。

位于长江中下游的东南区与荆楚区，是汉代荆州、扬州所在。西汉时，荆、扬同属不发达地区，火耕水耨，民食稻、鱼，尚无多少积聚。汉代以后，这两区的开发相当迅速。总的趋势是自北而南，逐渐推进。

其中吴越平原的发展速度尤为突出。其他如江淮平原、江南丘陵、闽浙丘陵以及长江中游的荆楚地区，开发也都比较迅速。至唐代盛世，荆、扬地区经济，首先是农业生产，已可与发达的华北大地相匹敌。稻作为主，麦作也逐渐增多。丘陵和山地还旱种粟、黍、豆，但在种植业中始终都不占重要地位。自汉至唐，荆、扬地区的桑蚕业，在全国也不占重要地位，居民主要种麻，例以麻布交税。自六朝至唐、宋，茶叶生产长期居全国第一位。

位于亚热带的粤、桂、琼地区，地处五岭以南，常年高温多雨，夏长冬暖，久为百越族人所居。秦至西汉时征服其地，建置郡县。它比长江中下游地区生产更为落后，汉代尚处于开发初创时期。广州附近的珠江三角洲开拓较早，赵佗即以南海郡为基地建国，汉朝因其旧俗以治。自汉至六朝时，长期火耕水耨，稻作为主。隋代统治岭南，在广州、桂州分设总管治理。隋末和唐末的社会大动乱期间，大批人士流徙岭南，加速了岭南的开发。唐政府对夷僚减半征税，已和汉代免征夷僚税不同。夷僚比汉人征税少，显示汉、僚劳动生产率大有差异。岭南西部的生产又远比岭东落后。唐在岭西设置大量羁縻州，由诸族酋豪自治。由于气温条件优越，岭南种稻，颇能一岁再熟。唐代海南岛甚至在稻作两熟外，还可在冬春种粟一次。唐末，刘氏在岭南建南汉国，二税外，新创丁税（钱、米）、沿征及集市商税，就可看出岭南已非荒野未辟，生产已有了新发展。

巴蜀区位于长江上游，与秦岭以南的汉中同俗。秦汉之际，刘邦据汉中，足食足兵，由是得以出关击楚。自汉至唐，汉中地区以种稻为主，兼有旱作。它的开发是自西而东，东部商洛山区生产长期比较滞后。四川盆地大致是先秦时巴、蜀二国故地，蜀在西，巴在东。西部蜀地成都平原，李冰修建了都江堰以及若干分水渠道，使蜀中成为沃衍千里的天府之国。平原以外的山地、丘陵区，水利事业少，生产远比平原区落后。盆地东部，巴地多山，居民多为蛮（僚）夷。山地多刀耕火种，旱作为重，有水源处亦多种稻。巴蜀各地广泛种麻，而蜀中盛产桑蚕。巴蜀以产茶著名。南方果品荔枝、柑橘、甘蔗等，亦为巴蜀所产。

云贵高原地形是西高东低，汉代已置有郡县。当地畜牧甚盛，而农作尚不知牛耕，也很少用铁，农牧并行。夜郎国牂柯人能耕田（畲田），多雨潦，耕作原始。西汉通西南夷道以后，募集豪民去夷地耕垦，迄于汉末，未见多大成效。贵州居民多夷蛮，六朝以来，部分蛮民日趋汉化，出山耕作，在深山者仍不编户。地域的开拓有所增大，正在逐步缓慢地向高原腹地推进。唐朝在高原地区设置了不少羁縻州，开山洞、开山僚、开南蛮，新置若干州县，发展低水平的生产。长期不为人知的辽东黔南内地，唐代出现了每岁一易的畲田耕作。云南高原的居民族别众多，生产生活习俗彼此差异极大。南诏统一云南高原后，大力发展农业，滇池、洱海地区广泛使用牛耕，出现稻、（大）麦复种耕作制。另有不少蛮人居住地区，生产落后，甚或射猎为生。滇西峡谷区更是非常落后的地域。

包括青海、西藏和四川西部（川西高原）在内的青藏高原，是国内生产最落后的高寒山区。除青海东北湟河谷地在汉代已有所垦殖而外，汉代羌人，六朝时吐谷浑，唐代党项人所据青海高原，牧畜为生，罕有农作。西藏高原在唐以前，几无汉文献记录。川西高原腹地也是荒无人烟，仅在距离成都平原较近的高原边缘地区，汉代记有游牧为生的民族杂居。六朝诸政权无一能深入至川西高原内地。唐代在茂、雅、松州都督府下，分别统辖不少羁縻州，诸族民众例皆游牧为生。韦皋在唐德宗时任职剑南西川，曾对岷江上游西山八国羌人"给以种粮耕牛"，促使他们从事农作。吐蕃在唐初崛兴于西藏高原，境内盛行游牧，也种植青稞、豆、荞麦，是以畜牧为主兼有少量农作的国家。在它强盛时，在其征服区内，大力推行畜牧，但并没有完全毁弃农作种植。

河西、西域区，在地形上二者并不一致，但都是西汉武帝以后才为内地人们知道的新地区，并成为汉、晋、唐时期中西交通的重要通道。武帝战败匈奴，在河西新置四郡，逐步将原有牧地部分改变为农田或半农半牧区。西域是张骞凿空后的新区，它是我国仅次于蒙古高原的著名畜牧业基地。天山南北有着良好的天然牧场，北路的游牧业很盛，其民居无定所。南路居民较早从事种植，农牧并存。汉代匈奴、鲜卑，六朝时的柔然、高车、突厥，都曾雄踞西域，他们的游牧生活习俗对西域原居民带来重大影响。西域地区的畜牧业长期持续发展。北朝后期，天山北路居民开始有了少量农作。天山以南诸国，汉代以来，比较重视种植。至迟在西晋时，鄯善国所在地区已明确推行牛耕，反映种植业的长足进步。各地绿洲所产粮食种类，除内地的黍、粟、麦、豆而外，还有华北平原罕有的青稞（大麦）。北朝以至唐代，低洼高温的高昌地区，甚至还出现了谷麦一岁再熟特有的复种制。

蒙古高原水草丰美，是我国最有名的牧区。匈奴族人最早生活其间，食肉饮乳衣皮。养育大型牲畜；并通过与汉朝互市，输其牲畜于内地。汉武帝以后，先后生活在塞外的诸少数族人，不再是早期单一的游牧射猎为生，而是有着少量种植。高原南部边缘有不少汉人居住，他们并没有因战乱而彻底废弃农作。生活在高原大地的各族人民都以畜牧为重，即使在宜农区也通常是半农半牧，既不是长期存在单一的畜牧经济，更不存在单一的农业经济。

榆关以外的辽东、辽西，秦已置郡。广大东北平原在汉代已与内地有了较密切联系。生活在东北的诸族人民都能因地制宜，在林草地带，从事狩猎游牧，平原地区进行原始种植。经过漫长的历程，大致自南而北，农业开拓日趋成熟。农作逐渐使用铁农具与耕牛，促使种植业发展加快。长期隶属中原政权的辽东、辽西，屡遭崛兴于东北的诸族南下侵扰，牧畜业一度居于重要地位。东北居民从事种植的方式，大致如同关内。隋唐时，在今吉林东部所种粮、豆相当出色，卢城种稻成功，在东北是史无前例。但在平原北面的三江低洼地域以及吉林西北地区，直至唐、宋之际，仍盛行渔猎、游牧为主。

往事越千年，知今宜鉴古，无古不成今。综观自汉至唐千余年间，全国各地区农业经济的面貌，前后变化真大。最先繁荣发达的黄土高原农业，逐渐由黄淮海平原所取代。经六朝至唐，原来非常后进的长江中下游地区，竞相崛起，逐渐与华北富庶相抗衡，经唐至宋，竟取而代之。时至今日，秦汉时期号称发达的黄土高原所属陇东及关中平原，已成为西部不发达的区域，河西、西域、青藏高原、云贵高原、四川盆地诸地的农牧业生产，自汉、晋、唐以迄近现代，更是始终处于较为后进状态，其中虽有关中平原、成都平原较发达的农业，长期是闪耀的亮点，但相对辽阔的陕西高原与四川盆地而言，毕竟不成大局。全国只能统筹兼顾，因地制宜，注重农牧业的可持续发展，逐步缩小地区差距，才能逐步走向共同繁荣富裕。

六朝史学发展与民族史的崛兴

——纪念蒙文通先生诞辰 110 周年

历史学是学术史的重要组成部分。每个历史时期的学术通常是与该时代的政治、经济发展状况息息相关和交互影响的。

一

东汉末年的黄巾大起义失败以及随之而来的军阀混战，导致了统一的汉帝国迅速瓦解。此后四百年间（189—589 年），中国大地长期陷于离乱分裂，与其前后大一统的汉、唐时期不可同日而语，六朝时期以此被学人视为乱世。前辈学者很有些人对此作了很大努力，如邓之诚的《中华二千年史》、吕思勉的《两晋南北朝史》等，都取得了较大的成绩，终受其研究体制的局限，实难说有重大突破。

当然，不能说六朝史的研究没有进展。特别是陈寅恪先生以其睿智，开阔视野，在 20 世纪三四十年代，发表了一批严谨论著，揭示了六朝社会发展的内在真谛，六朝史研究开始漫入新境界，日趋摆脱了黑暗时代的阴影。新中国建立以来，在马克思主义学说的指引下，不少学者纷纷对六朝时的政治、军事、经济、文化和社会史的诸多方面进行了研究，取得了良好的业绩，六朝史由是旧貌换新颜了。

作为观念形态的六朝时史学，时至今日，也已发生了今非昔比的重大变化。就我所知，蒙文通先生乃是这一领域变革的重要开拓者，今年是蒙老 110 周年诞辰，草此短文以资纪念。

近年来，巴蜀书社出版了六卷本《蒙文通文集》。其中第三卷《经史抉原》收有《致柳翼谋先生书》和《中国史学史》，都分别谈到了中国史学发展的阶段性问题，对六朝史学的地位作了很高的评价，这是很值得后人重视的。

1935 年，蒙老在上引论著中清楚地揭示："中国史学之盛有三时焉，曰晚周，曰六朝，曰两宋……虽汉、唐盛世，未足比隆。"又说："六朝精于史体，勤于作史。宋人深于史识，不在作史而在论。"他在上引信中指出，"于六朝史学拟讨其体制"。《中国史学史》分目论述了六朝史学的众多特色，扼要解说了魏晋学术与史学，史学与江左清谈，史学与六朝俪文，史学之民族国家思想，史家之君臣观念，史例之进步，史体之发达，史识之必要以至南北朝史学之差异等，都很富有新意。

这种关于中国古代史学发展三阶段论实是发前人之所未发，特别引人注目。但所言是否符合实情，人们是否信服，当然有待社会实践的检验。为此有必要介绍当代史学界同行的若干富有代表性的看法，以资佐证。

1940 年前后，史学大师陈寅恪说："中国史学莫盛于宋。""元、明及清，治史者之学识反不逮宋。""有清一代经学号称极盛，而史学发达则远不逮宋人。"① 陈先生所言宋代史学之盛，与蒙老见识一致。宋代史学发达，现在已成为世人的共识，无须再多费口舌。

1944 年，金毓黻先生刊印《中国史学史》（商务印书馆 1957 年重印），全书九章，分述自上古以至清代史学发展演变状况，它没有明确区分史学发展的阶段。将"魏晋南北朝以迄唐初私家修史始末"列置第四章，非常认真细致地写了这一时期的史学业绩，凸显出六朝时修史的巨大成就，实有异于其他诸章，那是非同凡响的。

1985—1990 年，周一良先生先后发表四篇论述魏晋南北朝史学的重要论文：《魏晋南北朝史学的特点》《魏晋南北朝史学著作的几个问题》《略论南朝、北朝史学之异同》《魏晋南北朝史学与王朝禅代》。② 从各个角度较为全面地剖析了六朝史学发展的重要特色，谈了不少前人所未涉及的领域，非常实际地揭示了六朝时期史学的独特性和重要性。

---

① 陈寅恪：《金明馆丛稿二编》，上海古籍出版社 1980 年版，第 240、238 页。
② 四文皆收入周一良《魏晋南北朝史论续编》，北京大学出版社 1991 年版，第 67—115 页。

　　1998—2000 年，台湾学者逯耀东先生出版了两本有关魏晋史学的论著。①《魏晋史学的时代特质》一文说："中国史学的黄金时代在魏晋与两宋，而非汉、唐。"（第 3 页）又说："魏晋史学超越两汉，睨视隋唐。"（第6 页）另一篇《魏晋史学的双层发展》一文说："无可否认，魏晋是中国史学特别发达的时代，也是中国史学转变的时代。"（第 15 页）"魏晋以来的史学范围远超于前代。"（第 19 页）他还在《隋书·经籍志史部形成的历程》论文中，转引另一位台湾学者沈刚伯的话说："魏晋是中国史学发展过程中的关键时代，更是中国史学的黄金时代。"（第 29 页）台湾的学者有可能并未读过《经史抉原》，他们的认识与蒙老所说也是多么一致与合拍。

　　2003 年，商务印书馆出版了胡宝国先生《汉唐间史学的发展》一书，收录相关论文九篇。书名为《汉唐间史学的发展》，所讨论的核心是魏晋南北朝时期的史学。且对若干前辈学者讨论过的问题，发表了一些创新见解。该书第 20 页引证蒙文通先生《经史抉原》谈到《世本》与《史记》关系时所说："马迁创作纪传，不过因袭《世本》之体……纪传之体可贵，而创之者《世本》，非马迁也。"为了究明真相，胡先生将清代茆泮林所辑《世本》文字详为引录，并对它作细致考察，得出了"不能判定《世本》一定就有世家、列传"的结论，实难以据此否定司马迁《史记》划时代的重要意义。我很同意《史记》的体例在中国史学中具有里程碑的作用。但我又注意到胡先生往年分析《史记》和《汉书》对籍贯的不同书法中，曾得出过相当重要的结论和启示，这就是政治结束战国是在秦代，而观念上的结束战国却在汉代。②《汉唐间史学的发展》书也说："文化上，战国传统仍然顽强地存在着，一直到西汉，社会上仍然洋溢着战国精神。"我认为这也是同样讲得很对的。

　　关于晚周（春秋战国）的社会变迁，学者们的认识存在很大分歧，但迄未有人公然否认它是处于重大变革的时代。凡是看过童书业《春秋史》、杨宽《战国史》的读者，恐怕谁也不能否定春秋战国确是发生重大变动的

---

　　①　逯耀东：《魏晋史学及其他》，台北东大图书公司 1998 年版。逯耀东：《魏晋史学的思想与社会基础》，台北东大图书公司 2000 年版。
　　②　胡宝国：《史记、汉书籍贯书法与区域观念变动》，载《周一良先生八十生日纪念文集》，中国社会科学出版社 1993 年版，第 25 页。

时代。蒙文通先生在他的论著中也同样有过明确的表述。1962 年，他发表
《略论山海经的写作时代及其产生地域》论文，明白说过，"要给予某项史
料以恰当的地位，首先是应该分析该史料产生的社会环境，因为任何史料都
是一定的社会环境的产物，它必然受到社会的文化、经济、政治等方面的制
约。在考察产生它的社会环境时，首先就是考察产生它的'时代'和'地
域'。只有在时代和地域明确以后，才能结合该时代、该地域的文化、经济、
政治作进一步的分析"①，正是具有了如此朴素的社会史观。1951 年，蒙老
发表的《对殷周社会研究提供的材料和问题》论文，已有专节论述"春秋
战国的社会剧变及乡遂制度的崩溃"。其中说道："春秋前期，兵制和田制
二者在诸侯国中也开始变化，到战国大概就不存在了。"他列举若干具体事
例后，进一步指出："这都说明，周初对农民的束缚，春秋以下，已经瓦解
了。在人民普遍当兵，任意迁徙，普遍建学以后，同时也就开了布衣卿相之
局，世族世卿制度也就崩溃了。"② 综观众多学者对晚周社会发生深刻变革
的论述，参照学术发展的常规，在思想意识领域的深刻反映往往相对较为迟
缓。我们是否可以说，这一重大变异在思想意识领域的最终结束是在汉代盛
世的武帝时代，或者换一种说法，汉武帝在位的半个多世纪（55 年）实是
居于承前启后的伟大时代，是不是这样的呢？

我们不能忘怀，在儒术独尊时代，儒经是学术的准绳。《汉书·艺文
志》中，确是没有史学的重要席位。博通经史的蒙文通先生在他留下的众多
论著中反复谈到了经史关系。他说："传统史学，本于儒家。""余之撰《经
学抉原》，专推明六艺之归。……《经学抉原》所据者制也，《古史甄微》
所论者事也。"③ 表述是非常清楚的。我很同意司马迁《史记》为划时代重
要著作的意见。但就两汉史学整体而言，不能否认，那是尚未摆脱经学束缚
而完全独立，与之同时代的国内诸胡族更是没有自己的史学著作传世。由是
观之，蒙先生推重晚周史学，视为中国史学发展的重要开创阶段，自有其合
理的依据。

---

① 《蒙文通文集》第 1 卷，《古学甄微》，巴蜀书社 1987 年版，第 36 页。
② 《蒙文通文集》第 5 卷，《古史甄微》，巴蜀书社 1999 年版，第 167、170 页。
③ 《蒙文通文集》第 3 卷，《经史抉原》，巴蜀书社 1995 年版，第 241 页。《蒙文通文集》第 5 卷，
《古史甄微》，巴蜀书社 1999 年版，第 14—15 页。

不能忘记，距今 70 年前的旧中国正处于听任列强宰割的困苦状态中，文化领域同样是非常滞后。蒙文通先生在那时竟能洞察出中国史学发展的三阶段论，表述简练明白，纵或留下某些可资商榷之处，实无损他那博学通达的智慧光芒。随着当前学术研究向纵深发展，中国史学的探讨必将日趋周详细密。

综上所述，蒙老在 20 世纪 30 年代提出中国史学发展三阶段盛世的学说，是他通晓古今，纵观全局的科学结论。近几十年来，不少学者从各自研讨的社会实践中，得出了与蒙先生殊途同归的论断。我们不能不由衷地敬佩蒙先生当年作出的科学论断具有发聋振聩的作用，令人叹为观止，是晚生后辈们治学应于认真学习的楷模。

二

六朝的史学有重大发展，在当今学界已无异议。它的具体内涵且已有了多方面的论说，是否还有其他可供置喙的余地呢？在这几百年间，国内诸民族的活动十分频繁，它在史学上应有必要的体现。就笔者所见，治六朝史学史者似乎对它罕有论述。因拟就此谈点浅见，所言是否有理，敬祈方家教正。

中国自古是多民族的国家，战国至西汉盛世，匈奴长期雄踞北方，《史记》专设《匈奴传》记述其族人活动及其与中原王朝的和平交往与战争等关系。那时，南方越人与西南夷的活动频繁，因撰：《南越传》《东越传》和《西南夷传》以记其实。随着与西域交往的增加，《汉书》在《史记·大宛传》基点上，增添《西域传》，记诸行国、居国的种种实况，明显是在国史中增多了民族史的内容。东汉时，周边诸族国的盛衰变异很不少，匈奴的南北分裂，乌桓、鲜卑的崛兴，羌人在西方的骚动，南蛮、西南夷的活动超常，东北诸族也很不寂寞。所有这一切，在《后汉书》记事中，相应有了较多的体现。然而，这些活动于边地的诸族，都未见它们有主动撰写本族历史的成果。

汉魏以来，边境少数族人入居中原内地者增多，民族矛盾和各种社会政治矛盾相互交织，造成了六朝时期国内政局的长期混乱，汉、胡诸族所建政权交替涌现。记录我国几千年古文明的"二十四史",六朝时四百年间竟占有十二史。十二史中,只有《隋书》是记载统一了南北的隋王朝,其余十一史基本上是记录南北分裂诸国的历史,它既有汉族人所建诸国的历史,也包含少数人所建北魏、北齐、北周史。从北齐以至唐初所修魏、齐、周书,显示了史学编撰中重视少数族人所建王朝的新动向,是六朝史学的一个重要特点。

应当指出,上述史学创新动向的出现并非偶然。当短暂统一了中国南北方的西晋政府垮台后,中华大地主要是华北先后出现了"五胡十六国"的动荡政局。"五胡"名称最早出自苻坚之口,具见于《晋书》卷一〇四《苻坚载记》,这是陈寅恪先生早已揭示了的,[①] 十六国称号肇始于崔鸿撰《十六国春秋》。十六国中,前凉(317—376 年)、西凉(400—421 年)、北燕(407—436 年)三国是汉族人所建。其余十三国,都是境内少数族人所建,它包括了匈奴族人所建前赵(304—329 年)、北凉(397—439 年)、夏(407—431 年)三国,鲜卑族人所建前燕(337—370 年)、后燕(384—407 年)、南燕(398—410 年)、西秦(385—431 年)、南凉(397—414 年)五国,羯族人所建后赵(319—351 年),巴氐人所建成汉(304—347 年),氐人所建前秦(350—394 年)、后凉(386—403 年)二国,羌族人所建后秦国(384—417 年)。一个不容忽视的事实,所有这些国家,包括立国最长的前凉(59 年)以及为时短暂的南燕(12 年),无一例外都撰有自己的史书传世,那是以往汉代匈奴王国、鲜卑檀石槐帝国等所未有的。唐初,刘知几撰《史通》,本着"良史以实录直书为贵"原则,将十六国史附于"古今正史"内叙述,实是意味深长的。

《史通》卷十一《史官》云:"伪汉嘉平初(按:指刘聪嘉平元年,即311 年),公师彧以太中大夫领左国史,撰其国君臣纪传。前凉张骏时(324—346 年),刘庆迁儒林郎中常侍,在东苑撰其国书。蜀李与西凉二朝,记事委之门下。南凉主(秃发)乌孤初定霸基,欲造国纪,以其参军郭韶为国纪祭酒,使撰录时事。自余伪主多置著作官,若前赵之和苞,后燕之董统是也。"事例表明,胡、汉诸族国都很重视修史。羌人姚和都特意为族人

---

① 　陈寅恪:《魏晋南北朝史讲演录》,黄山书社 1987 年版,第 23 页。

所建后秦国撰《秦纪》，其意向非常明确。北魏孝文帝迁都洛阳后，"及洛京之末，朝议又以为国史当与任代人，不宜归之汉士"。十足说明少数族人非常注意要为本族国编撰史书。过去，照例由汉族人为本朝修撰起居注和实录之类的方式，至六朝时，诸胡族国也在同样办理，实在是非同寻常的重要举措。

十六国中，后赵、前燕、前秦诸国都曾短暂统一广大华北地区，且维持统治达 30 年以上。终因邻国间战事不休，占领区极不稳定，使政权建置、经济恢复工作难以有效进行。若将它们与北朝末年也是立国短暂的北齐、北周作比较，很可以看出其处境与命运的异同。主要立国于河西荒漠的前凉，前后维系近 60 年，建国者罕有作为。唯一在南方巴蜀立国的成汉，制定政策措施有力，并依赖富饶的成都平原经济供给，政绩较为突出，实为其他诸国所罕见。

十六国的具体状况彼此互异，各国史书的流传情景也是大不相同。《隋书·经籍志》将史部区分为十三类：十六国史之类的著作大都列入霸史类。今以其所列为主，参考其他史籍，分别疏理和解说十六国史事如下。

前赵：《前赵记》十卷，和苞撰。按《史通》卷十二《正史》云："前赵刘聪时，领左国史公师彧撰《高祖本纪》及功臣传二十人，甚得良史之体。凌修谮其讪谤先帝，聪怒而诛之。刘曜时，平舆子和苞撰《汉赵记》十篇，止于当年，不终曜灭。"由此看来，匈奴人刘渊建国未久，已深知修史的重要，立即派人修撰本国纪传体史书，开创了少数族人为本国修史的新局面。其后，刘曜又下令和苞修当代史，因其写作精良，存世长久。《旧唐书·经籍志》、《新唐书·艺文志》以至《宋史·艺文志》均有记录。

后赵：《赵书》十卷，一曰《二石集》，记石勒事，伪燕太傅长史田融撰。《二石传》二卷，晋北中郎参军王度撰。《二石伪治时事》二卷，王度撰。上引三部后赵史书的作者都不是后赵时人。谨按，《晋书》卷一〇五《石勒载记》记后赵开国者石勒平生重视历史，他多次下令修史，又命参军修撰《大单于志》。《史通》卷十二《正史》云："石勒命其臣徐光、宗历、傅畅、郑悄等撰《上党国记》《起居注》《赵书》。其后，燕太傅长史田融，宋尚书库部郎郭仲产，北中郎参军王度，追撰二石事，集为《邺都记》《赵记》等书。"是知石勒时期所修诸史，悉遭石虎毁弃。《隋志》所记后赵诸史出自后人追记，田融《赵书》，《梁高僧传》卷九《佛图澄传》、《水经注》卷九《淇水》所引，均称为《赵记》。两唐志所记与隋志相同。《新志》于《二石传》外，别记《二石书》当是复出。清人汤球有《二石传辑本》一卷（广雅书局丛书本），可借以略知石勒、石虎事梗概。宋初编撰的《太平御览》仍屡引《赵书》，反映它流传相当长久。

成（汉）：《汉之书》十卷，常璩撰。《华阳国志》十二卷，常璩撰。按，《颜氏家训》卷六《书证篇》云："《蜀李书》，一名《汉之书》。"《史通》卷十二《正史》云："璩为李势（343—347 年在位）散骑常侍，撰《汉书》十卷。后入晋秘阁，改为《蜀李书》。璩又撰《华阳国志》，具载李氏兴灭。《蜀李书》，两唐志均作九卷，颇疑为去其原序所致。《新志》又记《汉之书》十卷，则是一书复出也。《华阳国志》至今完整传世，它不限于记载成汉国兴衰，实为研究我国西南地区自上古以至成汉时的重要史地著作。

前燕：《燕书》二十卷，记慕容儁事，伪燕尚书范亨撰。该书在当代享有盛誉，经隋、唐至宋，长期存世。《史通》卷十二称："前燕有《起居注》，杜辅全录以为《燕记》，其书今佚。"《魏书》卷五二《崔逞传》，记逞仕慕容玮（360—370 年在位），"补著作郎，撰《燕记》"。这部前燕史书，至隋已不传，当是魏末因战乱毁弃。

后燕：《隋志》不记后燕有史。《史通》卷七《直书》云："董统《燕史》，持谄媚以偷荣。"同书卷十二《正史》云："建兴元年（386 年），董统受诏草创后（燕）书，著本纪，并佐命功臣、王公、列传合三十卷。慕容垂（386—396 年在位）称其叙事富赡，是成一家之言。但褒述过美，有惭董史之直。其后，申秀、范亨，各取前、后二燕合成一史。"由此可见，董统燕史初受当权派的奖宠，终因史德太次，迅速受到社会唾弃。至唐、宋时仍然存世的范亨《燕书》，并非后燕专史，而是兼叙前、后燕事。另外，《魏书》卷三二《封懿传》记懿"仕慕容宝（396—398 年），位至中书令、民部尚书。宝败，归阙……撰《燕书》，颇行于世"。这部魏、齐时仍然存世的后燕史，隋、唐时不复再见。当已散佚不存了。

南燕：《南燕录》五卷，记慕容德（398—405 年）事。伪燕尚书郎张诠撰。《南燕书》六卷，记慕容德事，伪燕中书郎王景晖撰。《南燕录》七卷，游览先生撰。按，张诠《燕史》，新、旧唐志均作《南燕书》，《新志》且记为十卷。《史通》卷十二《正史》云："南燕有赵郡王景晖，尝事（慕容）德、（慕容）超，撰《二主起居注》。超亡，仕于冯氏（北燕），官至中书令，仍撰《南燕录》六卷。"新、旧唐志所记相同。但徐坚等《初学记》卷六《渭水》引为王景晖《南燕书》，可能是其书别有异名。另外，《隋志》记有《南燕起居注》一卷，颇疑是王景晖所撰。游览先生的情况不明，且唐代已无其书，当是早已散佚。

北燕：《燕志》十卷，记冯跋事，魏侍中高闾撰。谨按，《魏书》卷五四《高闾传》记他好为文章，不云撰史或主持修史。同书卷六十《韩显宗传》记他"撰冯氏《燕书》《孝友传》各十卷，颇传于世"。高、韩同为北魏孝文帝时人，《燕书》实为韩撰。两唐志均记其书，但不书作者名，当是别有用意。《太平御览》所引书目，有高闾《燕志》，自是沿用旧习。

前秦：《秦书》八卷，何仲熙撰，记苻健事。《秦纪》十一卷，宋殿中将军裴景仁撰。① 梁雍州主簿席惠明注。按，《梁书》与《南史》均不见有席惠明其人。《新、旧唐志》记作注者为杜惠明，或得其实。裴景仁书，《太平御览》记为《前秦纪》。《史通》卷十二《正史》云："前秦史官，初有赵渊、车敬、梁熙、韦谭，相继著述。苻坚尝取而观之，见苟太后幸李成事，怒而焚灭其本。后著作郎董谊追录旧语，十不一存。及宋武帝入关，曾访秦国事，又命梁州刺史吉翰问诸仇池，并无所获。先是，秦秘书郎赵整参撰国史，值秦灭，隐于商洛山，著书不辍。有冯翊车频助其经费。整卒，翰乃启频纂成其书。从元嘉九年（432）起，至二十八年（451）方罢，定为三卷。而年月失次，首尾不伦。河东裴景仁又正其讹僻，删为《秦纪》十一篇。"如此看来，前秦史的修撰迭经磨难。车频《秦书》既经裴景仁改编为《秦纪》，理应其书不再存世。可是清代汤球辑《三十国春秋》（《丛书集成初编》本），从类书所辑裴景仁《秦纪》只有十四条，而所辑车频《秦书》多达三十三条，经逐条查核无误。由此不难推知，被改编后的车频《秦书》可能依然存世。

---

① 按《宋书》卷五四《沈昙庆传》记宋孝武帝大明元年（457）任徐州刺史，"时殿中员外将军裴景仁助成彭城，本伧人，多恶戎荒事，昙庆使撰《秦纪》十卷，叙苻氏僭伪本来，其书传于世"。

后秦：《秦纪》十卷，记姚苌事，魏左民尚书姚和都撰。谨按《史通》卷十二云："后秦：扶风马僧虔、河东卫隆景并著秦史。及姚氏之灭，残缺者多。（姚）泓从弟和都仕魏为左民尚书，又追撰《秦纪》十卷。"① 可见后秦史的编修存毁历程，颇为复杂。两唐志已不载《秦纪》，当已散佚。宋初，《太平御览》引书目列有《后秦纪》，很可能是转引《修文殿御览》之文。南宋郑樵《通志略》记《秦纪》全同《隋志》，自是咄咄怪事。

前凉：《凉纪》八卷，记张轨事。伪燕右仆射张谘撰。《凉书》十卷，记张轨事，伪凉大将军从事中郎刘景撰。《西河记》二卷，记张重华事，晋侍御史喻归撰。谨按《史通》卷十二《正史》云："前凉张骏十五年（338年），命其西曹边浏集内外事，以付秀才索绥，作《凉国春秋》五十卷。又张重华护军参军刘庆，在东菀专修国史二十余年，著《凉纪》十二卷。建康太守索晖，从事中郎刘昞，又各著《凉书》。"这是说明，前凉史除了《隋志》所开列三种外，另外有《凉国春秋》和其他二种《凉书》。张谘《凉纪》今已不存，而新、旧唐志均记其书十卷，差池原因不明。刘昞《凉书》，喻归《西河记》，仅见于《新唐志》。唐《元和姓纂》卷八引《姓苑》云："东晋有喻归，撰《西河记》三卷。"所记卷数颇疑有误。

西凉：《敦煌实录》十卷，刘景撰。按，《魏书》卷五二《刘昞传》称，敦煌人，隐居酒泉，"著《凉书》十卷，《敦煌实录》二十卷，……并行于世"。《新唐志》记二书卷帙同《魏书》。西凉之《凉书》，《隋志》不载。《敦煌实录》记为十卷，不同于《魏书》所记。《宋书》卷九八《沮渠蒙逊传》记元嘉十年（433年），蒙逊死，第三子酒泉太守茂虔袭位。十四年，表献方物，馈赠《十三州志》十卷，② 《敦煌实录》十卷，《凉书》十卷。同时，请刘宋反馈晋、赵《起居注》、诸杂书数十种，获得了满意的回赠。此例说明，其时各自国家的史乘可作为礼物相互交流赠送。

---

① 参看周一良《魏晋南北朝史札记·晋书札记·羌人以都为名条》，中华书局1985年版，第115页。

② 《十三州志》，敦煌人阚骃撰，事见《魏书》卷五二《阚骃传》。《隋志》记其书十卷，新、旧唐志均作为十四卷。《史通》卷十《杂述》云："地理书者……阚骃所书，殚于四国……言皆雅正，事尤偏党者矣。"对它评价很高，其书已佚。清人张澍有辑本（《丛书集成初编》本），是研究我国古代西北史地重要著作。

后凉：《凉纪》十卷，记吕光事。伪凉著作佐郎段龟龙撰。按《史通》卷十二云："段龟龙记吕氏"，而未书其他。《新唐志》文同《隋志》。隋虞世南《北堂书钞》，宋李昉《太平御览》多处引用，称为《凉州记》，今存张澍辑本。《隋志》另记有《段业传》一卷，亡。段业其人，是后凉建康太守，旋称凉王，为蒙逊所杀，事见《晋书》卷十《安帝纪》，又卷一二九《沮渠蒙逊载记》，此亦有关后凉之史事也。

北凉：《凉书》十卷，沮渠国史。《凉书》十卷，高道让撰。① 这两部北凉史书，今皆不存。《史通》卷十二《正史》云："宗钦记沮渠氏"，别无下文。《魏书》卷五二《宗钦传》，金城人，仕蒙逊为中书郎。凉州平，入魏，拜著作郎。"崔浩之诛也，钦亦赐死。钦在河西，撰《蒙逊记》十卷，无是可称。"被人瞧不起的这部《蒙逊记》，应即是上述沮渠国史。

南凉：《拓跋凉录》十卷，作者佚名。按《史通》卷十二《正史》云："失名记秃发氏。"钱大昕《廿二史考异》卷三四云："拓跋凉录，当是纪南凉事，秃发即拓跋声之转也。"因此，隋志所云，当即本书。《新、旧唐志》所记相同，是其书至唐仍存。

夏：《隋志》不记有夏国史。《史通》卷十二《正史》云："夏，天水赵思群，北地张渊于真兴、承光之世（419—426 年），并受命著其国书。及统万之亡，多见焚烧。"可见极端残暴著称的赫连暴君，也是非常重视修史的。《魏书》卷五二《赵逸传》云："逸字思群，天水人。……父昌，石勒黄门侍郎，逸仕姚兴，历中书侍郎。……（征夏），为（赫连）屈丐所房，拜著作郎。世祖平统万，见逸所著曰：……其速推之。司徒崔浩进曰：彼之谬述……固宜容之。世祖乃止，拜中书侍郎……年逾七十，手不释卷。"他所撰夏国史伴随夏国亡灭而被悉数焚毁。

西秦：《隋志》亦不记有西秦史。《史通》卷十二《正史》云："西凉（李氏）与西秦（乞伏氏），其史或当代所书，或他邦所录。"按西凉有《凉书》已见前述。他邦所录西秦史今已难明，但唐人仍知它是具有国史的。它立国于皋兰、秦陇间，屡受后秦、大夏等国威逼，终为夏国所灭，史籍毁而

---

　　① 《魏书》卷七七《高谦之传》云："谦之字道让。……以父舅氏沮渠蒙逊曾据凉土，国书漏阙，谦之乃修《凉书》十卷行于世。"（《北史》卷五〇《高谦之传》文同）。

罕存。

上述诸国以外，其时华北大地尚有冉魏、西燕、仇池、拓跋代、翟辽，皆未列入十六国行列，也未见它们自身有修史记录。唐修《晋书·载记》遂没有为它们分置专篇。《隋书》卷三三记梁有《诸国略记》二卷，亡。未知其中有否记诸国部分史实。

《史通》卷五《因习》云："当晋宅江淮，实膺正朔，嫉彼群雄，称为僭盗，故（梁代）阮氏（孝绪）《七录》，以田、范、裴、段诸记，刘、石、苻、姚等书，别创一名，题为伪史。及隋氏受命，海内为家。国靡爱憎，人无彼我。而世有撰《隋书·经籍志》者，其流别群书，还依《阮录》，……何止取东晋一世，十有六家而已乎。"东晋南朝政府一贯视华北诸政权为僭盗。阮孝绪（479—536 年）撰《七录》，例称北方诸国史为"伪史"。隋统一南北后，政治对立格局已是彻底改观，观念上理应"事须矫正"（刘知几语），但实行起来很不易做到。唐初参加修撰《隋志》者难以摆脱旧意识的羁绊，列十六国史为"霸史"，未能以之与正史等列。其后，刘知几撰《史通》，对它有所匡正。随着唐代盛世的过去，正统观念增强，竞相标树，改写史书，《旧唐书》作者将上述十六国史依旧称伪史，且进而将汉末三国中之蜀、吴也改称"伪史"。赵宋初，编纂《太平御览》，为适应其时政治需要，将十六国、三国中的蜀、吴、北朝的北齐以及南朝宋、齐、梁、陈诸国，一律改编入偏霸部。这类称谓名号的迭相变换，并非针对十六国存在民族敌视，而是与当代争正统地位密切相关。

此外，六朝时长期生活于青海高原地区的吐谷浑与南北朝诸国都有不少交往，与南朝诸国关系尤为密切。刘宋新亭侯段国撰《吐谷浑记》二卷，《隋志》也将它纳入霸史，亦是独霸一方的民族群体。

《史通》卷三《表历》称："当晋氏播迁，南据扬越；魏宗勃起，北雄燕代，其间诸伪，十有六家，不附正朔，自相君长。崔鸿著表，颇有甄明。"所云崔鸿著表，《魏书》卷六七《崔鸿传》记录甚详。"以刘渊、石勒、慕容儁、苻健、慕容垂、姚苌，慕容德、赫连屈子、张轨、李雄、吕光、乞伏国仁、秃发乌孤、李嵩、沮渠蒙逊、冯跋等，并因世故，跨僭一方，各有国书，未有统一。鸿乃撰为《十六国春秋》，勒成百卷。因其旧记，时有增损褒贬焉。"由此可知，《十六国春秋》是将那时存世的诸国别史统一加工而成。魏宣武帝时，崔鸿表称："自晋（惠帝）永宁（301年）以后，所在称兵，竞自尊树，而能建邦命氏成为战国者十有六家。"他锁定十六国目标，积年撰成了十五国九十五卷书稿，而在南方立国的成汉史，处于分裂混乱时期的华北地区很难获得。他为此"辍笔私求，七载于今"。正光三年（522），购得了成汉史，才得以最终撰成《十六国春秋》。

《史通》卷七《探赜》云："自二京板荡，五胡称制。崔鸿鸠诸伪史，聚成春秋。其所列者，十有六家而已。"同书卷十二《正史》云："魏世黄门侍郎崔鸿乃考核众家，辨其同异，除烦补缺，错综纲纪。易其国书曰录，主纪曰传，都谓之《十六国春秋》……勒为一百二卷。……由是伪命宣布，大行于时。"非常清楚，《十六国春秋》不是简单地拼合十六国的国别史而成，是经历了细密考辨和增损褒贬的大量工作，将分裂的汉胡诸族国史，综合统编成一部条理清晰记述诸族国人建国及其兴衰的历史，这是"审正不同，定为一书"的史无前例很有意义的标志性的成果。

《隋志》记崔鸿《十六国春秋》一百卷，又《纂录》十卷，可能即是叙录和目录。《太平御览》卷一一九至卷一二七《偏霸部》，备引崔鸿《前赵录》《后赵录》《前燕录》，《前秦录》以至《蜀录》《夏录》等，正是《十六国春秋》传录的若干节文。赵宋时，崔氏原书已渐散佚。现存三种《十六国春秋》，有《汉魏丛书》收录的十六卷本，明屠乔孙所编百卷本，清汤球《十六国春秋辑本》，皆已非崔氏原作面貌。

《隋志》在《十六国春秋》外，另记有梁湘东王世子肖方等（528—549年）撰《三十国春秋》三十一卷，列入编年史，而未编入霸史类。其书，《梁书》卷四四，《南史》卷五四，均有记录，但未书卷数。《太平御览》引书目误题为崔鸿撰。《通志略》记肖方等《三十国春秋》三十卷外，另记《三十国春秋钞》二卷，极有可能出自宋人节抄。它的内容，《通志略》云："肖方等《三十国春秋》，起汉建安，迄晋元熙，凡百五十六年，以晋为主，包吴孙、刘渊等三十国事"，此南宋初人的介绍。其后，王应麟《困学纪闻》云："肖方等《三十国春秋》以晋为主，附列刘渊以下二十九国。"此南宋晚期人之说。肖方等书今已散佚，两位南宋学者对它的介绍颇不尽一致。自汉建安（196—220年）至晋元熙（419—420年），其间不可能是156年。三十国的国名很不了解，一说包含孙吴，一说只是刘渊以下，矛盾错乱，实难究明。可以肯定，它是记录六朝时诸族国关系的编年史书。

《隋志》另记（北齐）李概《战国春秋》二十卷，① 其史源不明，两唐志把它分别编入编年体和霸史，显然是记述包括十六国在内诸族国间战事的专著。

还有唐人武敏之撰《三十国春秋》一百卷，两唐志均收纳。武敏之即贺兰敏之。《旧唐书》卷一九一《李嗣传》记唐高宗时，嗣真受命于弘文馆参赞贺兰敏之修撰。《新唐书》卷二〇六《武士彟传》亦记其事。南朝人已撰有同名著作，未知唐初何以又加重修，卷帙且多达百卷，远比南朝倍增。既称《三十国春秋》自必与十六国史相关，具体内容不详。汤球辑《三十国春秋》，所收内容不多，将二者混同辑录，实在很难明辨其真实面貌。

《隋志》卷三三《经籍志》霸史后序云："自晋永嘉之乱，皇纲失驭；九州君长，据有中原者甚众。……而当时臣子，亦各记录。后魏克平诸国，始命崔浩博采旧闻，缀述国史。诸国记注，尽集秘阁。尔朱之乱，并皆散亡。"由此亦可证明，崔鸿撰《十六国春秋》时，各族国的史料相当齐全，经历魏末尔朱氏之乱（528 年），史册多被散佚。但从《隋志》所收六朝诸胡汉族人的国别史料，仍是相当可观。自此以至盛唐，官藏十六国史依旧不少。《唐六典》卷十记秘书郎所掌四部图书，乙部史书中，"四曰霸史，以纪伪朝国史"原注云："《赵书》等二十七部三百三十五卷。"《旧唐书》记"杂伪国史二十家"。《新唐书》记"伪史类一十七家、二十七部、五百四十二卷"，并具体开列了从《华阳国志》以至武敏之《三十六国春秋》都存于世。

自西晋覆亡以至北魏统一华北的百余年间，在分裂的中华大地上有着诸族国的存亡相继，这是不能无视的社会客观存在。逼真地记录诸族国活动的《十六国春秋》等史册，有力地填补了历史混乱中的空白，实是功不可没。

隋唐间依旧存世的众多历史资源为唐代官撰史书提供了良好素材。《史通》卷十二记唐太宗勒史官更加纂录，"兼引伪史十六国书，为《载记》三十"。在那号为胡汉一家的开明民族政策指引下，很留意吸收社会历史经验，

---

① 《隋志》记李概《战国春秋》，不云创作时代，按《北史》卷三二《李概传》，为齐文襄大将军府行参军，"后卒于并州功曹参军"，"撰《战国春秋》及《音谱》并行于世"，因知李概为北齐时人。

将西晋末出现的十六国史统一改编入晋史。汉人张氏、李氏所建前凉与西凉，分别编为列传。对胡化很深的汉人冯氏所建北燕，以之与诸胡族人的立国，同样列为载记。这种列传、载记的格式，原是东汉班固用以论述西汉末年诸武装集团所启用，唐人却巧妙地移用于诸族人的建国，非常恰当地表明载记乃是六朝时民族史兴起的表征。

中国自古以来即是多民族的国家，在漫长历史发展征程中，汉、胡诸族发展虽有兴衰升降，始终只是国内民族间的沉浮，彼此递系相连，从来没有被外国侵略者灭亡过。《十六国春秋》及其相关史策的记述，乃是国内民族史兴起的征兆。它与魏、齐、周书以及辽、金、元史颇有异同，以国别史为基础的十六国史和《晋书·载记》正是体现了民族史发展中的重要一环。赵宋以后，由于记述十六国史的原始素材日趋散佚，后人只能从《晋书·载记》获得较多的十六国信息了。

《十六国春秋》撰写完成，已有效地摒弃了某些质量太次的国别史。经历魏末社会大动乱，诸国史复多散佚。但至隋唐之际，包括《十六国春秋》和一批质量较佳的国别史仍然存世。当《晋书·载记》完成后，人们乐于使用它，而用作底本的《十六国春秋》不再受到同样的重视。相当长期以来，人们乐于摘抄某些常用的古籍以供使用。[①] 宋代广为流行的《十六国春秋》节抄本，司马光《通鉴考异》便曾多次引用。再经历一段时期，节抄本之类也不复见。南宋晁公武《郡斋读书志》、陈振孙《直斋书录解题》已不见《十六国春秋》《三十国春秋》等书，有可能诸书已不再传世，至《宋史·艺文志》便是一字不提及它了。

颇为奇特的是郑樵《通志·艺文略三》记霸史 34 部、514 卷。所列书目，除《桓玄伪事》二卷《邺洛鼎峙记》十卷外，其余诸书都是记十六国史事书名。《隋志》记霸史 27 部、335 卷，加上亡佚者，总共 33 部、346

---

① 《隋书》卷三三《经籍志》称，"自后汉以来，学者多抄撮旧史，自为一书……而体制不经"。说明史书的节抄本出现很早。《隋志》记"《汉书钞》三十卷，晋散骑常侍葛洪撰"，"《晋书抄》三十卷，梁豫章内史张缅撰"，"《史要》十卷，汉桂阳太守卫飒撰，约《史记》要言"，"《史汉要集》二卷，晋祠部郎王蔑撰，抄《史记》，入春秋者不录"。新、旧唐志也记有某些史的抄本。北宋出现的《十六国春秋抄》，即属此类。《宋史》卷二〇三《艺文志》已不见《隋志》所引诸史抄。它将史部分为十三类，史抄类列为第四，所举 70 部书，1300 多卷，没有一部是专抄某一部史书的。名为"史钞"，内涵已大不一样。

卷。五百多年后的两宋之际，有关十六国文献史料竟比南北朝晚年增多，有这种可能吗？郑樵记《十六国春秋》120 卷，《十六国春秋略》二卷，肖方等《三十国春秋》30 卷，武敏之《三十国春秋》100 卷，《三十国春秋抄》二卷，如此等等。如果《十六国春秋》至南宋仍然在世，且多达 120 卷（原书仅 102 卷）。比郑樵早一百多年的司马光受命置局修《通鉴》，自称"穷竭所有，偏阅旧史，抉摘幽隐，校计毫厘"，为什么明摆着《十六国春秋》不用，却要去反复使用《十六国春秋抄》呢？《通志总序》云："臣二十略皆臣自有所得，不用旧史之文。"就其史部霸史类所列书目观之，这位如此自负的郑渔仲先生能够说他是完全讲真话了吗？

（《蒙文通先生诞辰 110 周年纪念文集》，线装书局 2005 年版）

跋　　语

　　书名《耄耋存稿》理应收录手边现存诸文稿。我曾写《从"宋刑统"到"庆元条法事类"看两宋社会的变化》一文，重点列举两宋史实，甚至将《名公书判清明集》《朱子语类》的一些史料都加以引录，可惜这次清理仅发现残文四五页，今已无从续写，真是遗憾。这次清理中，发现《北宋役法》一文，考虑我对汉唐间的役事写过八篇论文，还写了《宋代夫役》论文，《北宋役法》行文粗疏，首尾尚为完整，因而予以收录。

　　我从20世纪六七十年代治宋史一直受友人王曾瑜教授的诱导。当时，我系统地读了宋、辽、金、元四史和不少其他史册，共摘抄了大量资料卡片，20世纪90年代我决心写一部特大型的《汉宋时期的农业》终因恶疾缠身，以及读书太少，遂致前功尽弃，甚至略有眉目的几篇论文也无力修订，其命也夫！

　　《耄耋存稿》最初由王春瑜、王曾瑜二位朋友引荐给学习出版社出版，因故未能兑现。现在由中国社会科学出版社付印，副总编辑郭沂纹同志给予了很大帮助，谨在此一并致谢。

　　我不懂电脑，所有文字均靠手抄，多年来，不少文稿多依赖老伴黄静文代为抄誊，这部书稿也不例外，同样致以谢意。